남도 한말의병의
기억을 걷다

남도 한말의병의 기억을 걷다

의롭고 당당한 삶으로 겨레의 별이 된 사람들

초판 1쇄 발행 2023년 8월 15일
초판 2쇄 발행 2024년 4월 30일

지은이 김남철
펴낸이 김승희
펴낸곳 도서출판 살림터

기획 정광일
편집 송승호·조현주
디자인 유나의숲

인쇄·제본 (주)신화프린팅
종이 (주)명동지류

주소 서울시 양천구 목동동로 293, 2215-1호
전화 02-3141-6553
팩스 02-3141-6555

출판등록 2008년 3월 18일 제313-1990-12호
이메일 gwang80@hanmail.net
블로그 http://blog.naver.com/dkffk1020
한국교육연구네트워크 www.kednetwork.or.kr

ISBN 979-11-5930-262-6 (03910)

남도
한말의병의
기억을
걷다

의롭고 당당한 삶으로 겨레의 별이 된 사람들

김남철 지음

살림터

의롭고 당당한
남도 한말의병의 정신을 계승하자

"나도 그렇소. 나도 꽃으로 살고 있소.

다만 나는 불꽃이오.

양복을 가리면 우리는 이름도 얼굴도 없이 오직 의병이오.

그래서 우리는 서로가 꼭 필요하오.

할아버님께는 잔인하나, 그렇게 환하게 뜨거웠다가 지려 하오.

불꽃으로.

죽는 것은 두려우나, 난 그리 선택했소."

_〈미스터 선샤인〉에서

역사 정의와 민족정기를 바로 세우는 일이 어느 때보다 절실하다. 기울어져 가는 조국을 위해 기꺼이 나섰던 의병들을 기억하는 것은 살아남은 자들의 최소한의 도리이자 책무다. 그런데 안타까운 현실이다. 자주독립과 해방 그리고 자유를 지켜야 하지만 역사 정의가 무너지고, 왜곡되거나 부정되고 있다. 민족의식과 민족정기는 땅에 떨어졌다. 답답하고 속상하다. 어찌할 것인가?

이름 없이 죽어간 한말의병들을 소환하여 그들의 삶과 정신을 알리기로 작정하고 신문에 연재했다. 이미 알려진 의병들을 포함하여 미처 알려지지 않은 의병장들을 세상에 알리는 것은 역사교사로 살아온 입장에서 꼭 해야 할 일이었다.

다행히 〈임진의병〉 연재와 출간은 독자들의 반응이 좋아 자신감과 용기를 얻었다. 이번 〈한말의병〉은 의병 시리즈의 연속이라 해도 좋다. 전국에서 많은 의병이 활동했고, 그들의 삶과 정신을 연구하고 정리한 자료들이 적지 않다. 지금도 곳곳에서 지역의 의병활동이 정리되고 있어 다행이다. 그러나 아직도 의병항쟁은 명망가들에 한정되어 있어, 알려지지 않은 의병이 더 많은 것이 사실이다.

마침 지역에서 남도의병 기념관 건립이 추진되고 있다. 남도의병 기념관을 통해 그동안의 의병 자료를 종합적으로 수집하여 정리하고 의병정신을 이어가려는 것은 이 시대의 또 다른 의병활동이다. 환영할 일이다. 남도 전역에서 다양한 형태로 의병항쟁이 전개되었는데, 그들의 활동이 소상히 밝혀지고 정리되어 기록하고 계승되어야 한다. 그러한 작업에 작은 보탬이 되면 좋겠다.

이번 작업은 전남북 지역에서 활동했던 남도 한말의병들을 알리고자 했다. 오랫동안 현장의 모습을 사진과 함께 정리한 것이다. 가능하면 각 지역의 의병 관련 유적을 답사하고 느낄 수 있는 것이 살아있는 역사가 되기 때문이다. 그래야 공감할 수 있는 역사교육이 가능하다.

그간 작업해온 것이 책으로 나올 수 있었던 것은 많은 분의 도움 덕택이다. 한말의병을 연구한 학자들의 자료는 물론이고 연재하는 동안 꼼꼼히 모니터링을 해주는 독자들과 동료 교사들의 도움이 컸다. 현장에서 역사교육을 하는 동료 교사들의 관심과 비판적인 보완은 사실과 역사의 해석에서 큰 가르침과 울림을 주었다. 감사한 일이다.

친일청산 및 민족정기 바로 세우기를 위해 불철주야 깨어있는 분들에게도 고마움을 전한다. 멋지게 편집해준 살림터 출판사의 직원 여러분, 사진 자료를 제공해준 분들, 지면을 할애해준 《전남타임즈》의 협조에 감사함을 전한다.

민족문제연구소 광주지부장 김순홍 교수, 이병삼 교육장, 빛고을역사교사모임 윤덕훈·신봉수 선생님, 전남역사교사모임 김철민·박오성 선생님, 그리고 추천사를 써주신 최영태 교수, 이소희·강성호·최보경 선생님은 이 시대의 의병이다.

오랫동안 묵묵히 지지하며 응원해준 가족들, 특히 현장에서 아이들의 행복교육을 위해 최선을 다하는 이영희 선생님은 늘 든든한 힘이다. 멀리 외국에서 예리하게 지적해준 딸(송)과 어려운 청년 시절을 보내고 있는 아들(영윤)에게 불꽃으로 살아온 의병들의 정신이 이어지기를 바란다.

세상은 혼자 잘하는 것보다 함께 더불어 살아가는 것이다. 내 사랑하는 사람들이여, 어렵고 힘든 세상에 희망의 끈을 놓지 않고 좋은 세상을 향해 뚜벅뚜벅 나아가는 동행을 기대한다.

2023. 8. 15.
오계서실에서
소나무향기 김남철

남도 의병 정신을 이어받자

이병삼 (전라남도강진교육지원청 교육장)

한말 국권침탈기에 뜻있는 선비들이 선택할 수 있는 길은 기의(起義)와 절의(節義) 그리고 자정(自淨) 중 하나였다. 기의는 국권 회복을 위해 의병과 의열활동을 일으키는 것이요, 절의는 은둔하여 인재를 교육하며 자기 뜻을 지키는 것이고, 자정은 목숨을 끊어 백성에게 책임과 의분을 보이는 것이다.

김남철 선생이 쓴 『남도 한말의병의 기억을 걷다』는 남도 사람들의 기의(起義), 즉 남도의병에 대한 기록이다. 이 책은 '의병'이라는 범주 안에 뭉뚱그려진 남도의병의 실체를 의병장을 중심으로 지역별로 활짝 펼쳐서 그들의 활약상을 체계적으로 정리했다. 그는 『남도 임진의병의 기억을 걷다』(2022)를 통해 임진·정유전쟁 때 분연히 일어선 남도의병들의 활약상을 지역별로 체계적으로 정리한 바 있다. 이 책은 임진·정유전쟁을 더 깊이 이해하는 데 도움을 주는 역사서라고 평가된다.

김남철 선생이 '의병' 연구에 천착하기 시작한 것은 「임진왜란에서 해상의병」(한국교원대, 1998)이라는 석사학위 논문을 쓰면서부터다. 그가 왜 논문 주제를 '의병'으로 정했고 지금까지 의병에 몰입해 왔는지 알 수 없지만, 고등학교 때 참여한 5·18민중항쟁이 영향을 준 게 아닌가 싶다.

40여 년간 옆에서 지켜본 김남철 선생은 늘 의기가 넘친다. 그 의기의

8

출발점은 5·18민중항쟁이다. 5월만 되면 그때 먼저 간 친구들과 스승의 이름을 되뇐다. 그래서일까, 대학 생활 4년을 학생운동에 전념했고, 교직 생활 30여 년을 전교조에 헌신했다. 교단에서 '참교육' 실천을 위해 동분서주했다. '참교육' 정신을 실행하기에 적당한 교육감 후보를 지지하다 교단에서 내려온 후에도 교육운동의 등불을 내려놓은 적이 없다. 그 힘이 바로 5·18민주항쟁에 담긴 '의(義)' 정신이 아닌가 싶다.

김남철 선생은 『남도 한말의병의 기억을 걷다』에서도 '의'를 강조했다. '의'가 바로 의병의 기본 정신이기 때문이다. 물론 한말의병은 위정척사(衛正斥邪) 사상을 바탕으로 전개되었다는 것이 학계의 연구 성과지만, 그 근본은 '의'이다.

그렇다면 '의(義)'의 본뜻은 무엇일까? '의'는 '옳음'이고 '마땅함'이다. '宜'(의: 마땅함)와 근원이 같은 글자다. 공자는 "군자는 '의'를 밝히고, 소인은 '리(利)'를 밝힌다"고 했다. '리'는 개인에게 마땅한 것이고, '의'는 모두에게 마땅한 것이라는 뜻이다. 또한 공자는 모두의 '리'를 추구하는 사람을 군자, 자기만의 '리'를 추구하는 사람을 소인이라고 했다. '리'를 긍정하되, 모두를 위한 '리'인지 아닌지를 가르는 기준이 '옳음'인 것이다.

우리 역사에서 '의'라는 시대정신이 관통하여 일어난 사건들이 많다. 한말의병부터 3·1운동, 광주학생항일운동, 무장독립투쟁, 4·19민주항쟁, 5·18민중항쟁, 6월민주항쟁, 그리고 촛불항쟁에 이르기까지 '의' 정신은 우리를 지탱하는 시대정신이다. 남도를 의향이라고 부르는 이유도 남도인이 '의'를 실천하는 많은 항쟁에 참여했기 때문이다.

시대정신이 사라졌다며 개탄하는 이들이 많다. 한말 남도에서 의병이 한창일 때 일제를 옹호하고 따르는 '토왜'가 나타났다. 토왜는 자신의 안위와 이익을 위해 주권을 일제에 넘기는 데 동조한 부류들이다. 최근 토왜와 똑같은 행위를 부끄럼 없이 벌이는 이들의 언행이 언론에 자주 보도된다. 이들의 언행에서 국권강탈기 토왜의 모습이 보이는 것은 나만의 느

낌일까.

　김남철 선생은 교직에서 물러난 뒤의 모습이 더 의기롭고 바쁘다. 참교
육실천가 및 역사연구자답게 전국을 누빈다. 참교육실천의 장에서부터 통
일운동현장, 역사발표장 그리고 매주 반복되는 현장답사까지 그의 발걸음
이 늘 바쁘다. 그는 '의'를 언행일치하는 실천가다. 우리 학생들이 그가 쓴
『남도 한말의병의 기억을 걷다』를 읽고 '의'의 정신을 새기며 배웠으면 좋
겠다.

　벌써 『남도 한말의병의 기억을 걷다』의 후속편이 기다려진다. 그 책의
주제가 무엇일까? '의'의 실천과 관련된 주제가 아닐까 싶다. 이런 기대가
김남철 선생에게 부담으로 다가가지 않았으면 싶다.

　부디 건강 지키며 교육운동과 역사연구에 매진하길 바란다.

역사는 저항하는 사람과
기록하는 사람이 남긴다

김순홍(민족문제연구소 광주지부장)

우리가 5천 년 역사를 이어온 데는 그만한 이유가 있다. 세계사에서 어느 민족도, 어느 나라도 이만큼 긴 세월을 동질성을 지키며 꿋꿋이 버텨온 사례가 없다. 그 밑바닥에는 저항의 역사와 함께 기록이 있다. 끊임없이 저항하고 이를 모두 기록하며 반성했기 때문에 드물게 5천 년을 이어오는 민족이 될 수 있었다.

사람이 동물과 다른 것은 시간과 공간을 넘어 소통할 수 있는 언어라는 수단(문화)이 있기 때문이다. 낯선 사람이 마을에 들어오면 온 동네 개들이 떼창으로 짖어댈 수는 있지만, 우리 마을에 무슨 일이 있는지 다른 마을에 알릴 수 없고, 어제 우리 마을에 낯선 사람이 왔다고 전할 수도 없다. 기록은 우리 일을 옆 동네에 알리는 수단이고, 오늘 이야기를 내일에 전하는 수단이다. 수많은 민족과 나라가 있었지만 기록이 있고 없고에 따라 민족의 문화와 역사에 등급이 매겨지기도 하고 수명이 달라지기도 했다.

반만년 역사가 이어지는 동안 수많은 저항이 있었다. 안으로는 부당한 지배자에 대한 저항이 있었고 밖으로는 외세에 대한 저항이 있었다. 지배 세력들에 의해 '○○란(亂)'이라고 이름 붙여진, 이름을 다 외우기도 어려울 만큼 수많은 백성(민중)의 저항이 있었고, 항쟁으로 불리는 수많은 시민(민중)의 저항이 있었다. 몽골의 침략에도 30년 가까이 버텼고, 임진년부터 왜인들과 7년 전쟁도 치러냈다. 일제 침략에도 30여 년을 버텨냈다. 지배층은 도망갔어도 민초들이 끝까지 지켜냈다. 위정자들은 나라를 팔아먹었어도 백성이 의병이 되어 지켜내고 다시 찾아냈다. 외세의 침략에 저항하는 의병들이 봉기하여, 외세의 점령에서 벗어나려는 수많은 독립투쟁이 이 나라를 지켰다.

기록에는 우리의 자랑스러움을 적은 것도 있고, 아픔과 부끄러움을 적은 것도 있다. 500년 역사를 '조선왕조실록'으로 남겼고, 5·18을 기록해서 유네스코 세계기록유산으로 남겼다. 이순신은 전쟁을 치르면서 『난중일기』를 남겼고, 김경천은 추위와 굶주림에 시달리던 항일독립투쟁 전쟁터에서도 『경천아일록』을 남겼다. 이 모두 세계사에 없는 일이다.

역사는 저항하는 사람이 만들고, 기록하는 사람이 남기고, 분석하는 사람이 그 가치를 찾아낸다. 이름 없이 스러져간 수많은 사람은 이를 기록하고 분석하는 사람이 있어 또 다른 저항의 원동력이 되었다.

그러나 아쉽게도 우리에게는 몇몇 유명한 의병장만 알려져 있을 뿐, 의병을 이끌고, 의병을 돕고, 의병에 참여한 많은 분의 자취는 그저 '의병'으로만 남아있다. 궁금해하지도 않고 관심조차 두지 않는다. 이름 없이 죽어간 많은 의병을 우리는 '모른다'고만 해 왔다. 후손 가운데 연고지에 사당이나 당우(堂宇)와 비석을 세워 그분들의 행적을 기리기도 하지만, 사람들의 관심 밖에서 묻히고 잊힌 채 제대로 관리되지 않는 곳이 많다.

저항의 역사, 의병의 역사. 그중에서도 주축을 이루던 호남의병의 역사. 임진의병에 이어 호남의병의 양대축인 수많은 한말의병이 이제 김남철 선생의 손으로 살아나고 있다.

역사는 만드는 사람만큼 기록하고 지키는 사람 또한 중요하다. 기록하는 것 자체가 또 다른 의병활동이다. '남도 임진의병'에 이어 수많은 '남도 한말의병'들의 역사도 김남철 선생의 기록과 분석을 통해 살아나 길이길이 빛날 것이다. 그 옆에는 김남철의 이름도 늘 따라다닐 것이다.

남도 한말의병 이야기, 역사에 드러내다

윤덕훈(광주과학고등학교 교사)

　　김남철 선생님이 『남도 임진의병의 기억을 걷다』에 이어 또 한 권의 책을 낸다는 반가운 소식이 들린다. 남도 땅 역사교사로서 지역의 역사와 문화에 관심을 두고 구석구석을 누비며 공부하면서 남도의 역사와 문화를 알리는 데 힘써온 선생님의 소중한 땀방울이 『남도 한말의병의 기억을 걷다』로 태어난다고 한다.

　　김남철 선생님은 남도 역사를 공부하고 새롭게 기록하여 남도 역사와 문화를 알리는 일에 앞장서서 활동해 왔다. 늘 SNS 등을 통해 남도 역사·문화와 관련된 학회, 학술발표, 답사 소식을 전하며 관심과 참여를 권한다. 남도의 역사와 문화를 공부하고 기록하고 교육하고 전국에 알리는 일을 즐거워한다. 지칠 만도 한데 쉼 없이 계속한다. 선생님의 애정과 열정이 놀라울 따름이다.

　　언젠가 지역 답사 후 모임에서 선생님이 한 말이 생각난다.

　　"누군가는 지역의 역사를 공부하고 연구해 새롭게 기록을 남겨야 한다. 하지만 지역사를 공부하고 연구해 기록을 남기고 알리려는 사람이 적다. 지역의 역사와 문화에 대해 쉽게 풀어 쓴 책이 많이 만들어지면 좋겠다. 그것을 토대로 또 누군가가 지역의 역사와 문화를 더 쉽게 이해할 수 있는 새로운 기록을 써나가길 기대한다."

　　남도 역사를 공부하고 남도 역사와 문화를 알리는 데 나름의 역할을 해 주었으면 하는 바람을 단호하게 얘기하던 모습이 인상 깊다. 그 후 자신의 말을 지키고자 했는지 선생님은 『남도 임진의병의 기억을 걷다』라는 책을 냈다. 그리고 1년이 지났다. 이번엔 남도 임진의병에 이어 한말의병의 현장을 찾아다니면서 드러나지 못한 채 잊혀 가는 남도 한말의병 이야기를 현장감 있게 되살려냈다.

한말의병은 1895년부터 1915년을 전후한 시기까지 20여 년간 일제에 맞서 투쟁한 의병들을 말한다. 당시 전국의 크고 작은 산과 너른 들판은 일본 군경과 맞서 싸운 의병의 함성과 피비린내가 그칠 날이 없었다. 그 가운데서도 남도의 산천과 들판 곳곳에는 의병들의 피와 눈물이 맺히지 않은 곳이 없었다. 1909년 일본군에 맞서 싸운 전국 의병의 약 60퍼센트가 전라도 의병이었다. 그런 만큼 한말의병은 전라도 사람들이 주도했다고 할 수 있다.

하지만 한국사 교과서에서 남도 한말의병은 너무나 소략하게 다루어진다. 남도 한말의병을 좀 더 자세히 알고 싶어도 전문 연구자의 몇몇 연구서 외에 일반 사람들의 이해를 위한 쉬운 책을 찾기 어렵다. 이런 점에서 김남철 선생님의 『남도 한말의병의 기억을 걷다』가 출간된다는 소식은 더없이 의미 있고 반갑다.

이 책은 지금까지 역사에 드러나지 않았던 남도 한말의병들의 활동을 우리 눈앞에 생생하게 펼쳐 놓는다. 소개되는 의병장에는 '호남창의회맹소의 최고지도자 기삼연 의병장', '불원복 태극기 녹천 고광순 의병장', '담살이로 창의 깃발을 세운 안규홍 의병장' 등 익숙한 이름도 있지만 '신출귀몰 유격대의 귀재 나주 나성화 의병장', 의병 활동에 군수물자를 지원한 신동욱 의병장, '남도 해안지방을 지킨 참령 황준성 의병장', '한말 유일한 맹인 의병장 백낙구' 등 대다수가 이름조차 생소하고 낯설다.

이 책에 소개된 남도 한말의병장들은 거의 모두가 역사에 드러나지 않은 인물들이지만 자신들이 처한 시대적 요구를 외면하지 않고 누구보다도 당당히 일제에 맞서 의롭게 투쟁한, 역사의 주인공들이다.

저자는 당시 시대 상황과 남도 한말의병이 일어선 배경, 일제의 가혹한 탄압에도 피 흘려가며 최후까지 싸운 남도 한말의병의 의로운 활동에 주목하여 돋보기를 들이댄다. 무엇보다도 현장을 답사하고 후손들도 만나면서 알게 된 의병장들의 행적뿐만 아니라 후손들의 힘들고 애절한 삶까지도 있는 그대로 써 내려간다. 그리하여 남도 한말의병들이 말하려 했던 시대의 이야기를 귀 기울여 듣고 소통하길 권한다.

이 책을 통해 그동안 역사에서 이름조차 드러나지 못했던 남도의 한말의병들을 많은 사람이 알아가기를 기대한다. 나아가 남도 한말의병의 삶이 우리에게 어떤 교훈을 남기고 있는지 스스로 생각해 보길 바란다. 이 책이 남도 땅을 밟고 살아가는 학생과 사람들은 물론 전국 각 지역의 학생과 많은 사람에게 사랑받고 읽히기를 기대한다.

■ 목차

1부

남도
한말의병

위대한 독립전쟁
'남도 한말의병'의 길을 찾다

1909년 소위 '남한폭도대토벌작전'에 끝까지 항전하다 체포된 호남 의병장들. 앞줄 왼쪽부터
송병운·오성술·이강산·모천년·강무경·이영준. 뒷줄 왼쪽부터 황두일·김원국·양진여·심남
일·조규문·안규홍·김병철·강사문·박사화·나성화 의병장.

"의병은 아침에 적을 치고 저녁에 조국의 산에 묻히는 것"

한국 근대 민족운동의 한 줄기인 의병전쟁은 일제의 국권 침탈 야욕을
저지하기 위한 무력투쟁이다. 나라와 민족을 지키기 위해 목숨을 걸고 싸
운 의병들에 대한 평가는 아무리 강조해도 지나치지 않다.

호남의 대표적 의병장 심남일은 "의병은 아침에 적을 치고 저녁에 조국

의 산에 묻히는 것"이라 했다. 얼마나 가슴 아픈 말인가! 대한민국 임시정부 대통령을 역임한 박은식은 의병을 "조정의 명령을 기다리지 않고 자발적으로 일어난 민군(民軍)"이라고 정의했다. 대한제국 시기에 일어난 의병은 오로지 애국심 하나로 일어선 사람들이다.

한말 의병은 임진왜란 때 나라를 지키기 위해 분연히 일어난 '임진 의병'을 계승했다. 기우만이 의병을 일으키면서 임진왜란 의병장 김천일의 사우에 나아가 출정식을 한 데서 이를 알 수 있다.

한말 의병은 박은식이 『한국독립운동지혈사』에서 "무장한 의병의 피살자가 10만 명이었고, 무고한 촌민으로 학살당한 자는 독립 이후가 아니고서는 그 통계를 구할 수 없다"라고 기술했다. 의병에 가담한 숫자를 모두 헤아릴 수 없다는 뜻이다.

일제가 작성한 『조선폭도토벌지』 등을 분석한 결과, 1907년부터 1911년까지 5년 동안 활동한 의병 수를 약 14만으로 추산한다. 일제가 작성한 다른 통계에도 1907년 7월부터 11월까지 겨우 5개월 동안 피살된 의병 수가 15,000명으로 나와 있다. 한말 의병에 참여한 인원이 10만 명이 아니라 수십만 명은 거뜬히 넘었을 것으로 추정된다.

한말 의병에서도 호남 의병들의 역할은 매우 컸다. 박은식이 일찍이 "대체로 각 도의 의병을 말한다면 전라도가 가장 많았다"라고 말한 바 있다. 호남 의병과 일본 군경의 전투횟수 및 참여 의병 수가 1908년 전국 대비 25%와 24.7%, 1909년 47.2%와 60%를 차지한다. 1908~1909년 무렵 호남 의병의 활약은 다른 지역과 비교되지 않음을 알 수 있다. '13도 창의군'의 서울 진공 작전을 분수령으로 의병운동이 약화되어 가던 1908년부터 호남 의병은 일본군과 치열한 전투를 벌였다. 일제의 국권 강탈 시기를 지연시키는 대규모 '독립전쟁'이다.

하지만 호남 의병에 대한 평가는 그리 넉넉하다고 할 수 없다. 지역별 의병사를 체계화하거나 빛나는 공훈을 선양하려는 노력이 많이 부족하다. 이를테면 한말 영암 의병의 경우 현재까지 확인된 인원만 180명이 훌쩍 넘지만, 국가보훈처의 독립유공자 공훈록에 이름을 올린 이는 그리 많지 않다. 이들의 빛나는 활동을 찾아 역사적 의미를 부여하는 것은 이 시대를 살아가는 사람의 책무다.

'의병운동'이 아닌 '의병전쟁'

조국의 제단에 목숨 던진 의병들의 활동에 대한 개념 정리부터 필요하다. '의병운동', '의병전쟁', '의병투쟁', '의병항쟁' 등 다양한 용어들이 편의에 따라 사용된다. 의병운동이나 의병전쟁이 지닌 개념상의 혼란을 피해 '운동'이나 '전쟁' 대신 '전기 의병', '후기 의병'으로 부르기도 한다.

이러한 혼란은 의병들의 항쟁이 기본적으로 '반침략·반개화·근왕주의(勤王主義)' 등 복합적 성격으로 나타나는 데서 기인한다. 1904년 러·일 전쟁 이후 운동의 지향점이 크게 달라진 것도 중요한 이유다.

의병운동은 의병 연구자들이 일찍부터 사용해오던 일반화된 용어다. '의병운동'이 일본군의 경복궁 점령 이후 노골화되는 일본의 침략 정책에 대응하는 우리 민족의 장기간의 반침략 운동을 포괄하는 의미를 지닌다면, 러·일 전쟁 발발 이후 일본의 침략행위에 맞서는 '항일 독립전쟁'을 '의병운동'이라 하는 것은 동의할 수 없다. 국제법상 교전단체로 인정받지 못했다고 하더라도, 의병 스스로 '독립군'을 표방한 독립전쟁이다. 이제부터 '의병전쟁'으로 부르는 것이 옳다.

남도 의병의 사상적 기반과 주도 세력

한말 호남사림의 정신적 지주였던 노사 기정진은 '임술의책'에서 도탄에 빠진 민중을 구할 방도를 찾으며 양민 위주의 개혁을 요구했다. 병인양요 직후 나온 '병인소'는 서양세력을 막기 위한 구체적인 대응책을 제시하여 이후 척사운동의 이론적 배경이 되었다. 노사학파의 사상은 위정척사

운동을 통한 존왕양이의 정통성 회복과 국가와 민족을 구하기 위한 의병 활동의 전개 등 실천적인 측면을 강조한다. 의병항쟁은 위정척사 운동의 구체적 실현으로서 조선왕조의 마지막 근왕 운동이라 할 수 있다.

노사의 학문을 따르는 제자들 가운데 기우만·기삼연·정재규·정의림·이승학·박원영·오준선·기재 등 의병에 투신한 사람이 이루 헤아릴 수 없을 정도로 많다. 그의 제자이자 손자로 한말 호남 의병의 정신적 지주였던 기우만은, '기산림'이라 불린 호남의 대표적 유생이다.

'폭도사'에서 시기별로 꼽은 대표적인 의병장으로 1906~1907년 최익현·고광순·기삼연, 1908년에는 김태원·김율 형제, 1908년 후반~1909년까지 전해산·심남일·안규홍이 있다.

최익현은 화서 이항로 계열의 거유, 고광순은 고경명의 후예로 창평 유생, 기삼연은 노사 기정진의 종질로서 호남의 명유였다. 전해산은 임실에서, 김태원·김율 형제는 나주에서 이름이 알려진 유생이다. 심남일은 함평에서 서당 훈장과 향교의 교임을 맡았다. 담살이 출신 안규홍은 명문 죽산 안씨 가문으로, 유학과 무관하지 않다.

남도의병의 학통은 노사 기정진 계열과 면암 최익현 계열로 나눌 수 있다. 노사학파는 기우만·기삼연이 주도한 장성의병·호남창의회맹소 계통이 많았다. 반면 면암 계열은 태인 의병을 시작으로 호남지방의 중·후기 의병 활성화에 기여한 임병찬·강재천·백낙구·황준성 등으로 분류할 수 있다. 두 학파 계열은 초기에는 주도권 갈등도 있었으나, 점차 상호 연관성을 유지하며 호남 의병의 장기화와 활성화를 주도했다. 그러나 후기 의병으로 갈수록 노사나 면암 계열의 영향력이 축소되었다. 그것은 의병운동이 의병 전쟁으로 발전하면서 나타나는 유생 중심에서 평민 중심으로 주도층이 바뀐 것과 관계가 있다.

전기 의병의 주도 세력을 명문 양반 유생 중심의 장성 의병과 양반과 향리들이 함께 주도한 나주 의병에서 살필 수 있다. 장성 양반들과 나주 향리들이 신분적 한계를 완전히 극복하지는 못했다 하더라도 연계를 꾀하고 있음을 알 수 있다. 즉, 신분상 차이가 있음에도 동학농민운동 당시 장성 양반과 나주 향리들은 반(反)동학, 반(反)개화, 근왕적 성향이라는 측면에서 결합할 여지가 있었다.

중기 의병은 전기 때와 큰 차이가 없다. 최익현·백낙구·강재천·양한규 등 전직 관료들이 상당수 가담하고 있다. 명문가 유생들보다 별로 알려지지 않은 유생들이 주도하고 있다. 고석진·고광훈·이광선·안찬재 등이 그들이다.

후기 의병은 전기·중기 의병과 주도 세력에 차이가 나타난다. 우선 다양한 계층이 주도 인물로 등장하며 양반 유생들 가운데 명문가 후예들의 이탈이 두드러진다. 기우만은 1907년 무렵 '거의(擧義)'에서 '수의(守義)'로 기울어져 가고 있다. 그는 의병 전쟁에 참여하지는 않았지만, 흰 삿갓을 쓰고 토굴에서 지내며 의병전기 편찬에 주력했다.

이 시기에는 농민과 다름없는 농촌 지식인이 대거 등장한다. 김용구·김태원·김율·이석용·문태서·전해산·심남일 등으로 서당 훈장 출신이 많다. 중인 신분(김동신·박도경)·담살이(안규홍), 행상(강무경) 등도 주도층으로 등장한다. 황준성(유생)·정원집·추기엽(해산군인) 등 이 지역으로 유배 왔다 탈출하여 의병에 참여한 경우도 후기 의병의 특징이다.

후기 의병에는 노사 계열 및 면암 계열의 영향력이 축소되는 대신 일반 주민의 참여가 늘었다. 이는 일제의 정치·경제적 침탈이 노골화되면서 이에 대한 위기의식이 반영된 결과다. 후기 의병이 '독립'과 함께 '안민(安民)'을 지향하는 것도 이와 무관하지 않다.

남도 한말의병의 길을 찾아 나서다

2022년 봄은 아프게 왔다. 이유를 구체적으로 말하지 않아도 이 시대를 살아가는 사람들은 알 것이다. 춘래불사춘. 그러나 다시 시작이다. 저 많은 봄꽃이 아파하고 좌절하고 있기에는 봄날은 너무 아름답다고 하지 않는가.

지난 일년 동안 임진 남도의병들을 세상으로 불러냈다. 미처 몰랐던 의병사와 의병장들의 삶과 정신은 다시 충절과 민족정기를 되새기는 기회가 되었다.

임진의병의 정신을 이어받은 한말 남도의병장들을 소개하려 한다. 이미 알려진 의병장부터 제대로 조명받지 못한 의병장까지 자료를 찾고, 현장 답사를 통해 유적과 관련 사진을 제시하여 쉽고 재미있게 이해하도록 소개하고자 한다.

청사(靑史)에 길이 빛나는
남도 한말의병

나주향교(장성의병과 나주의병의 연합의병 결성)

전기 의병-장성과 나주에서 봉기하다

전기 의병 시기의 호남 의병봉기는 동학 농민전쟁의 후유증이 예상보다 컸기에 다른 지역보다 늦었다는 의견이 많다. 그러나 단발령 직후 '장성의병'과 '나주의병'을 비롯하여 영암 등 여러 곳에서 대규모 의병을 조직하여 활동한 점에서 이 의견은 수정해서 바로 평가해야 한다.

을미사변이 일어나고 단발령 시행이 결정되었지만, 호남 유림들은 국모의 복수를 요구하고 단발령의 부당성을 강력히 규탄하는 상소운동을 전개하는 수준에 머물러 있었다. 호남의병을 상징하는 기우만이 올린 상소에서 그는 "단발령을 환수하시고 옛 제도를 회복하시어 원수를 갚고 적을 토벌하는 대의를 팔도에 포고하시오면 통분 망극한 우리 백성이 누구나 전하를 위하여 한 번 몸을 바치려 아니하오리까."라며 국왕의 거병 교지를 기다리고 있었다.

기우만이 거병을 결심한 계기는 아관파천이었다. 아관파천이 일어나자 전라도 각 고을 향교에 격문을 보내 의병에 참여할 것을 독려했다. 단발령과 변복령의 부당함을 성토하고 국모의 원수를 갚자는 예안과 안동에서 보낸 통문이 기우만에게 전달되고, 제천 의병장 유인석이 보낸 '격고팔도열읍' 격문도 왔다. 특히 자신은 북쪽에서 거의하겠으니 남쪽에서 기우만이 거병을 일으켜 국모의 원수를 갚자는 유인석의 글은 기우만에게 큰 영향을 주었다.

1896년 음력 2월 7일, 기우만이 주도하여 장성향교에서 의병을 일으켰다. 장성은 노사학파의 본고장으로 노사의 손자이자 제자인 기우만의 영향력이 컸다. 기우만이 주도한 장성의병은 고광순·기삼연·김익중·이승환·기주현·고기주·양상태·기동관·기동재·기동준 등을 중심으로 하여 200명 규모였다. 노사학파의 문인들과 노사 가문이 주로 참여했다.

임진 의병장 김천일을 배출한 나주 유림들은 갑오왜변·을미사변·변복령·단발령으로 이어지는 일본의 침략을 거부했다. 1895년 음력 12월 초순 나주 참서관 안종수가 단발을 거부하는 관찰사 채규상을 위협하여 강제로 머리를 자르게 하고, 순사들을 동원하여 성안에 있는 관리 100여 명의 상투까지 자르자 나주 군민들이 이에 항의하는 시위를 격렬히 전개했다. 안종수가 군대를 동원하여 군중들을 겨우 해산시킬 정도로 여론이 들끓었다.

때마침 기우만의 거병 격문과 홍주의 거병 소식이 전해졌다.(1896.1.29) 2월 1일 모여 거병을 논의한 나주 유생들은 이튿날 2월 2일 전직 관리 이학상을 의병장으로 추대했다. 나주의병이 결성된 것이다. 나주의병을 주도한 핵심인물은 김창균·김석현·박근욱 등 향리들이다. 향리 출신이지만 동학농민군의 나주 공격을 막아낸 공으로 해남군수로 나가 있던 정석진이 향교 유생들에게 의병을 일으킬 것을 주장하는 등, 나주의병 결성에 중요한 역할을 했다. 불과 하루도 채 지나지 않아 의병을 결성한 나주 의병부대는 의병장·중군장·좌익장·우익장·참모·수성장·군무·군량관·서기 등 부대의 편제를 갖추는 등, 놀라운 역량을 발휘했다. 동학농민군의 나주 공격을 막아낸 실전 경험이 작용했던 것으로 보인다.

양반 유생·향리들을 중심으로 100명이 참여했다. 유생들이 의유(義儒) 역할을 주로 했다면, 향리들은 군무를 주로 맡았다. 나주의병은 거병과 동시에 친일 관리 안종수를 처형했다. 이처럼 장성의병보다 앞서 본격적인 의병 활동을 전개한 점에서 전라도 지역 최초의 전기 의병부대다. 나주의병은 다른 지역에도 통문을 돌려 봉기에 동참을 촉구하여 상당한 성과를 거두었다. 함평 유생(김훈)·능주 유생(정의림)·무안 유생(윤창대·오진용)·영광 향리(정상섭) 등 다른 지역 명망가들이 나주의병에 대거 참여한 데서 나주의병이 전라도 전기 의병의 구심점임을 알 수 있다.

장성·나주의병, 연합 의병부대를 결성하다

부대를 편성한 나주의병들이 친일관리 안종수를 처단하는 등 활동을 시작하자, 기우만은 부대를 편성한 지 불과 나흘 만인 1896년 2월 11일 (양력 1896.3.24.) 장성에서 의병을 이끌고 나주로 왔다. 두 의병부대가 나주 향교에 집결한 것이다. 이들이 나주에 집결하자 주위에서 "옛날 임진왜란 때 김건개(천일)는 나주에서 창의하고, 고제봉(경명)은 광주에서 창의했는데, 오늘날 그대들이 본주에서 창의하고 송사(기우만)는 장성에서 창의했으니 진실로 추앙할 만하다"라고 했다고 한다. 유생 중심으로 구성된 장성의병과 유생·향리로 구성된 나주의병 사이에 나타날 수 있는 조직의 이질적 차이를 해소하기 위해 기우만이 이끄는 장성의병은 '호남대의소', 이학상이 이끄는 나주의병은 '나주의소'로 명칭을 구분했다. 김천일 사당 터에 제단을 설치하고 제문을 바친 후 금성당에서 제사를 지냈다.

장성과 나주의병은 처음에는 향교를 중심으로 읍의 중심지를 점거하고 북상하려는 계획을 세웠다. 이때 의병을 해산하기 위해 선유사와 관군이 전주에 내려왔다는 소식을 들은 기우만은 광주에서 집결하자는 통문을 전라도 각 읍에 전달하고서 장성의병을 이끌고 광주 객사가 있는 '광산관(光山館)'으로 부대를 옮겼다. 그가 부대를 옮긴 것은 광주가 전라도 각지에서 의병들이 집결하기 쉽다는 지리적 이점과 광주 향교의 박원영의 도움을 얻을 수 있으리라 기대했기 때문이다. 실제 박원영은 장성의병을 많이 도와주다 효수되었다. 나주의병은 러시아 군대·경찰의 방문도 받았다 한다. 아관파천으로 조선 내정에 간여하고 있던 러시아가 나주의병의 동태를 파악하려는 의도였다. 나주의병의 활동이 중앙에서도 주목의 대상이 되고 있음을 말해준다.

나주의병은 선유사로 파견된 신기선이 해산을 권고하고, 친위대가 압박해오자 2월 26, 27일(양력 4월 8, 9일) 해산했다. 광주에 주둔하던 장성의병 역시 28, 29일 무렵 신기선의 권유로 해산했다. 2월 말 광주에 집결하기로 한 약속이 무산됨으로써 '광산회맹'이 이루어지지 않았다.

의병이 해산하자 조정에서는 박원영을 효수하고, 담양부사 민종렬을 서울로 압송했다. 나주의병 가담자에게는 더욱 가혹한 처벌이 가해졌다. 해남군수 정석진은 나주에서 효수되고 나주의병 좌익장을 맡은 김창균 부자도 장성에서 포살되었다. 가혹한 처벌은 나주 지역 주동자들이 신분이 낮은 향리 출신이 많았기 때문이라는 분석이 있다. 그러나 그보다 당시 신기선을 따라온 안정수가 형 안종수의 죽음에 대한 복수심과 관련이 더 큰 것으로 보인다.

영암에서는 구림 유생 최병손이 단발령에 반발하여 의병을 조직했다. 구림 대동계 회원·문산제와 열락제 학생·영암 유림들이 참여했다. 총사에 최이익, 부사에 신종봉, 선봉장에 조태화를 추대하는 등 조직을 갖추고, "단발령 결사반대! 국모를 죽인 왜놈들은 물러가라!" 등의 기치로 관아를 쳐들어가니 군수 정원성 이하 관리들이 도망가기에 급급했다. 곧이어 나온 고종의 해산 권고 조칙에 따라 의병은 중단되었다.

최익현으로부터 시작된 중기 의병

1906년 6월 4일, 태인의 무성서원에서 의정부 찬정을 지낸 최익현과 전 낙안군수 임병찬이 거병을 주도하여 조직된 태인의병은 불과 10일간 활동하다 관군에 의해 강제로 해산되었지만 이후 전라도 의병 활동에 많은 영향을 주었다는 점에서 의의가 있다. 전라도 최초의 중기 의병이라 할 수 있다.

홍주의병을 조직한 민종식은 이조참판을 역임했고, 최익현은 의정부 찬정을 지낸 고관으로 위정척사 운동을 주도한 인물이다. 재야 성리학자들이 주도한 의병부대와 구분된다. 이들은 충청도 정산으로 낙향한 송시열 학통을 계승하여 유생들을 중심으로 각 1천 명이 넘는 대규모 의진을 형성했다. 당시 지배층의 결사적인 항전이기에, 일제는 두 의병부대에 대한 처벌을 가혹하게 했다. 호남 유생들과 접촉하다 민종식이 홍주에서 거병한 소식을 들은 최익현은 호남지방에서 거병을 계획했다.

그는 "지금 우리는 군사가 훈련되지 못했고 무기도 이롭지 못하여 반드시 각 도, 각 군과 세력을 합쳐야만 일이 이뤄질 것이니, 나는 마땅히 남으로 내려가서 영남과 호남을 일깨워 호서와 함께 서로 성원이 되는 것이 옳지 않겠는가!"라며 의병을 일으키고자 했다. 그는 같은 화서학파인 유인석 및 영남과 기호의 유생들에게 글을 보내 동시에 거병할 것을 제의했다. 전국에서 동시다발로 의병을 일으키려는 전략이었다. 임병찬은 최익현의 명을 받아 의병을 조직했다. 장성에서 전기 의병 이후 다시 의병을 일으키려던 기우만과 담양 용추사에서 만나 거병을 논의했으나 결렬되었다.

6월 4일 무성서원에서 거병 사실을 공포한 태인의병은, 정읍·순창·옥과·곡성·담양 등 노사학파의 영향이 비교적 덜 미쳤던 전남 동부 지역을 중심으로, 그리고 포수 출신을 의병으로 모으려고 했다. 이러한 노력으로 봉기한 지 일주일 만에 태인의병은 포수 출신 200~300명, 유생 500명을 포함하여 900명이 되었다. 여기에는 최익현의 제자이면서 호남의 재지 유생으로서 사상적으로 신념이 확고한 인물들이 많이 참여했다. 지역적으로는 태인·고창·정읍·진안 등 전북 출신이 상당수를 차지하고, 전남 출신들은 동부 지역이 많았다. 최익현 의병을 구성한 '12의사'로 불린 핵심인물들 가운데 임병찬 외에 전남 출신으로 나기덕(나주), 문달환, 양재해(이상 능주), 유해용, 조영선, 조우식(이상 곡성) 등이 있다.

태인의병은 몇 차례 소규모 전투를 벌여 승리하기도 했으나 관군이나 일본군과 직접적 전투는 피한 채, 무기와 군량미 등을 확보하는 데 힘을 기울였다. 그들은 세를 키워 일본과 외교적 담판을 하려는 것이 주목적이었다. 1천 명의 태인의병이 활동하자 전주·남원 진위대를 비롯하여 광주 진위대까지 출동했다. 이때 최익현은 "동족끼리는 싸울 수 없다"라며 의병 해산을 지시했다. 최익현과 임병찬은 1906년 8월 14일 쓰시마섬에 끌려갔다. 최익현은 1907년 1월 1일(음 1906.11.17) 그곳에서 순국했다.

태인의병은 비록 10일간 짧은 활동을 했지만, 상소 형태의 청원운동을 지양하고 무장투쟁으로 선회한 점에서 후기의병의 방향을 제시했다. 태인의병에 가담한 상당수 의병은 1912년 임병찬이 주도한 독립의군부 결성에 참여했다. 중기 의병이 후기 의병으로, 다시 전환기 의병으로 이어지고 있음을 태인의병을 통해 확인할 수 있다.

태인의병과 더불어 중기 의병을 대표하는 쌍산의소(호남창의소)는 화순 쌍봉(쌍산)에서 유생 양회일 등이 중심이 되어 조직했다. 능주·화순을 중심으로 정읍·보성·남원 출신들이 주로 참여했다. 을사늑약 이전부터 거의를 준비했던 양회일은 태인의병이 해산되자 거병을 본격적으로 추진했다.

고광순, 기삼연과 만나 각기 출신지에서 의병을 일으키기로 했다. 이광선·노현재·임창모 등 200명으로 의병부대를 구성했다. 쌍산의소에서 1906년 10월부터 1907년 3월 초까지 6개월 간 의병들을 선봉-중군-후군의 3군 체제와 3군이 포군과 보군으로 구성하여 훈련시켜 장성·태인의병보다 진일보한 전투 부대였다. 1907년 4월 화순을 점령했다. 양회일이 체포되어 부대가 해산되자 임창모는 안규홍, 유화국은 기삼연, 안찬재는 심남일 의병부대로 옮겨 이름을 떨쳤다. 쌍산의소는 보성 출신 이백래가 일시적으로 1908년 다시 조직했다.

백낙구는 전직 관리로 시력을 잃고 광양에서 은둔 생활을 하다 태인의병에 합류하려 했으나 해산되는 바람에 돌아왔다. 1906년 11월 의병을 일으켰다. 태인의병 해산에 격분한 양한규는 1907년 2월 남원에서 봉기했다. 한편 장성의병으로 전기 의병에 참여했던 고광순은 태인의병에 참여하려다 좌절되자 1906년 12월 11일(양 1907.1.24.) 창평에서 그의 일족과 함께 독자적 의병부대를 결성했다. 남원, 능주, 동복 등 여러 곳에서 전투를 했고, 지리산 연곡사에서 의병 전쟁 기지를 구축했다. 의병 1,000명이 참여했다. 1907년 10월 일본군과 싸우다 전사했다.

후기 의병의 중심, 호남창의회맹소

호남창의회맹소는 1906년 봄 영광의 김용구·장성의 기삼연이 조직한 일심계가 모태였다. 기삼연은 1907년 10월 장성 석수암에서 50여 명이 거병하여 출발했고, 곧 400명으로 늘어났다. 나주(김태원), 장성(이철형), 함평(이남규) 등 서부지역 의진들이 합류하여 1907년 (음) 9월 24일 기삼연을 맹주로 하는 호남창의회맹소가 결성되었다. 대장-통령-참모-종사-선봉-중군-후군 등 조직체계가 정비되었다.

기정진 문인들이 대거 참여했다. 특히 기삼연은 전기 의병 때 의병해산 조칙을 거부하고 끝까지 싸울 것을 주장하여 그를 따르는 사람이 많았다. 호남창의회맹소는 '포고만국문'을 각국 공사관에 보내 자신들의 행위를 정당화하면서 한편으로 교린을 주장했다. 외세를 무조건 배척하자는 주장에서 벗어나고 있음을 알 수 있다.

새로운 활동 목표와 방향을 구체적으로 제시하여 후기 의병의 선도적 위치를 차지한 '창의회맹소'는 의진 간 연합작전도 전개했다. 법성포 주재소를 습격할 때 기삼연, 김용구, 김태원, 이남규, 이대극 의병이 연합한 것이 대표적 예다. 1907년 10월부터 시작된 창의회맹소의 활동은 기삼연이 체포되던 1908년 2월 2일까지 계속되었다.

1907년 12월 기삼연은 장성·순창 지역에서, 김태원은 영광·나주·함평·무안에서 독자적인 의병부대를 이끌었다. 주요 전투에서는 연합작전을 벌이는 등 밀접한 관계를 유지했다. 이는 의진의 규모를 최소화하면서도 지역별 유격투쟁을 강화하려는 의도였다. 호남창의회맹소의 분화 모습을 통해 회맹소가 합진보다 연합을 선호했음을 알 수 있다.

호남창의회맹소는 기삼연을 중심으로 활동했다. 하지만 1908년 2월 2일 기삼연이 체포되어 순국한 후에는 김용구와 김태원, 김율을 중심으로 분화되었다. 이후 1908년 4월 김태원과 김율이 순국한 후에는 심남일, 조경환, 전해산, 오성술, 안규홍, 박도경을 중심으로 의병부대가 재편되었다.

1909년 이후에는 대부분 평민 출신 의병장들이 등장한다. 이전의 유생 출신 의병장들이 대거 전사, 체포·부상당했고, 일제의 침략 정책이 노골화되며 삶의 위협을 느낀 백성이 의병에 대거 합류한 것이 주된 이유다. 분진과 합진은 의병 전쟁이 장기간 계속된 중요한 전술이었다.

지리산을 무대로 한 삼남창의소

'폭도의 수괴 김동신과 고광순은 전라남북도에서 폭도의 선구자였다.' 라는 일본의 기록이 있다. 회덕 출신 김동신은 1907년 (음) 8월 초 내장산 일대에서 80명으로 거병하여 지리산 문수암(구례) 일대를 근거로 활동했다. 지리산에 가옥을 짓고 장벽과 방책을 세우는 등, 의병들의 항쟁기지를 구축하려 했다. 선봉-중군-후군의 전통적 삼군체제였으며 충청·경상·전라도 등 3도 출신이 많았다. 주도층은 양반 유생이고, 병사층은 농민과 산포수·행상 등이 많았다. 다양한 인적 구성으로 학문적 동질성이나 지역적·혈연적 기반이 미흡하여 결속력이 약할 수밖에 없었다. 김동신 부대는 지리산을 근거로 전북, 전남, 경남 일대에까지 활동 범위를 넓혀갔다. 1907년 9월부터 1908년 6월까지 거의 1년 가까이 활동했다. 의병부대 규모는 800명이다.

1907년 9월 지리산으로 이동하여 김동신과 연합작전을 시도한 고광순 부대는 일본 군경과 전면전을 하기보다는 '축예지계(蓄銳之計)' 즉 군사력을 기른 후 대일항전을 벌이자는 장기항전 전략을 세웠다. 의병 전쟁의 새로운 양상이다.

의병 연합전선 호남동의단

전해산은 장성·영광을 중심으로 한 서부 지역을, 심남일은 주로 남부 지역을, 안규홍은 동부 지역을 중심으로 의병전쟁을 치렀다. 전해산과 심남일이 유생 출신, 안규홍은 담살이 출신이다.

이 가운데 심남일의 '호남의소'의 경우 1908년 3월부터 1909년 10월 9일 체포될 때까지 1년 6개월 동안 26회나 헌병대나 수비대, 토벌대와 전투를 벌였다. 전투 순서를 보면 강진-장흥-나주-화순-나주-보성-영암-장흥 유치 등 전남 남부 지역에서 위세를 떨쳤다. 전라도 의병 활동이 가장 활발한 시기였다. 안규홍·전해산·조경환 의병부대와 수시로 연합작전을 전개했다.

　전남 서부지역에서 활동한 전해산 의병부대를 중심으로 심남일·이대극·안규홍 의병 등 11개 의병부대 약 2천 명이 참여했다. 심남일 의병부대가 연합의진 형성에 가장 적극적이어서 호남동의단의 제1진이 되었다. 이는 전기·중기 의병 때 분산적으로 활동하여 성과를 거두지 못한 것에 대한 반성의 결과다. '호남동의단' 구성은 '기각지세(犄角之勢)' 형성에서 의진 간 연합전선으로 전환해가는 모습을 알 수 있다. 후기의병 때 호남 의병들은 연합작전으로 많은 성과를 거두었다.

2부

나주

남도 한말의병의 선봉,
김태원·김율 형제 의병장

남도 한말의병을 생각한다

백척간두 한말, 의연하게 일어선 남도의병들의 삶을 생각한다. 그리고 세월이 흘러 다시 현대를 살아가는 후대들은 어떤 마음으로 살아가야 할까를 묻는다. 난망한 시국이다. 어느 때보다 민족정기가 필요할 때다.

'여사제심서(與舍弟心書)'. 형이 동생에게 쓴 글이라는 의미다. 가슴에 쾅 하고 번개처럼 다가온다. 무슨 연유일까? 죽음 앞에 당당했던 남도의병의 선봉장 김태원(김준) 의병장과 김율 의병장을 만나러 떠나자.

> **사랑하는 동생 율에게 쓴 글(與舍弟心書)**
> 국가의 안위기 경각에 달렸거늘
> 의기남아가 어찌 앉아서 죽기를 기다리겠는가.
> 온 힘을 다해 충성하는 것이 의에 마땅한 일이니
> 백성을 구하려는 뜻일 뿐, 명예를 위한 것은 아니라네
> 전쟁은 죽으려는 것, 기꺼이 웃음을 머금고 지하로 가는 것이 옳으리라.
>
> 무신년 2월 19일 형 준 쓰다

사실 김태원 의병장은 많이 알려진 의병장이다. 광주, 화순, 나주, 함평에서 김태원 의병장을 기리는 동상과 비석이 있다. 다행스러운 일이다. 그러나 그의 동생 김율 의병장은 상대적으로 덜 알려져 있다. 이번 기회에 형제 의병장들의 당당한 삶을 기억하면 좋겠다.

호남창의회맹소 선봉장이 되다

일제가 '거괴'(巨魁, 최고의 우두머리)로 지목한 의병장 김태원은 나주시 문평면 갈마지 마을에서 태어났다. 자는 태원, 본명은 준, 호는 죽봉이다. 그의 조상으로는 단종 복위 과정에서 사육신과 함께 순절한 백촌 김문기와 임진전쟁에서 의병을 일으켜 공신이 된 김정호가 있다. 하지만 그 후에는 대대로 벼슬과 무관하게 살아온 한미한 가문이었다.

김태원은 24세이던 1894년 동학농민운동에 참여하여 수원까지 올라갔다. 고향으로 돌아온 뒤에는 고을 아전의 비리를 바로잡기 위해 관찰사에게 호소하여 해결한 적도 있다.

동생 김율(1881~1908)은 '거괴'임에도 호가 청봉이라는 것과 성재 기삼연의 제자라는 것 외에는 관련 기록이 거의 남아 있지 않다.

을사늑약이 체결되자 김태원과 김율은 의병을 일으킬 계획을 세웠다. 그리고 1907년 10월 고창 문수사에서 기삼연과 만났다. 그날 밤 일본 군경의 기습에 우왕좌왕하던 의병들은 선봉에 선 김태원이 일사불란하게 지휘하여 안정을 되찾았다. 조직적인 반격에 당황한 일본 군경이 퇴각했다. 일본군과의 첫 전투를 승리로 이끈 것이다.

김태원의 용맹을 높이 산 기삼연은 김태원을 호남창의회맹소 선봉장에 임명했다. 그만큼 믿음이 컸기 때문이다. 고창읍성을 점령할 때도 김태원은 선두에 서서 의병을 지휘했다. 영광 법성포에서도 큰 전과를 올렸다. 그곳에는 조기 어장과 세곡 운송로 확보를 위해 일본인들이 많이 들어와 있었다. 의병들은 법성포를 기습하여 우편 취급소와 일본인 상점 등을 불태우고 창고에 쌓여 있던 곡식들을 주민들에게 나누어 주었다.

김태원 의병장 동상(광주 농성광장)

기삼연과 김태원은 의병활동을 확장하기 위해 의병부대를 나누어 활동하기로 했다. 독자적인 의병부대를 조직한 김태원은 조경환·최동학·김옥현·유병기 등을 참모로 임명했다. 동생 율로 하여금 따로 의병부대를 이끌게 했다.

율은 형이 의병에 투신할 것을 권유했을 때, "대장부가 이런 세상을 당하여 의병을 일으키지 않는다면 어찌 국가에 보답할 수 있겠습니까"라며 형의 제안을 기꺼이 받아들였다.

김태원·김율 형제가 영광, 함평, 나주 등 전남 서부지역에서 많은 승리를 거두어 일본군에게 커다란 위협이 되었다. 당시 사람들은 선비였던 김태원이 인솔하던 의병부대를 '참봉진', 박사로 불리던 김율의 의병부대를 '박사진'이라고 불렀다.

무등산 자락 무동촌 전투에서 큰 승리를 하다

"그대들은 죽음을 두려워하는가.
대장부 남아가 죽을지언정 불의에 굴하여서는 안 된다.
또 적이 사방에서 총을 쏘는데 어찌 도망할 길이 있겠는가."

무등촌에서 일본군경의 기습에 의병들이 당황하자 김태원 의병장이 이들을 독려하면서 한 말이다.

1908년 2월 2일 설날 아침, '의병 잡는 귀신' 요시다가 이끄는 일본군 광주수비대가 담양 무동촌 마을을 습격한다. 일본 군경은 의병을 잡기 위해 10개 부대를 편성하여 토벌작전을 펴고 있었다. 끈질기게 추격하던 의병부대가 무등산 자락의 담양 무동촌에 있다는 첩보를 입수한 것이다. 이들은 고창 문수사 전투, 영광 법성포 전투 등 수많은 곳에서 일본 군경을 상대로 승리를 거둔 막강 의병이었다. 이들은 추위를 피하고 설을 지내기 위해 1월 말 무등산 자락 무동촌으로 들어왔다.

김태원은 일본 군경의 기습에 당황한 의병들을 독려하며 일사불란하게 의병을 배치했다. 포수 강길환과 조덕관 등 의병들을 매복시킨 다음 일본 군경이 다가오자 일시에 집중 사격을 퍼부었다. 의병들의 강력한 저항에 일본 군경은 결국 후퇴했다.

무동촌 전투는 일본 최정예 부대에 맞서 일본군 2명을 사살하고 2명에게 중상을 입힌 한말 의병사의 쾌거였다. 죽봉 김태원 의병장이 이끈 의병부대의 전과였다.

호남의소를 이끌다 하루 차이로 순국하다

무동촌에서 광주수비대를 격파한 1908년 2월 2일 설날 호남창의회맹소 대장 기삼연이 체포되었다. 김태원은 기삼연을 구출하기 위해 30여 의병을 이끌고 광주 경양역(현 광주 동강대학 부근)까지 추격했다. 하지만 기삼연은 이미 광주 헌병대로 호송된 뒤였다. 일본군은 김태원 부대가 기삼연을 탈출시키려는 움직임을 눈치채고 정식 재판 없이 이튿날 광주천 백사장에서 총살했다.

기삼연이 순국하자 김태원은 동생 율과 함께 독립부대인 '호남의소'를 이끌고 더욱더 맹렬히 일본군과 교전했다. 밀정 등 친일파 처단에도 앞장

김태원 의병장 토굴(광주 어등산)

섰다. 장성 토천(토물)에서는 일본군 30여 명을 살상하는 대승을 거둔다. 토물 뒷산에 보루와 방어진지를 쌓은 다음 일본군을 유인하여 하루 종일 공방전을 벌인 끝에 일본군을 격퇴한 것이다. 무동촌 전투와 더불어 한말 의병 최대의 전과였다.

  일제는 김태원·김율 의병부대를 잡기 위해 제2특설순사대를 편성하고, 광주수비대와 헌병을 총출동시켰다. 1908년 3월 29일 동생 김율이 송정리에서 일본군에 붙잡혀 광주 감옥에 수감되었다.

  김태원도 박산 마을 뒤 어등산에서 병을 치료하기 위해 숨어 있었지만, 밀정의 제보로 발각되었다. 4월 25일 일본군 토벌대에 포위되자 김태원 의병장은 "나의 죽음은 의병을 일으킨 날 이미 결성됐다. 다만 적을 섬멸하지 못하고 왜놈의 칼날에 죽게 되었으니 그것이 한이로다."라고 말한 다음 의병들에게 피신을 명했다. 하지만 부하들은 끝내 김태원과 함께했다. 3시간의 끈질긴 전투였지만 중과부적으로 김태원 의병장과 23명의 부하가 모두 순국했다. 한말 최대 의병 항쟁지 어등산 중턱에는 의병들의 피신처였던 전적지가 지금도 남아 있다.

김태원 의병장의 얼굴을 알지 못했던 일제는 이튿날 동생 율을 통해 형의 시신을 확인했다. 율도 그 자리에서 총살했다. 형은 4월 25일, 동생은 26일, 하루 사이로 형제가 순국했다.

김태원·김율 형제의 의병 활동은 끝났지만 김태원의 부하 조경환·오성술, 김태원과 연합부대를 결성하기 위해 전북에서 내려왔던 전해산 등이 독립부대를 이끌었다. 매천 황현은 김태원 의병부대에 대해 "1년여 동안 수백의 일병을 죽였으며, 부하를 엄히 다스려 백성에게 민폐를 끼치지 않았다"고 평가했다.

김태원·김율 의병장을 처형한 일제가 "이제 의병 근심이 없어졌다."며 술잔치를 벌였다고 한다. 김태원·김율 형제의 활약상이 어느 정도인지 가늠할 수 있다.

정부는 김태원(1962)·김율(1995) 의병장에게 각각 건국훈장 독립장을 추서했다. 광주광역시는 김태원 의병장의 충절을 기려 농성광장에서 동운 고가도로까지를 '죽봉대로'라고 명명했다. 광주 농성광장과 담양 남면 남초등학교 인남분교(폐교)에는 김태원 의병장의 동상이 세워져 있다. 나주 시민공원과 함평공원에는 그를 기리는 비석도 세워져 있다.

특히 농성광장의 동상과 나주 남산시민공원의 기적비 옆에는 동생 율에게 쓴 글이 새겨져 있다. 의로움이 하늘을 찌르는 듯하다.

가슴 아픈 가족사

김태원 의병장이 순국했을 때 7세된 아들과 3세 된 딸이 있었다. 김태원 의병장의 부인 낙안 오씨는 혼자 어린 남매를 키웠다. 낙안 오씨는 1919년 고종이 승하한 후 "나라가 망했으니 살아있을 이유가 없다"며 남편 뒤를 따라 자결했다.

김태원 의병장을 처형한 일제는 2년 뒤 부인 낙안 오씨와 아들을 체포

하러 왔다. 일본군에게 끌려가지
않기 위해 오씨 부인은 자신의 얼
굴과 가슴을 인두로 지졌다. 일본
군은 9세 아들을 끌고 가 고문했
다. 9세 아들은 평생 왼쪽 팔과 다
리를 못 쓰는 장애를 안았다.

당시 겨우 3세인 딸은 이름을
바꾸어 13세에 부산 제씨 집안으
로 시집을 갔다. 김태원의 딸임을

김태원 의병장 기적비(나주 남산 시민공원)

절대 비밀로 했다. 일제의 감시 때
문이다. 딸은 죽기 전에야 자기 아들에게 김태원 의병장의 딸임을 밝혔다.
딸의 아들, 즉 김태원 의병장 외손자는 1975년 광주 농성광장을 찾았다.

신문에 보도된 외할아버지 김태원 의병장 동상 건립 기사를 보고 찾
아온 것이다. 이 자리에서 생면부지의 사촌인 김태원 의병장의 친손자 김
갑제를 만났다. 김갑제는 9세 때 고문으로 불구가 된 김동술의 아들이다.
51세에 늦둥이 아들을 낳은 김동술은 아들이 5세 때 고문 후유증으로 세
상을 떠난다. 5·18 민중항쟁 당시 시민군으로 활동한 김갑제는 1980년 5월
26일 농성광장까지 '죽음의 행진'에 앞장섰다.

어등산 자락에 있던 김태원 의병장의 묘는 지금 서울 현충원에 있다. 하
지만 동생 김율 의병장 묘는 어디에서도 찾을 수 없다. 순국 후 송정리 어
딘가에 묘를 쓰고 묘비를 세웠다고 하나, 흔적을 찾을 수 없다. 일제가 최
고의 의병장인 '거괴'로 지목한 김율을 추모할 어느 것도 남아 있지 않다.
하루빨리 그들을 기억할 기념관을 만들어 추모하고 계승해야 한다.

나주·영암의 빛나는 전과를 올린
박사화 의병장

한말의 남도의병은 불꽃이었다

불꽃처럼 살아간 의병장들을 찾으러 나서는 길은 긴장감과 책임감이
따른다. 남도 곳곳에서 일본에 저항하여 의연하게 싸우다 목숨을 초개같
이 던진 삶을 알게 되면 저절로 고개가 숙여진다. 지위 고하를 막론하고
죽음의 두려움을 떨치고 의연하게 일어섰던 이름 없는 의병들의 삶과 정
신은 어디서 나왔을까.

1906년 이후 3~4년 동안 전국에 걸쳐 의병운동이 전개되자 일제는 이
를 근절하기 위해 조선주차군사령관 하세가와 요시미치가 지휘하는 군대
를 증강했다. 아울러 일제는 1908년 6월 '헌병보조원 모집에 관한 건'을
공포해 조선인 헌병보조원을 모집했는데 4,065명에 달했다. 이들은 의병
토벌과 정보 탐색에 이용됐다.

일제는 전국에 493개소에 분견소를 두고 한국의 군사경찰·행정경
찰·사법경찰까지 장악했다. 10만 명의 친일파 일진회원들이 여기 가세
해 의병운동을 방해했고, 일제도 그들의 탐정 활동에 크게 의지했다.

이번에는 나주와 영암 일대에서 여러 부대를 오가며 전투에 참여한 박
사화 의병장을 만나러 간다. 안타깝게도 박사화 의병장 관련 자료는 거의
없다. 그리고 변변한 사진 한 장 없다.

'남한폭도대토벌작전' 당시 체포되어 광주감옥에 수감된 호남 의병장들 속에 눈빛 선연하게 뜨고 우리를 보고 있다. 과연 박사화는 어떤 의병장 이었을까?

광주감옥에 수감된 호남의병장들

부하들을 구출하기 위해 자수하다

나주에서 태어나 관청 서리로 생활한 박사화(1880~1912) 의병장은 같은 서리 출신의 박민홍 의병장과 심남일 의진에 참가하여 중군장으로 활약 했다. 1908년 3월 강진에서 일본군 수백 명과 오전 6시부터 밤 10시까지 접전을 벌여 수십 명을 살상하고 다수의 무기를 노획하는 커다란 전과를 올렸다. 남평·능주·영암·나주·장흥·해남 등지에서 일본군을 격파했다.

박사화는 독립 의병장으로 100명의 의병을 이끌었다. 박사화 의병 가운데 김태원·김율 의진, 심남일 의진, 박민홍 의진에서 활약한 이들이 많았다. 박사화 의진의 십장 김치홍은 심남일 의병 부대의 기군장, 박민홍 의진의 십장으로 활동했다. 이는 김태원·김율 의진, 심남일 의진, 박민홍 의진 등 각 의병부대가 '분진'과 '합진'을 통해 연합작전을 유기적으로 하고 있음을 알려준다.

박사화 의병장

박사화 의병부대는 군자금 모집 및 친일 밀정과 관료들 처단에 힘을 쏟았다. 1908년 10월 능주에서 일군과 교전하는 등 1909년 가을까지 나주·영산포·영암 등지에서 150명 군사를 이끌고 일본군과 전투를 전개했다.

또한 여러 의병부대와 연합작전을 벌였다. 1909년 2월 영암 덕룡산(국사봉) 전투가 대표적이다. 일본군 14연대 진중일지에 의하면, 박사화·박민홍·강무경이 인솔하는 250여 의병이 덕룡산에 진지를 구축하고 일본군경과 3시간에 걸쳐 대혈전을 벌였다. 이는 이미 분진한 박사화 의진이 심남일 의진의 부대장을 맡고 있던 강무경을 비롯하여 같은 향리 출신인 박민홍 의진과 연합전선을 구축했음을 말해준다. 이들은 1909년 6월에는 영암군 북이종면 이목동 등지에서 영산포와 나주 분견소의 일본군과 치열한 전투를 벌였다.

1909년 일본의 '남한폭도대토벌작전'이 본격화되자, 박사화 의병장은 자신을 희생시켜 150여 명의 부하를 구출하기 위해 영산포 분대장 오하라 대위에게 편지를 보내 회견을 요청한 후 자수했다.

당시 나주경찰서에서 작성한 문서에는 이렇게 기록되어 있다.

"수괴 박사화는 부하 20여 명을 인솔하고 포수 2명, 화승총을 든 8명, 한국식 군도 1자로, 사입장(칼지팡이) 1개를 휴대시키고 회견장에 대기하고 있었다. 박사화는 '아군의 총기 탄약이 없고, 또 이미 대세가 무너진바, 어찌할 수 없이 항복 외 다른 도리가 없으므로 항복을 빌고자 한다. 그리고 우리는 한번 죽는 것은 사양하지 아니하여도 오직 바라건대, 나에게 300여 명의 부하가 있어서 영암·남평·능주 지방에 혼재해 있다. 항복을 구하여 관대한 처분을 얻어서 이들의 생명을 구조해 달라'라고 요구했다."

하지만 박사화 의병장은 항복 다음 날 기회를 보아 탈출하여 영암 인근에서 부하 50여 명을 이끌고 의병활동을 계속하다 1909년 10월 일본군에 체포되었다.

1910년 광주지방법원에서 내란 및 살인죄로 교수형을 선고받고 상고했으나 공소 취하로 형이 확정되어 1912년 순국했다.

정부는 1998년 건국훈장 독립장을 추서했다.

호남의병은 어둠 속의 불꽃처럼 빛나다

한말 호남의병을 정리하다 보면, 그 많은 의병의 기록이 남아 있지 않아 제대로 평가받지 못한 안타까움이 크다. 그러다 보니 제대로 서훈을 받지 못하고 있다. 늦게나마 뜻있는 연구자들에 의해 인정받는 실정이다.

박사화 의병장의 기록도 마찬가지다. 당시 의병운동은 '분진'과 '합진' 방식으로 투쟁을 전개했다. 당연히 보안과 비밀이 중요하여 제대로 기록을 남기지 않거나 일부러 없애기도 했다.

다행히도 당시 발행된 신한민보에서 박사화 의병장을 언급한 기록이 있다.

1909년 4월 7일 신한민보에 이런 기사가 실려 있다. "지금 전라남도에서 출몰하는 의병대장은 전해산, 진남월, 박인수 등 세 명이 창의군을 조직하여, 전해산 씨는 총대장이 되고, 세 단체가 도합 600여 명이다. 지금 목포 근방에 출몰하고 박사화 씨는 부하 100여 명을 거느리고 나주, 광주 등지로 횡행한다 하며, 기타 광주, 보성, 장성, 해남 등지에도 의병이 치성(熾盛; 불같이 일어남)하고 있다."

이처럼 조각조각 관련 기록을 모아서 한말의병장들의 기록을 재정리하고 평가해야 한다. 그리고 국가에서 서훈을 통해 그 삶과 정신이 헛되지 않게 해주어야 한다. 국가에서 태만하면 깨어있는 국민이 나서야 한다. 그래야 민족정기가 바로 설 수 있다.

의병 돌격대의 선봉장
나주 최종익 의병장

혼란한 연말에 잘못을 찾아 고치기 위해 고향을 찾는다. 내가 태어나고 자란 고향에서 혼미한 정신을 찾아보려는 것은 오래된 행위가 되었다.

한말의병의 돌격대 선봉장 역할을 했던 최종익 의병장은 내가 태어난 바로 옆 동네에서 활동했다. 식산과 영산강 사이에 자리잡은 도래마을. 명당으로 큰 인물을 배출한 곳이며, 지금은 한옥마을로 지정되어 관리되고 있다.

의병 활동에서 선봉장으로 나서다

최종익 의병장(1878~1909)은 1878년 다도면 풍산리 도래에서 태어났다. 자는 우평, 호는 후괴다. 그의 조상은 임진왜란 공신으로 김제군수를 지낸 최시망이다. 기우만의 제자로서 그의 학풍을 이어받아 위정척사론를 바탕으로 의병활동에 많은 관심이 있었다.

1905년 을사늑약이 체결되자 1907년 말 동향인 홍승용 의병장과 더불어 격문을 곳곳에 보냈다. 2백여 의병을 모집하여 막강한 부대를 편성하고 대장으로 추대되었다. 강진·해남·장흥·영암 등을 주요 무대로 의병활동을 전개했다.

1908년 2월 심남일 의병장의 선봉장 강무경이 찾아와 일본군의 강력한 진압작전에 맞서 전세를 유리하게 이끌어 가고자 연합작전을 제안했

다도면 도래마을(전남 나주시 다도면)

다. 이에 최종익 의병장은 심남일 의병부대의 후군대장으로 편성되어 활약했다.

1908년 4월 강진 오치동 전투를 시작으로 장흥 곽암, 남평 장담원 전투에서 일본군을 괴롭혔다. 특히 7월에는 영암 사촌에서 헌병대장 고도히라야마가 이끄는 기병대를 괴롭혔다.

심남일 의병부대와 뛰어난 연합작전을 성공적으로 수행한 최종익 의병장은 1908년 7월 봉황면 철야로 이동했다. 전남 서부지역을 주요 무대로 했지만 전남에서 가장 요충지인 나주를 지키고자 고향으로 돌아온 것이다.

고향에 돌아온 후에도 심남일 의진과의 연합작전은 계속되었다. 1908년 8월 나주 반치에서 이구마 영암 수비대를 물리쳤고, 장흥 신풍에서도 마찬가지였다. 10월에는 해남 성내에서 치열한 격전 끝에 일본군을 물리치고 많은 무기를 빼앗았다. 이를 통해 일본군에 커다란 타격을 입혔다.

이와 같이 최종익 의병장이 독자적 활동과 연합 활동을 동시에 편 것은 일본군의 강력한 진압 작전에 맞서 전세를 유리하게 이끌고자 선택한 방법이다. 당시 일본군은 호남의병들의 죽음을 불사한 활동과 소규모 유격전으로 상당한 타격을 입은 상태였다.

이에 1908년 말부터 화력과 병력을 보강하고 친일 세력을 이용한 의병 색출 등의 작전을 펴게 된다. 이러한 일본의 움직임에 대항하기 위해 의병부대 간 연합은 필수불가결한 것이었다.

1908년 10월 능주 돌정리에서 잠시 쉬어가며 음식을 나누어 먹던 중 일본군 30여 명이 기습해왔다.

이에 최종익 의병장은 이렇게 외쳤다.

"어리석은 오랑캐들아, 그리고 헌병 보조원들아, 네놈들은 천벌을 아느냐, 아니면 의병을 아느냐? 나는 오늘 너희들을 모조리 죽일 것이며 그렇지 않으면 물러가지 않을 것이다."

어떠한 전투에서도 가장 선두에서 돌격하여 그 용맹함을 드러낸 최종익 의병장이지만, 수적인 열세를 극복하기에 어려움이 있었다.

일본 헌병들의 일제 사격과 동시에 일본군의 총탄에 맞아 피를 흘리면서도 한 놈이라도 더 죽이겠다며 앞장서 나아갔다. 하지만 큰 부상을 입은 최종익 의병장은 회복하지 못하고 출혈과다로 그 자리에서 순국했다.

전투가 끝난 후 심남일 의병장은 병석에 누워있었음에도 한달음에 달려와 현장에서 통곡했다고 한다. 그만큼 많은 의병이 최종익 의병장의 열정과 모든 전투에서 자신을 희생하며 돌격하는 모습에 경의를 표했다는 것을 알려준다.

해방 후 최종익 의병장의 높은 절의를 추모하기 위해 남평에 사당을 설치하고 배향했다고 전해지지만 현재는 그 자취를 찾아볼 수 없다.

정부에서는 1986년 건국포장, 1990년 건국훈장 애국장을 추서했다.

흔들리지 말고 제대로 나아가야 하리라

어지러운 세상에 정신을 가다듬고 안정을 되찾을 수 있는 곳은 고향과 집이다. 영산강의 한 줄기인 남평의 드들강. 그리고 식산과 월현대산은 태어나고 자란 곳으로 마음에 안정을 준다.

이천 년 역사문화도시 나주의 한 축을 담당하는 남평은 많은 의병을 배출한 곳이다. 임진의병에서 한말의병까지 국난 앞에 의연하게 일어섰던

양벽정(전남 나주시 다도면)

남평의 의병장들.

　그런데 정작 알려진 의병장은 많지 않다. 역사를 전공하고 역사교사로 수십 년을 살아온 자에게도 예외가 아니었다. 누가 알려주지 않았고, 배울 기회가 없었다.

　남도민주평화길의 프로그램을 기획하고 자료를 정리하는 과정에서 알게 되었다. 참으로 부끄럽고 죄송했다.

　'왜 몰랐을까. 왜 말하지 못했을까, 왜 알리지 않았을까'

　그랬다. 교과서에 나오지 않으니 알려 하지 않고, 배우지 않아도 되었고, 가르치지 않아도 되었던 것이다. 현재 학교에서 배우는 교과서는 중앙사 중심으로 왕이나 중요 인물 중심으로 서술되어 있다. 자기가 태어나고 자란 지역의 역사나 인물은 거의 배우지 못하는 실정이다. 지금도 역사교육과정은 중앙 중심과 중요 인물의 역사로 서술되어 있어, 현장역사교육은 시대정신을 제대로 반영하지 못하고 있다. 다행히 지역화 교육과정의 필요성이 제기되어 깨어있는 역사교육학자들의 노력이 치열하게 전개되고 있다.

사생취의 의병활동 전개한
나주 김도숙 의병장

"강물의 외침을 듣고 갑옷을 떨쳐 일어날 것을 생각했고
산하를 보고 의병을 만들 것을 원했노라."

가석 김도숙 초상화
(박종석 작)

1907년 대한제국의 운명은 바람 앞의 등불 같았다. 일제는 헤이그에 특사를 파견한 고종을 7월에 강제 퇴위시키고 '정미 7조약' 체결을 강요했으며, 8월에는 대한제국 군대를 강제 해산시켰다. 이에 같은 해 11월 나주 한 선비가 각 지역 유림들에게 의병 일으키기를 촉구하는 격문을 띄운다. 바로 그 주인공이 가석 김도숙 의병장이다.

한말 의병항쟁의 역사는 이민족의 침입으로 나라가 풍전등화의 위기에 처했을 때 민중항쟁 형태로 일어나거나, 나라가 망한 뒤에도 국가 재건을 위한 독립운동으로 이어진 역사적 배경이 있다. 수많은 무명 의병장들은 하나밖에 없는 목숨을 버리고 의로운 일을 선택해서 사생취의(捨生取義)로 구국안민을 위해 나섰다.

이번에 만나는 가석 김도숙 의병장도 그러하다. 미처 알려지지 않았고, 관련자료도 제대로 정리되어 있지 않다가 늦게나마 알려지게 된 인물이다. 나주문화원에서 주관하는 '나주의병의 기억을 걷다'라는 답사에서

석주 박종석 화가를 만나게 된 인연으로 김도숙 의병장이 총과 붓으로 의병운동과 항일운동을 전개한 사실을 알게 되었다.

목숨 바쳐 의로움을 취한 김도숙 의병장을 만나러 가자. 몇십 년 만의 대설이 온갖 더러운 것들을 덮어버리고 눈빛세상을 만들어 내고 있다. 남도의 들녘 어디쯤에서 죽음으로 일본에 저항했던 정신이 그림과 기록으로 남아있다.

왜 현재 시국이 지나간 그 시대와 오버랩되는지 모를 일이다. 일본의 움직임이 하수상하다. 사생취의, 구국안민 정신은 여전히 유효하다.

'호남의소'의 도통장으로 활약하다

〈남호찬록〉(김도숙 유고집)　　　〈거의일기〉(김도숙 기록)

김도숙(1872~1943)은 나주 봉황 출신으로 본명은 제현, 자는 노숙이다. 현재 봉황은 과거 남평군 죽곡리에 속했고, 운곡마을에는 아기장군 전설과 장군대좌라는 명당이 있어 이에 얽혀 내려오는 전설을 간직하고 있다. 명당인 이 지역에서 김도숙 의병장은 태어나고 자랐다.

1907년 12월 심남일 의병장이 남평·보성·장흥 등지에서 의병 600여 명을 소집하여 독자적인 의병부대 '호남의소'를 결성할 때 참여하여 도통장이 되었다. 1908년 3월 강진 오치동 전투, 남평 장담원 전투 등에서 뛰어난 활약을 보였다. 이후 1908년 6월 능주 노구두를 비롯하여 영암·나주·장흥·해남 등지에서 교전했다.

김도숙 의병장의 진가는 1908년 10월 능주 석정 전투에서 나타났다. 일본군 30여 명에 맞서 싸우던 중 후군장 최우평(최종익) 등 20여 의병이 전사하여 전세가 크게 불리해졌다. 이때 김도숙 의병장은 남은 후군을 지휘하여 일본군을 격퇴하고 위기를 벗어났다.

또한 1909년 5월 보성 천동 전투에서는 안규홍 의병장과의 연합작전을 위해 중군장 안찬재와 함께 군량미를 백 리 밖에서 운송하는 작전에 가담했다. 작전을 성공적으로 수행하여 의병들이 만반의 준비가 된 상태에서 일본군과 맞서 통쾌하게 승리했다.

1909년 8월 능주 석정 전투에서 일본군에 크게 패하고, 1909년 9월부터 '남한폭도대토벌작전'이 전개되자 심남일 의병장이 부득이 의병 진영을 해산했다. 김도숙 의병장은 이에 능주 백웅치에 피신했다. 이후 친일 세력의 밀고로 붙잡혀 7년간 감옥에 갇히게 되었다고 전해진다.

김도숙 의병장이 의병활동을 적은 의적기와 남호계의 일원으로서 〈남호찬록〉이 남아있다.

정부에서는 그의 공훈을 기리어 1986년 건국포장, 1990년 건국훈장 애국장을 추서했다.

이름 없는 별들이 부활하여 빛이 되어라

한말 일본 제국주의 폭압에 의병항쟁이 가장 치열했던 곳은 호남이다. '남한대토벌작전'은 호남 의병들을 대대적으로 토벌하는 작전이었다. 이미 1894년 동학농민혁명의 중심지역이었고, 지도부나 참여자들도 호남이 중심이 되었다. 그러한 반외세 반봉건의 기치는 일본의 침략으로 꺾이고, 이어 호남지역은 한말의병의 최대 본거지로 등장했다.

나주의병을 주도한 유생들은 노사학파에 속했다. 그들의 학문은 스승

이름 없는 별들을 위하여(박종석 작)

으로부터 직접 전수했거나 어느 학파에 연원을 둔 것이 아니라 성리학에 대한 독자적인 해석을 한 것이다. 가석 김도숙 역시 사서삼경 및 사략, 고문진보 등을 섭렵한 유학자이자 성리학적 가학을 계승한 향촌 유생이다.

심남일 의진의 도통장을 역임한 김도숙 의병장은 시, 서, 화를 겸비한 서화가다. 그가 남긴 〈남호찬록〉에 자작시와 그림이 있다. 현재 수집된 10여 점의 작품을 통해 김도숙 의병장의 그림은 독자적인 화풍을 일구었다고 박종석 화가는 평가한다.

석주 박종석 화백은 최근 펴낸 『사생취의(捨生取義)-의병지사 김도숙의 삶과 예술』에서 가석에 대해 '나주와 영산강이 낳은 은일지사이자 품격을 갖춘 사생취의의 서화가'라고 평한다. 박화백은 무등현대미술관에서 '사생취의'전을 열었다. 가석 김도숙을 비롯해 죽봉 김태원·심남일·전해산·박사화·나성화 등 여러 의병장을 〈이름 없는 별들을 위하여〉 등 대형 작품에 되살려 냈다. 꼭 일독을 권한다.

구름에 가려진 샛별이 드러나듯 그동안 잊혀졌던 호남의 유일한 '의병지사 화가'의 숭고한 삶과 예술 세계가 비로소 빛을 발하고 있다. '근현대 한국 회화사에서 한 번도 조명되지 않은 항일지사이자 문인화가'를 회화사에 자리매김하는 작업이 뒤따라야 한다.

이렇게 이름 없는 별들을 조각난 파편 맞추어가듯 연구 정리하는 일은 매우 중요한 일이다. 앞으로 더 많은 자료와 증언이 모여 평생 의병과 항일활동을 전개한 삶과 예술이 재조명되어 부활했으면 싶다.

신출귀몰 유격전의 귀재
나주 나성화 의병장

풍전등화 백척간두의 한말. 일본의 침략은 집요했고 간사스러웠다. 결국 위정자들의 무능과 친일파들이 사적 이익에 골몰할 때 자발적으로 일어선 남도의병들의 기개와 정신이 새삼 뜨겁게 다가온다.

일제는 소위 '남한폭도대토벌대작전'으로 남도의병을 진압하고 끝까지 항쟁했던 의병장들을 체포해 기념사진으로 남겼다. 역사 교과서에 나오거나 신문에 보도된 16명의 의병 사진이다. 당당하고 형형한 눈빛을 보면 결연한 의지와 기개를 엿볼 수 있다.

남도의병 16인 중에서 뒷줄 가장 오른쪽에 있는 나성화 의병장을 만나러 가자. 무남독녀 후손이 건사하지 못해 미처 선양하지 못하다가 2014년 늦게나마 지역민들이 중심이 되어 '나성화 의병장 기적비 건립추진위원회'를 구성하고 항일독립운동 유공자 기념공원을 조성했다. 늦었지만 환영할 일이다.

나성화 의병장 기적비(전남 나주시 왕곡면)

'나성화는 기개와 도량이 넓고 용맹스러웠다. 한말 풍운에서 항상 나라를 걱정하며 일본군을 처부수고 국권을 회복하는 것이 남아의 길이라 생각하고 의거할 기회를 노리던 중, 때마침 김옥균을 살해하고 피신하여 이 지방에 숨어 있던 홍종우의 권총과 탄약을 탈취한 그는 삼향(목포)에 주둔한 일본군을 습격, 일본군 4명을 살해하고 많은 무기와 탄약을 노획했다.

이에 동지 23명을 규합, 이들을 무장시켜 다시면, 반남으로 출격하여 일본군을 무찌르고 총검 12정과 다량의 탄약을 노획… (중략) 일본은 한일 강제합방을 앞두고 1909. 9. 1 일부터 전남 지방에 2개 부대 2,400여 명의 대병력을 투입하여 소위 남한 폭도 대토벌작전을 개시하니 영암군 금정면 덕룡산 능소골에서 토벌대와 끝까지 항쟁하며 많은 일본군을 살상하면서 용전분투했으나 중과부적으로 피체되어 광주 형무소로 압송(중략), 광주 형무소에서 교수형이 확정되어 대구로 이송 도중 감시병 2명을 손에 찬 수갑으로 살해하고 뒤따르던 감시병과 격투 중 적의 칼에 안면피열상을 입고 현장에서 순국'("나성화 의병장 공적조서"에서)

신출귀몰한 유격전으로 일본군을 무찌르다

나성화 의병장(1881~1910)은 1881년 왕곡면 신포리 방아마을에서 태어났다. 호는 학산. 자는 상집으로 부르기도 한다.

1907년 함평 박영근, 진주 유종환 의병과 나주에서 의병을 일으켰다. 1908년 2월에는 심남일 의병부대의 후군장으로 합류하여 화승총으로 무장한 40여 의병들과 유격전을 벌여 일본군에 타격을 입혔다. 당시 심남일 의병부대는 각각의 전투를 소규모 의병 조직으로 구분하여 활동했는데, 나성화 의병부대는 무안·영암·남평 등지에서 활약했다.

무안군 삼향과 나주시 반남에 주둔한 일본 헌병의 분소를 습격하여 일본군을 사살하고 총과 탄환을 빼앗았다. 일본군의 무기로 완전무장한 나성화 의병부대는 그 길로 영산강 줄기를 타고 올라와 나주읍에 잠입하여 일본 헌병 초소를 습격했다. 이때 보초병과 일본 헌병 수 명을 살상하고 많은 무기와 탄환을 탈취했다.

무기를 획득한 나성화 의병장은 곧장 왕곡면 신포리 학산계곡에 무기

제조창을 설치하여 대장장이 이문선으로 하여금 창과 칼을 만들게 했다. 화약과 화승총도 주조했다. 나성화 의병부대를 추격하던 일본군을 봉의산으로 유인했다. 일본군과 달리 주변 지리에 능통한 나성화 의병장은 매복하여 일제히 총을 발포함으로써 일본군에 큰 타격을 입혔다.

나성화 의병부대의 신출귀몰한 작전에 탄복한 많은 백성은 나성화 의병부대에 자진 입대하기를 원했다. 이때 다시면 백룡산에 의병을 집합시키니 그 수가 400여 명에 이를 정도였다.

나성화 의병장

이때 나성화 의병장은 대장으로 추대되고 부장 정인민, 호군 정두면, 도집사 양재룡, 종군 안낙삼, 도서기 양준호, 운량 신학경·이교민을 중심으로 부대를 재편성했다.

나성화 의병부대의 목표는 일본군의 본진이 있는 나주읍을 향하고 있었다. 400 의병이 총칼로 무장하여 일본군 진영을 일시에 습격하자 당황한 일본군은 큰 피해를 입었다. 나주읍 전투를 성공적으로 마치고 진영으로 돌아가는 길에 함평 고막원에서 증원된 일본군과 맞서게 된다. 이때 왼쪽 어깨에 총탄을 맞았지만 부하들에게 숨기고 계속 전투에 임해 많은 일본군을 사살하고 무기를 빼앗았다.

한편 일본군은 나성화 의병부대를 진압하기 위해 2개 연대 규모 병력을 출동시켰다. 이 정도 규모의 일본군이 단일 의병 부대진압을 위해 출동한 것은 매우 드문 일이었다. 그만큼 나성화 의병부대의 신출귀몰한 작전과 유격전이 일본군에게는 큰 위협이 되었음을 뜻한다. 일본군은 포격으로 사방을 포위하고 중화기를 발사하면서 나성화 의병부대를 공격했다.

화승총·칼·화살 등의 재래식 무기로 무장한 나성화 의병부대는 엄청난 화력과 규모를 갖춘 일본군에게 대항할 방법이 없었다. 이때 수많은 의병이 순국하고 나성화 의병장은 일본군에 잡혀 광주 감옥으로 압송되었다. 끝까지 일본군에 굴하지 않은 나성화 의병장은 두 손에 걸린 쇠고랑으로 2명의 일본군을 때려 눕혔다. 그리고 뒤에서 오는 일본군의 총격에 대항하여 싸우다가 결국 순국했다.

1986년 건국포장, 1990년 건국훈장 애국장이 추서되었다. 이후 1994년 9월 대전 현충원 애국지사묘역에 안장했다.

'남한폭도대토벌작전'은 남도의병 토벌 대작전이다

일제는 잔인했고, 또 용서할 수 없는 죄를 저질렀다. 구국안민의 항일과 독립을 위해 항쟁했던 의병들을 폭도로 둔갑시키고 토벌했다. 일본군의 의병 진압은 의병부대와의 전투에 그치는 것이 아니라 의병의 근거지 소탕을 위해 양민을 학살하고 마을을 불태우며 곡식을 탈취해 가는 초토화 작전을 전개했다.

특히 남도 지역 의병을 소탕한다는 명목으로 일본군이 실시한 남한대

남한폭도대토벌작전 기념 사진(뒷줄 맨 오른쪽이 나성화)

앞줄 왼쪽부터 송병운, 오성술, 이강산, 모천년, 강무경, 이영준. 뒷줄 왼쪽부터 황두일, 김원국, 양진여, 심남일, 조규문, 안규홍, 김병철, 강사문, 박사화, 나성화.

토벌작전은·교반적 작전(攪拌的 作戰)으로 의병부대를 초토화했다. 교반적 작전이란 대규모 군대를 일정 지역에 투입하여 소용돌이를 일으키듯 상대를 포위·교란하여 초토화하는 방법이다. 다시 말해 대규모 병력을 투입하여 닥치는 대로 살상하고 방화하는 이른바 초토와 전술로 호남의병을 학살한 것이다. 재일동포 역사학자 강재언은 이러한 일제의 대응책을 삼광정책(三光政策)이라고 했다. 삼광정책은 의병을 죽여 불태우고, 가옥을 불사르고, 전리품 등도 모두 소각해 버리는 야만적 토벌정책이었다.

이때의 참혹상을 황현은 『매천야록』에서 "촌락마다 샅샅이 수색하기를 마치 참빗으로 빗질을 하듯 집집마다 뒤지고, 조금이라도 혐의가 있으면 즉시 죽였다."라고 했다.

이렇게 참혹하게 인권을 유린한 일제의 만행을 어찌 잊을 수 있는가. 그럼에도 일본은 여전히 잘못을 인정하지 않고, 오히려 축소하고 왜곡하고 강변하고 있다. 도저히 용서할 수 없는 행위다.

죽음을 두려워하지 않고 기꺼이 항일 투쟁에 뛰어든 남도 한말의병. 그리고 신출귀몰한 유격전으로 일본군의 간담을 서늘하게 한 나성화 의병장의 기개와 투쟁 정신을 새겨야 한다.

호남의소의 영원한 책사
나주 권영회 의병장

이번에는 호남의소의 책사 역할을 다하다 순국한 권영회 의병장을 만나러 가자. 유생이면서도 지역민의 절대적인 지지를 받은 의병장. 우리에게 많은 울림을 준다.

권영회 충절비(전남 나주시 봉황면)

호남의소의 참모로 의병 항쟁을 주도하다

권영회 의병장(1884~1910)은 1884년 봉황면 욱곡리에서 태어났다. 권택이라는 이름으로 잘 알려져 있다. 유생으로 유교 경서를 많이 읽었지만 과거시험을 보지는 않았다. 하지만 지역에서 덕망이 높고 대담하여 마을 사람들의 지지가 높았다. 소탈한 성격으로 양반 유생이라는 신분적 의식도 크지 않았다.

권영회 의병장

1907년 10월 기삼연 의병장의 '호남창의회맹소'에 참여하여 함께 의병활동을 전개했다. 장성·영광·담양·함평·고창·무안 등 주로 전남 서부 지역을 중심으로 활동했다. 회맹소는 각 의병장이 편성한 개별 부대를 중심으로 독자적으로 활동하며 연합작전을 전개하다가 다시 분산되는 전법을 구사했다. 이러한 분진과 합진을 신속하게 하면서 일본군의 추격을 따돌리며 전투에서 큰 성과를 낼 수 있었다.

1907년 10월 고창 문수사 전투와 영광 법성포 전투에서 일본군에게 타격을 입혔다. 일본군은 '호남창의회맹소' 공격을 위해 10개 부대로 이른바 '폭도토벌대'를 편성했다. 일본군의 공격이 거세지고 '호남창의회맹소' 대장인 기삼연 의병장이 체포되어 결국 조직이 와해된다.

'호남창의회맹소'가 일본군에 의해 와해되자 심남일 의병장은 독자적인 의병부대 '호남의소'(남일파)를 결성했다. 권영회 의병장은 '남일파'의 모사(책사)로서 참여하게 된다. '남일파'는 심남일 의병장을 비롯하여 선봉장 강무경, 중군장 안찬재 그리고 모사 권영회가 모두 유생이었다. 따라서 다른 의병부대에 비해 엄격한 군율로 다스렸다. 또한 의병으로서 지켜야 할 10가지 규칙을 세우고, 친일 세력에게도 의병으로 돌아올 것을 촉구했다. 이러한 전투 외적인 부분에서 권영회 의병장의 제안과 협조가 매우 컸다.

전투에서도 권영회 의병장은 1908년 초부터 박민홍, 조경환, 강무경, 나상집 등과 함께 많은 전투에 나섰다. 강진 오치동, 영암 사촌, 능주 노구두, 함평 석문산, 남평 거성동, 보성 천동, 해남 성내 등지에서 일본 헌병과 순사대를 습격하여 일본군에 큰 타격을 입혔다.

이러한 승리 이면에는 일반 백성의 자발적인 협조가 컸다. 이는 심남일 의병장을 필두로 한 강무경·안찬채·권영회 유생 의병장들의 높은 덕망과 백성의 안위를 걱정하는 배려에서 나타난 것이다.

1908년 11월부터는 조경환 의병부대의 모사로서 12월까지 함평·광주에서 활동하고, 12월부터는 박민홍 의병부대의 참모장으로 나주·남평 등지에서 일본군에 맞서 싸웠다.

한편 1909년 1월 이후에는 독자적으로 활동하는 전투가 많았다. 40여 의병과 무안읍 일본경찰 주재소를 습격하여 순사를 사살하고 대검 등의 무기를 빼앗았다. 일본군의 추격이 심해지자 신분을 속이고 구세군의 부위가 되기도 했다.

1909년 9월에 장흥읍 내양리에서 친일 세력의 밀고로 체포되어 1910년 4월 광주지방재판소에서 교수형을 선고받았다.

권영회 의병장은 '나라를 지키기 위한 의로운 활동에 대해 이러한 판결은 승복할 수 없다.'며 상고했으나 6월 고등법원에서도 교수형이 확정되어 7월 1일 순국했다. 1986년 건국포장이, 1990년 건국훈장 애국장이 추서되었다.

덕망이 높고 담대하여 사람들이 따르다

"충절을 우러러 이글거리며 아침 햇빛보다
더 붉은 우국의 단심 왜국의 침략 잡지 못하고
의려의 횃불 높이 들었네
남도의 땅 가는 곳마다 총칼 들고
적을 무찔러 분홍 피로 물들인 강산
끝내 형장의 이슬 민족의 넋으로 되살아났거니
나라 위해 바친 꽃다운 청춘 갖은 형벌 이겨내어
장부의 의기를 드높였으니
아아! 고귀하고 아름다운 얼이여

겨레와 더불어 이 땅에 영원하리"

지금은 계급이 없고 누구나 차별받지 않는 시대에 살고 있다. 태어날 때 신분으로 평생을 살아야 했던 전근대 사회는 반인권적 반민주적 사회였다. 양인과 천인, 양반과 노비의 계급사회는 최악의 사회였다. 근대 이후 계급이 무너지고 신분 해방이 이루어져 하늘 아래 인간은 차별받지 않은 시대가 되었다. 그래서 역사는 변화 발전하고 진전해왔다고 할 수 있다.

그러나 우리 역사에서 조금만 거슬러 올라가면 계급사회, 차별받은 사회였다. 한말도 그랬다. 동학혁명 이후 신분제 폐지가 이루어지긴 했으나 실제적인 차별은 여전했다. 국운이 기울어져 한말의 외세 침략에 저항하는 의병 활동에 유생들이 적극 참여한 것은 그나마 선비정신의 발로였다. 충과 효, 그리고 절의 정신이 바로 그것이다.

명가 출신 권영회는 유생으로서 덕망을 쌓았고, 담대하여 지역민들이 존경하고 따랐다. 남도의병의 의병장들은 유생 출신으로 구국안민 정신과 선비정신을 실천하는 모범을 보여주었다. 부자, 형제, 가족들의 의병 활동은 '노블레스 오블리주(noblesse oblige)'의 전형을 보여준다. 일반적으로 '노블레스 오블리주'는 사회적 지위에 상응하는 도덕적 의무를 뜻한다. 이는 초기 로마시대에 왕과 귀족들이 보여준 투철한 도덕의식과 솔선수범하는 공공정신에서 비롯되었다고 하지만 현재에 이르러서도 이러한 도덕의식은 계층 간 대립을 해소할 수 있는 최고의 수단으로 여겨진다.

우리는 사회적 지위에 상응하는 도덕적 책무를 다하는 지도자들이 있는가? 어느 때보다 노블레스 오블리주 정신을 솔선수범하는 지도자들을 만나고 싶다.

의병항쟁의 보물창고
나주 조정인 의병장

그 어느 때보다 한반도를 둘러싼 국제 정세는 불안하게 전개되고 있다. 일본의 움직임이 예사롭지 않은 상황에서 지난 일제강점기 강제동원의 진상 규명과 사과, 그리고 배상을 통해 민족정기를 바로 세워야 할 때다.

풍전등화 백척간두 한말, 일제의 침략에 의연하게 일어섰던 의병장들에게 부끄러운 일을 해서는 안 된다. 의병활동의 보물창고 역할을 했던 조정인 의병장을 만나는 것은 민족 사랑을 각인하는 일이다.

쌀장수, 의병장으로 거듭나다

조정인 의병장은 1872년 나주 서부면 명당거리, 지금의 나주시 산정동에서 태어났다. 나주 구도심에서 산정동은 예나 지금이나 중심지다. 중심지에 거주했다는 것은 상당한 재력이 있는 집안으로 봐도 무방할 것이다. 어려서부터 기골이 장대하고 힘이 세어 장군감으로 불린 조정인 의병장은 대지주인 부친 덕에 부유한 집안에서 자라났다.

1905년 을사늑약이 체결되고 각지에서 의병이 조직되자 조정인 의병장은 군량미 조달과 비축을 위해 미곡상을 열었다. 자신의 재산을 바탕으로 의병에게 군량과 무기를 지원하는 등의 역할을 자처한 것이다.

1907년에 이르러서는 격문을 돌리고 스스로 의병을 일으켜 의병대장으로 활약하게 된다. 이후 호남창의회맹소 선봉장 김태원 의병장과 연락

조정인 의병장 추모비(전남 나주 남산공원)

을 취하면서 의병 모집에 많은 성과를 올렸다. 그뿐만 아니라 나주·함평·장성·영광·담양·광주 등지에서 일본 헌병과 경찰을 상대로 많은 전투에서 용맹함을 과시했다. 직접 전투에 나서기도 했지만 의병에게 가장 필요한 총기를 구하여 호남창의회맹소에 제공함으로써 든든한 지원군 역할을 했다.(무려 4백 정의 총기를 제공했다.)

1908년 2월 담양 무동촌 전투에서 승리한 후 기삼연 의병장을 비롯한 김태원·김율 의병장이 일본군에 체포되어 순국하게 되자, 조정인 의병장은 독자적인 의병부대를 이끌고 항일의병전을 전개했다.

이 시기 호남의병의 분화가 시작되었다. 기삼연·김태원과 덕망 높은 의병장이 순국하면서 그 휘하 장수들이 독립하고 의병부대 자체의 필요성에 의해 분화되었다. 의병부대의 평균 규모는 50명, 작게는 10명 안팎에 지나지 않았다. 소수지만 수백 명에 이르는 의병부대도 있었다. 하지만 소규모 의병부대의 분화는 실제 전투에서 유격전이 가능하게 됨으로써 훨씬 효과적으로 작용했다.

조정인 의병부대는 100여 명의 의병들로 활동했다. 당시 조정인 의병부대의 활동에 대해 영산포 헌병대장이 한양에 있는 헌병대장에게 보고하자 특별히 관심을 가지라고 명령할 정도로 영향력이 컸다.

의병의 군량과 무기를 지원하다

조정인 의병장이 특히 힘쓴 부분은 의병의 군량과 무기 등이다. 1907년 고광순 의병장은 압도적인 화력을 지닌 일본군에 직접적인 대응을 피하고 장기항전 체제를 구축하기 위한 '축예지계(蓄鋭之計)'의 새로운 의병활동을 제시했다. 이런 상황을 경험한 조정인 의병장은 나주 가산(현재 광산구 삼도동 대산)에 탄약제조소를 구축했다. 당시 의병들의 화력은 일본 헌병과 경찰에 비해 매우 약했고, 이를 보완하는 데 걸리는 시간과 비용이 상대적으로 매우 컸다.

조정인 의병장은 이를 매우 통탄하게 여겨 직접 탄약을 생산하고 무기를 정비하기 위해 변화를 시도한 것이다. 또한 당시 고려하기 힘들었던 의병의 군복을 전투지형에 맞게 차별화함으로써 효율적인 전투를 추구했다. 즉 평지에서 싸울 때는 황색 군복, 산악지대에서는 청색 군복을 입히는 등의 의병 활동에서 하드웨어적인 부분을 두루 고려한 것이다. 이는 현재 군대의 군복이 지형지물에 맞게 바뀌는 방식을 채용하는 선구자적 시각을 보여준다.

1908년 6월 함평 전투에서 승리한 후 탄약 제조와 무기 정비에 온 힘을 다했다. 그러나 친일 세력의 밀고로 탄약제조소가 발각되어 부하 심수근을 비롯해 백여 명이 함께 체포되고 말았다. 이때 보유한 소총이 4백여 자루에 달했다. 당시 의병으로서는 상상할 수 없는 엄청난 양의 무기다.

조정인 의병장은 체포된 후 6개월 만에 1908년 12월 교수형이 확정되어 1909년 1월 대구 형무소에서 37세의 젊은 나이로 순국하게 된다.

1977년 정부에서 건국훈장 국민장(독립장)을 추서했고, 1993년 국가 유공자증을 유족에게 수여했다. 나주 남산공원에 순절비가 세워져 있다.

"내 나라 내 민족이 지은 곡식이니 마음껏 먹고 죽겠노라"

조정인 의병장은 무엇보다 먼저 총기를 수집하고 탄약을 자급하여 군수 물량이 풍부해야 군졸의 사기를 드높일 수 있다는 것을 보여주었다. 의병항쟁은 총과 무기를 가지고 싸우는 것도 중요하지만 군수 물량을 제공해서 의병들이 제대로 먹고 싸울 수 있게 하는 것이 매우 중요했다.

의병을 평가할 때 전투에 참가하거나 전과(戰果) 유무로 한정하는 경우가 많다. 물론 전투에 나가 싸우는 것이 중요하지만 양곡과 물자를 제공하는 사람들도 의병으로 간주해야 한다. 바로 조정인 의병장이 대표적이다. 기록에 의하면 의병들은 배고픔과 물자 부족으로 열악한 조건에서 목숨을 다해 싸웠다. 제대로 먹지도 입지도 못한 의병들의 초췌한 모습은 참으로 안타깝고 마음이 절절하게 아프다. 얼마나 힘들고 고통스러웠을까.

조정인 의병장 생가터로 추정되는 곳(전남 나주시 산정동)

현재 조정인 생가는 전혀 관리되지 않아 흔적을 찾을 수 없다. 조정인의 묘도 정확한 위치를 찾을 수 없다. 조정인 의병장이 제대로 알려지지 않았고, 관심 밖으로 방치되는 동안 개발이 이루어져 보존되지 못했기 때문이다.

나주시 남외동 55번지에 '독립유공자의 집(조정인)' 패가 걸려있지만, 이곳은 선생이 아니라 후손들이 거주했던 곳이다. 또한 선생의 묘소가 나주시 송월동 737번지라는 기록이 있어 찾아가 보려 했지만 송월배수장 언덕배기에서 길이 막혀 있다. 나주문화예술회관 주차장 뒷산 묘소가 선생의 것으로 짐작될 뿐이다. 시급하게 조사 연구하여 생가와 묘소 복원을 추진해야 한다.

후기 의병항쟁의 핵심 나주 의병장들
— 최택현, 송석래, 정태인, 정도홍

새해가 시작되어 새로운 계획과 목표를 세우고 각오를 다진다. 지혜를 상징하는 검은토끼해를 맞이하는 민초들은 무탈과 평안을 가장 우선으로 바란다. 인간지사 건강과 행복은 누구는 원하는 일이기에 덕담으로 주고받는다.

다시 최대 명절인 설날을 맞이한다. 신정과 구정을 맞이하는 모든 이에게 같은 인사를 보낸다. 올 한해 건강과 행복을 위해 무탈하고 평안한 세상을 기원한다.

설날 아침 떡국을 먹으며 가족들과 안부를 나누는 일상은 행복의 바탕이다. 그래야 함에도 그러지 못하고, 설날 아침에 일제의 순사와 앞잡이들에게 공격을 받고 죽어가야 했던 한말의병들을 생각한다. 남도 한말의병들의 행적을 찾아가는 길에는 고통과 분노가 치밀어 오른다. 절대적인 열세에도 불구하고 게릴라전을 전개하며 일제에 끝까지 저항했던 이름 없는 의병장들을 기억하고 기록하는 일은 해원(解冤)의 길이다. 무주구천 어딘가에 떠돌고 있을 의병들의 넋을 위로한다.

가난하여 먹고 살기 힘들었던 한말, 어떻게든 생명을 유지하고 지배받지 않고 독립된 나라에서 살고자 했던 민초들은 애시당초 항쟁에는 관심이 없었다. 그런데 제국주의 침략의 본성을 드러내고 한반도를 침략했던 일본 제국은 결코 용납할 수 없는 속성을 드러냈다. 생업에 종사하고 학업을 중시하던 남도의 민초들은 어쩔 수 없이 일본군에 저항했다. 신식 무기에 맞서 열악한 무기와 농기구를 들고 일본군에 맞선다. 상상해 보라. 제대로 싸움이 되지 않았다. 결국 목숨을 내걸고 유격전을 전개한다. 그리고 장렬하게 죽어갔다. 그들이 남도 한말의병이다.

남도 한말의병의 중심지 나주의병, 알려지지 않은 의병장들을 만나러 간다. 아무도 기억하지 않은 그들은 만나는 길은 풍찬노숙했던 의병장들의 고난과 역경을 느껴보는 소중한 일이다.

의병 가문의 맥을 이은 최택현 형제 의병장

최택현(1859~1907)은 1859년 나주시 다시면 동곡리에서 태어났다. 본관은 수성으로, 1907년 고종의 강제 퇴위를 계기로 발생한 정미의병에 최광현(종형), 최병헌(종제), 최윤용(아들)과 함께 동촌마을에 사는 20여 명의 수성 최씨 문중이 의병 활동에 참여했다. 수성 최씨는 임진왜란 때 흥양현

4의사 충의비와 최택현 선생 순국 유덕비(전남 나주시 다시면)

전남 나주시 다시면 등촌마을

감으로 있으면서 많은 공을 세운 최희량의 후손들로, 의병의 대를 이었다.

그들은 주로 영산포에 주둔한 일본 헌병대와 일본 경찰을 공격 목표로 삼아 혁혁한 전과를 올렸다. 1909년 함평군 학교면 석정리에서 영산포 헌병부대 소속 40명과 싸워 큰 타격을 입혔다. 하지만 일본군의 우수한 병기에 비해 초라한 화승총으로 맞선 이들은 모두 전사했다. 이때 최광현은 55세, 최택현은 48세, 최병현은 47세, 최윤용은 26세였다.

나주 임씨는 최윤용의 아내로, 임병언의 딸이다. 나주 임씨는 남편과 시아버지

의 죽음에 통곡하고 이후 물 한 모금 마시지 않았다고 한다. 나주 임씨는 얼마 후 돌을 안고 홀로 우물에 투신하여 자결했다고 전해진다.

죽음까지 함께한 송석래 의병장

송석래(1876~1910) 의병장은 1876년 나주 다시면 송촌리에서 태어났다. 같은 나주 출신인 김태원 의병부대의 중군장으로 임명되어 의병활동을 시작했다. 1907년 김태원 의병장이 기삼연 의병장과 함께 호남창의회맹소를 결성할 때도 함께 참여했다. 특히 김태원 의병장이 호남창의회맹소의 선봉장으로 많은 전투에서 승리할 때 그의 곁에서 송석래 의병장이 함께 했다.

1907년 12월 함평주재소를 습격하여 일본 순사를 사살하고 추격하는 일본군과 여러 차례 격전을 벌여 승리하는 데 큰 공을 세웠다. 또한 영광 굴수산 전투에서도 큰 승리를 거두었다.

김태원 의병장이 기삼연 의병장과 분진했을 때도 송석래 의병장은 핵심 측근으로 활약했다. 1908년 2월 2일의 무동촌 전투는 한말 호남의병 최대의 쾌거라고 일컬어진다. 이날 설을 쇠기 위해 무동촌에 잠입한 의병부대를 일본군이 급습한다. 일본군의 기습공격이지만 김태원 의병장을 비롯하여 송석래, 강길원, 조덕관 등의 의병장은 오히려 장교를 포함한 일본군 2명을 사살하는 전과를 올렸다. 하지만 이날 순창으로 피신했던 기삼연 의병상이 체포되어 다음 날 재판도 없이 처형당했다. 이후 김태원 의병장이 부대를 '호남의소'로 명명하여 기삼연 의병장의 뒤를 이을 때도 송석래 의병장은 '호남의소'의 핵심 인물로 맹위를 떨쳤다. 무동촌 전투에 이어 벌어진 장성 토천 전투에서도 일본군 30여 명을 물리

송석래 의병장 먹물통(후손 송인정 제공)

치는 대승을 함께했다. 장성 토천 뒷산에 방어진을 쌓은 후 일본군을 유인하여 격퇴한 놀라운 작전이었다.

'호남의소'의 의병 활동이 활발할수록 일본군의 추격은 더욱 거세졌다. 일본군은 제2특설순사대를 편성하고 광주 수비대와 헌병들을 총출동하는 등 총공격에 나섰다. 1908년 3월 김율 의병장이 체포되고, 어등산에서 병을 치료하기 위해 토굴에 숨어 있던 김태원 의병장마저 일본 밀정의 제보로 발각되고 만다.

이때 김태원 의병장은 많은 의병에게 피신을 명했지만 송석래 의병장을 중심으로 한 23명의 의병은 끝까지 남아 일본군에 맞서 싸웠다. 3시간에 걸친 전투에서 김태환 의병장과 송석래 의병장을 비롯한 23명 전원이 순국하게 된다.

정부에서는 고인의 공훈을 기리어 1996년에 건국훈장 애국장을 추서했다.

미완의 기상 정태인 의병장

정태인 충절비는 나주 정씨 발생지인 시중동에 있다. 곡암 정태인 (1874~1945)은 나주 동강면 양지리 시중동에서 태어났다. 이름은 인면, 자는 태인, 아호는 곡암이다.

젊어서부터 무술단련에 힘쓰고 기질이 강개했다. 1907년 고종의 강제 퇴위를 계기로 김재구, 양준호 등과 함께 의병 수십 명을 모집하고 사포진에 머무는 일본군을 습격하여 많은 무기를 탈취했다. 이 소식을 들은 수백 명 의병이 모여들어 군세가 크게 확장되었다.

이후 나성화 의진과 연합하여 의병활동을 전개했다. 봉의산, 백룡산 전투 등에서 활약하고 무안·삼향에서 일본군을 사살했다. 또한 영암, 영광, 장성 등에서 활약하다 전북지역으로 영역을 넓혀 일본군과 대응했다.

정태인 충절비(전남 나주시 동강면)

의병 모집 차 김제 솜리에 이동했으나 이때 체포되었다.

1909년 12월 24일 광주지방재판소에서 이른바 폭동죄로 징역 5년을 받고 옥고를 치렀다.

정부는 고인의 공훈을 기려 2016년 건국훈장 애족장을 추서했다.

'호남창의소' 대장 정도홍 의병장

정도홍(1878~1951) 의병장은 전통 깊은 마을에서 나고 자란 유생이다. 노사 기정진의 제자 고광선을 스승으로 모시고 바른 정착을 지키고 사악한 무리를 물리치는 의를 항상 마음속에 품고 있었다.

을사늑약이 체결되자 가문의 재산을 털어 군자금을 마련하고 친형 정도희와 함께 의를 세우고자 의병을 일으켰다. 1908년 2월 마을에 '호남창의소'를 설치하고 전답을 팔아 자금을 마련하고 무기를 제조하면서 각 고을에 격문을 보내 의병에 참여할 것을 촉구했다. 이에 나주를 중심으로 화순·장흥·강진·영암·보성 등지에서 600여 명이 호응하여 의병에 참여했다. 조직을 나누고 비로소 독자적 의병부대로서 위용을 드러냈다.

정도홍 의병부대는 소위 '남일파'라 불리는 심남일 의병부대와 연합작전을 폈다. 1908년 6월 남평 장담원에서 일본군 60여 명을 기습 공격하여

만호정(전남 나주시 봉황면)

5명을 사살했다. 또한 남평 판촌, 능주 노구봉 사이에서 일본군 5명을 사살하고, 남평 장구봉에서는 3명을 사살했다. 1909년 2월에는 나주 욱곡리와 거성동에서 매복작전으로 일본군 하마사키 등 10여 명을 사살하는 등, 전과를 올렸다.

정도홍 의병부대에 많은 피해를 입은 일본군은 1909년 3월 능주와 영암의 일본군수부대가 거성동을 공격하여 90여 호의 마을을 불태웠다. 또한 정도홍 의병부대의 본진인 철천리 호남창의소를 습격하여 점령했다.

일본군은 정도홍 의병장을 유인하기 위해 유서 깊은 만호정에 유치장을 설치하고 백성들을 해쳤다. 하지만 정도홍 의병부대는 야간을 틈타 기습하여 이를 파괴하기도 했다.

정도홍 의병장은 1909년 9월부터 시작된 일본군의 소위 '남한폭도대토벌작전'에 밀려 의병부대를 해산할 수밖에 없었다. 이때 일본군에 체포되나 기지를 발휘해 탈출하여 목포 처가의 선박 등에 은신하면서 재기를 준비하고 있었다.

하지만 1910년 8월 경술국치를 당하자 울분을 참지 못하고 남평 지석강에 투신하려고 했다. 주위의 만류로 생각을 접었지만 의를 지키며 힘을 길러 국권회복에 최선을 다할 것을 맹세했다. 그런 뜻을 담은 시를 짓고, 일제강점기에 27인의 비밀결사대를 조직하여 군자금 모집에 노력했다. 저

서로는 『합방전후 10년사』가 전한다.

'나는 왜 이제야 아는가' 기억하고 알리자

남도의 한말의병 관련 자료를 찾고 답사하면서 이름없는 의병들을 만나게 된다. 어느 학자는 '나는 왜 이제야 하는가' 하고 탄식하기도 했다. 다행히 여러 학자의 연구성과는 상당한 수준으로 축적되었다.

그럼에도 여전히 한말의병, 특히 남도의병들은 명망가는 알려져 있지만 대다수는 거의 모른다. 교과서에 나오지 않는 데다가 가르칠 기회도 없었다. 모른다고 탓하자는 것은 아니다. 이제라도 의병과 항일독립운동가들의 열전을 만들고 책자로 발간되어야 한다. 학교에서는 지역사를 통해 지역 의병들을 교육할 수 있도록 교육과정에 반영해야 한다. 학생들의 수준에 맞으며 쉽고 재미있게 공부할 수 있는 자료를 개발하고 보급해야 한다.

다행히도 지자체와 교육청에서 지역사의 중요성을 인식하고 지역화 교육과정을 개발하며 관련 자료를 개발, 보급하고 있다. 박수와 응원을 보낸다.

무엇보다 의병장들의 선양 작업이 지속적으로 이루어질 수 있도록 인식 전환과 분위기 조성이 필요하다. 교육현장과 역사 관련 단체, 지자체 지역사 교육부서들이 협력기구를 조직하여 다양한 프로그램을 개발하고, 실세 적용할 수 있는 강사를 육성해야 한다.

탓하지 말고, 다음으로 미루지 말고, 더불어 함께 지금 협력과 연대를 통해 의병들을 불러내자. 그래야 민족정기가 바로 서고, 미래가 있다.

3부

장성, 함평, 영광

호남창의회맹소의 최고지도자
기삼연 의병장

　어느 때보다 난망한 세상이 전개되고 있다. 대전환의 시대라는 말이 유행한다. 지금은 민주주의 시대다. 권력을 국민이 선택하고 만들어가므로 국민의 판단과 선택은 매우 중요하다. 대전환의 시대에 과연 우리 국민은 잘하고 있는지 묻는다.

　기울어져 가는 나라를 지키려 했던 한말 남도의병장들의 정신을 기억하는 것은 우리에게 많은 시사점을 제시한다.

　창의회맹. 국난을 당했을 때 나라를 위해 의병을 일으키는 것을 뜻한다. 호남창의회맹소의 최고지도자 기삼연 의병장을 만나러 간다.

호남창의회맹소 대장 기삼연 의병장 순국비(전남 장성군 장성공원)

재판 없이 광주천변에서 처형당하다

군사를 내어 이기지 못하고 먼저 죽으니(出師未捷身先死)
'해'를 삼킨 전년의 꿈도 허망하도다(呑日曾年夢亦虛)

백마장군 기삼연 의병장(1851~1908)이 남긴 절명시다. '해'는 무엇을 말
하는가? 바로 '일본'이다. 의병을 일으켜 일본을 몰아내지 못하고 처형당
하는 자신의 모습을 한탄하는 시다.

성재 기삼연은 장성군 황룡면 아곡리에서 태어나 위정척사운동의 거
두 기정진에게 학문을 배웠다. 기정진의 종질이고 기우만의 삼종숙이다.
1896년 기우만이 장성에서 봉기했을 때, 기삼연이 의병 300여 명을 모으
는 등 주도적 역할을 했다. 백마를 타고 의병을 모집하여 '백마장군'이라
불렀다.

기우만이 고종의 해산 권고로 의병을 해산하자 크게 실망한 그는 "유
생과는 함께 일할 수 없구나. 장수가 밖에 있을 때는 임금의 명령도 받지
않는 수가 있거늘, 하물며 강한 적의 협박을 받은 것으로 우리 임금의 본
심이 아님에랴. 이 군사가 한번 파하면 우리 무리는 모두 왜놈이 될 뿐이
다."라고 개탄했다. 그 후 다시 의병을 일으키려다 체포되었지만 보름 만
에 석방되어 장성 수연산에 은거했다.

담양 금성산성 전투에서 부상당한 기삼연은 김용구에게 지휘권을 맡
기고 순창 복흥산에 들어가 병을 치료하고 있었다. 하지만 6촌 동생 기구
연의 집에서 요양 중 일본군의 습격을 받아 체포되어 광주헌병대에 수감
되었다.

1908년 2월 2일 설날이었다. 이 소식을 들은 호남창의회맹소 선봉장
김태원이 경양역(지금의 동강대학교 근처)까지 쫓아왔지만, 기삼연 의병장은

이미 광주헌병대(아시아문화전당 근처)에 수감된 뒤였다. 김태원은 대장 기삼연을 구출할 계획을 세우지만, 이를 눈치챈 일본군이 이튿날 광주천 서천교 근처 백사장에서 재판 없이 처형했다.

호남 의병의 맹주 기삼연은 그렇게 순국했다. 현재 그곳에는 기삼연 의병장이 순국한 장소임을 알리는 표석이 광주 3·1운동 표석과 함께 세워져 있다. 그곳에서 10년 후 3·1운동이 일어났다는 것은 역사적 의미가 있다.

호남의병의 중심 호남창의회맹소 대장이 되다

기삼연은 수연산에 은거하면서도 계속 의병을 일으킬 궁리를 했다. 그는 '인통함원(忍痛含寃)' 즉 원한을 품고 고통을 참으면서 장성 인근 우국지사들과 교류하며 때를 기다렸다.

고종황제가 퇴위하고 대한제국 군대가 해산되자, 드디어 1907년 10월 말 장성 수연산 석수암에서 김용구를 통령, 김태원을 선봉장으로 하는 '호남창의회맹소'를 결성했다. 병력은 400여 명으로 호남의병의 구심점이었다. 회맹소는 다음과 같이 조직(호남창의회맹소 격문에 명시된 지도부)을 갖추고 창의 격서문을 발표했다.

최초의 승리 현장 문수사(고창군 고수면)

호남창의회맹소 대장: 기삼연

통령: 김용구	**선봉:** 김태원(김준)
참모: 김엽중, 김봉수	**종사:** 김익중, 서석구
중군: 이철형, 김봉규	**후군:** 이남규
운량: 김태수	**총독:** 백효인
감기: 이영화(이대극)	**좌익:** 김창복
우익: 허경화	**포대:** 김기순

"우리는 조상의 피를 받아 문명한 이 나라에 태어났으니,

바다에 빠져 죽을지언정 왜놈의 작은 조정에서는 살지 못하겠고,

하늘처럼 섬기고 살기는 오직 태황제(고종)만 계신 줄 아나이다.

그러므로 의병을 이끌고 영웅을 불러일으켜 피를 뿌리며

단(檀)에 올라 천지에 고하여 맹세하고 울면서 대궐을 바라보니

기운은 바람과 구름처럼 설렙니다.

비록 무기가 정예하지 못하다 하나, 맹자의 말과 같이 덕이 있으면

몽둥이를 가지고도 진나라와 초나라의 갑옷 입은 군사를 매칠 수 있으니,

금성탕지(방비가 매우 튼튼한 성)를 잃었다 하지 말라.

뭇 사람의 애국심이 성(城)을 이룰 수 있을 것이다."

회맹소는 주로 장성, 영광, 담양, 함평, 고창, 무안 등 전남 서부지역을 중심으로 활동했다. 회맹소는 각 의병장들이 편성한 개별 부대를 중심으로 독자적으로 활동하면서 연합작전을 전개하다가 다시 분산되는 전법을 구사했다. 분진과 합진을 신속하게 하여 일본군의 추격을 따돌리며 큰 성과를 낼 수 있었다.

회맹소는 고창 문수사 전투와 고창읍성 점령을 시작으로 일본 군경을 압박해 갔다. 대표적인 성과로 1907년 12월 7일 영광 법성포 공격을 들 수 있다. 약 100명의 의병은 법성포를 바다와 육지 양쪽에서 습격했다. 순사 주재소와 일본인 가옥 7채를 불태웠다.

1908년 1월에도 담양, 장성, 함평 등 여러 읍과 광주의 일본인 농장을 습격했다. 일부 일본 군경이 주둔한 지역을 제외하고 전남·북 경계 지역 일대가 의병의 세력권이 되었다. 그뿐만 아니라 분견소, 세무서, 관청, 일진회원, 일본인 상점 그리고 우편 취급소 등을 공격했다. 의병들의 공격 목표가 확대되고 전투 방법도 훨씬 다양해졌다.

호남창의회맹소의 의병장들이 뒤를 이어가다

회맹소의 기세가 날로 높아지자 일본군 광주수비대는 10개 부대로 '폭도토벌대'를 편성하여 의병부대를 추격했다. 기삼연은 험준한 지세를 이용하여 겨울을 보낼 생각으로 1월 30일 300여 명의 의병부대를 이끌고 담양 금성산성에 도착했다. 그러나 담양 주둔 일본 군경의 기습으로 30여 명의 의병이 전사하는 큰 피해를 입었다. 기삼연도 이때 부상을 당했다. 하지만 때마침 짙은 안개가 깔려 적의 포위망을 빠져나오는 데 성공했다.

금성산성에서 참패당한 기삼연은 순창 복흥산에서 재기를 꾀했다. 설날을 맞아 의신을 일시적으로 해산하고 정월 보름에 다시 집결하려 했으나, 설날 일본군에 체포되면서 계획은 물거품이 되고 만다.

기삼연이 체포되었지만 의병에 가담하는 사람은 늘어났다. 회맹소에 참가했던 의병들은 자신들의 독립 부대를 이끌고 일제에 끈질긴 저항을 이어갔다. 일제로부터 집중적인 탄압을 받았던 김태원·김율 형제와 오성술 등이 대표적이다. 이들보다 늦게 독립 부대를 형성한 박도경, 조경환, 김공삼 등의 의병장들도 기삼연 의병에 참가한 인물들이다.

호남창의 영수 성재 기삼연 묘소(전남 장성군 황룡면)

또한 심남일, 전해산, 안규홍, 강무경, 양진여 등이 이들로부터 분화되어 소위 '남한폭도대토벌작전' 때까지 항전을 이어갔다. 장성공원에는 기삼연 의병장을 기리는 '호남창의영수기삼연선생순국비'가 있다. 일제강점기 일본 신사가 있던 곳에 의병장 순국비가 있는 것이다.

정부는 1962년 건국훈장 독립장을 추서했다.

장성공원에 있는 기삼연 의병장 순국비의 비문을 쓴 이선근이 친일학자라는 논란이 있다. 민족정기 정립 차원에서 진위 여부와 평가를 제대로할 필요가 있다. 친일청산과 민족정기를 바로 세우는 데 게을리 않아야하는 이유가 여기 있다.

남도 제일의 의병장,
남일 심수택 의병장

서당 훈장, 붓을 놓고 총을 들다

"초야의 서생이 갑옷을 떨쳐입고
말 타고 남도를 바람처럼 달리리
왜놈을 소탕하지 못한다면
맹세코 모래밭에 죽어 돌아오지 않으리."

1907년 의병 전쟁에 나서며 심남일(1871~1910) 의병장이 지은 시다.

본명은 심수택으로, 함평군 월야면에서
태어났다. 남일은 '남도제일의 의병장'이라
는 뜻에서 스스로 지은 호다.

심남일은 함평에서 서당 훈상을 하던 시
골 선비였다. 두 아들과 세 딸을 둔 훈장이
의병을 일으킨 것은 을사늑약 체결 때문이
다. 심남일은 독자적으로 의병을 일으키려
했으나 명망 있는 유생도 아니었고, 재력이
탄탄하지도 않아 여의치 않았다. 이에 호남
창의회맹소에 가담하여 심남일 의병장의 부

심남일 의병장 동상(함평군 월야면)

장으로 활동했다.

1908년 2월 기삼연 의병장이 체포되어 광주천변에서 총살되었고, 그해 3월에는 김율 의병장이 체포되었으며, 이어 4월에는 김태원 의병장마저 어등산에서 전사했다. 호남창의회맹소가 무너지자 심남일은 의병을 수습하여 독자적으로 항일 투쟁에 나섰다.

'남일파'를 결성하다

김율 의병장이 체포되자 심남일은 함평군 신광면 덕동고개에서 독자적 의병부대인 '호남의소'를 결성했는데, 호남의소보다는 '남일파'라는 이름으로 더 많이 알려졌다. 남일파의 선봉장은 필묵상을 하던 강무경, 중군장은 안찬재, 모사는 권택(권영회)으로, 모두 유생이다. 심남일은 격고문을 발표하여 의병 투쟁의 명분을 천명했다.

전국의 동포들은 다 같이 풍파를 만난 배를 탄 신세입니다. 그런즉 앉아서 고래 떼처럼 악독한 왜놈들에게 잡혀 먹히기 전에 서로 분발하여 의병을 일으켜 그들을 쳐부순다면 우리 강토를 회복하고 종묘사직을 안정시키는 일은 오늘의 거사에 달려 있습니다. … 엎드려 바라건대 조정의 벼슬아치나 산림의 숨은 인재들은 저더러 그러한 자격이 못 된다 하지 말고 각자 의분심을 일으켜 함께 큰일을 치러 나간다면 천하만국이 반드시 우리를 호응하게 될 것입니다.

−심남일의 〈격고문〉에서−

심남일은 의병부대를 결성한 후 의병으로서 지켜야 할 10가지를 밝혔다. 핵심은 백성에게 민폐를 끼쳐서는 안 된다는 것이다. 민폐를 끼치거나

심남일 의병장이 봉기했던 덕동 고개(함평군 신광면)

군율을 어긴 자는 엄격히 다스렸다. 일제 역시 심남일은 부하의 비행을 엄격히 다스리고 백성들의 재물 강탈을 금지한 의병장으로 높이 평가한다.

심남일 의병부대는 친일파들에게도 지난날을 반성하고 의병으로 돌아올 것을 촉구했다. 아울러 일진회원으로 구성된 자위단, 헌병보조원 등 친일세력을 처단했다. 의병을 사칭하며 백성의 재물을 강탈하는 도적들도 격퇴했다. 이를 통해 백성들로부터 많은 신뢰를 얻었다.

영암 국사봉 일대를 주요 거점으로 구축한 호남의소, 즉 남일파는 나주, 함평, 영암, 보성, 장흥, 강진, 해남 등지에서 신출귀몰하는 유격전을 전개했다. 이들은 나주와 강진을 축으로 하는 중남부 지역을 사실상 장악한 의병부대였다.

남일파는 1908년 4월 강진 오치동 전투를 시작으로 능주 노구두, 함평 석문산, 해남 성내, 능주 석정, 남평 거성동, 보성 천동, 1909년 7월 장흥 봉무동 전투에 이르기까지 수십 회에 걸쳐 일본 군경에게 막대한 피해를 입혔다.

승리의 이면에는 주민들의 자발적 도움이 있었다. 이는 주민 보호, 군율 확립, 약탈 금지, 농작물 피해방지 등을 끊임없이 강조한 결과였다. "심남일은 용마를 타고 산 밖으로 뛰쳐나가고 강현수(강무경)는 풍운조화를 부려 공중으로 날아갔다"는 동요가 생겨날 정도였다.

남일파는 독자적 의병부대지만 연합작전에도 심혈을 기울였다. 1908년 8월 이후 안규홍·전해산·조경환 의병부대와 연합전선을 결성하여 일본 군경과 맞섰다. 일본군의 강력한 진압작전에 맞서 전세를 유리하게 이끌기 위해 선택한 방법이었다.

소위 '남한폭도대토벌작전'으로 체포되다

심남일을 비롯하여 안규홍·전해산 의병부대는 일본군에게 첫 번째 타도대상이었다. 1908년 후반부터 이들을 체포하는 데 모든 역량이 동원됐다. 1908년 12월 15일 영산포 헌병분대장의 지휘 아래 8개 부대가, 광주수비대에서는 3개 부대가 각각 편성되었다. 1909년 7월 중순에도 11개 부대를 편성하여 이들 의병을 격멸하려 했다.

일제는 이들을 제거하기 위해 1909년 9월부터 소위 '남한폭도대토벌작전'을 전개했다. 일제의 압박이 심해지자 결국 1909년 8월 말 10여 명의 의병장이 영암 국사봉 고인동에서 모여 대응책을 논의했다.

심남일은 훗날을 기약하며 의병부대를 해산하기로 했다. 안찬재는 의병해산에 반대하여 보성에서 활동하던 임창모와 합세하여 끝까지 저항하다 전사했다. 심남일과 강무경은 의병을 해산한 후 후일을 기약하며 화순 풍치 굴에서 병을 치료하다 1909년 10월 9일 체포되었다.

일제가 "현재 폭도 중에서 가장 교묘한 자"라고 하던 심남일의 체포는 호남 의병이 막을 내리는 것을 의미했다.

체포된 후 광주감옥에 갇혀 일제의 모진 고문을 받았지만 그는 뜻을 굽히지 않았다. 그는 "일본군과 매국노를 제거하지 못한 것이 첫 번째 한이요, 노모를 봉양하지 못한 것이 두 번째 한이며, 죄 없는 의병들이 갇혔으나 구해주지 못한 것이 세 번째 한이고, 죽은 뒤 순절한 충신들을 볼 면목이 없는 것이 네 번째 한"이라고 했다. 대구 감옥으로 옮겨져 1910년 10월

심남일 의병장 순절비(광주광역시 광주공원)

4일 순국했다. 그의 나이 39세였다.

심남일은 감옥에서 다음과 같은 시를 남겼다.

"초야에서 십 년 동안 글 읽던 몸이
한번 전쟁에 나서니 죽음이 가벼웠네
나라의 원수를 버려두고 천지가 어두워지니
내 죽는 날 어찌 눈을 감을 수 있으랴."

심남일 의병장의 순국 소식을 들은 부인은 충격으로 시력을 잃었다. 부인은 "눈이 있어도 해와 달을 보지 못하는 세상인데, 차라리 두 눈 감고 사는 것이 더 마음 편한 일"이라는 말을 남겼다고 한다.

정부는 1962년 건국훈장 독립장을 추서했다. 함평군 월야면에는 '남일 심수택 의병장 기념관'이 세워졌다. 의병을 일으켰던 함평군 신광면 덕동 고개에는 '남일공원'이 조성되어 있다. 광주공원에는 심남일 의병장 순절비가 있다.

호남동의단 의병 투쟁의 중심
전해산 의병장

의병투쟁의 중심역할을 했던 의병장

전해산 의병장 동상(전북 장수군 번암면)

바다와 산을 누비며 의병활동을 전개하다

1909년 4월 고막원 전투에서 크게 패배한 전해산(1879~1910)은 의병을 해산하고 후일을 도모하기로 했다.

결국 1909년 5월 의진의 지휘권을 박영근에게 넘겨준 전해산은 고향으로 돌아와 남원 고래산에 은신하여 서당을 열었다.

일본 경찰은 전해산의 행방을 몰라 백방으로 수소문하고 현상금을 걸었다.

결국 전해산 의진에 출입하던 변절자의 밀고로 영산포 헌병대에 체포되었다. 일제는 온갖 감언이설로 유혹했으나 그는 끝내 변절하지 않았다. 그는 다음과 같은 우국시를 남겼다.

전해산 의병장

영산강으로 다시 못 가리니

서생이 무슨 일로 갑옷을 입었나
본래 세운 뜻이 이처럼 틀려지니 한숨만 나오고
조정에서 날뛰는 꼴 통곡하겠네
바다 건너 들어온 적 차마 말도 못 하겠소.
대낮에 소리 삼키고 강물이 멀어지고
푸른 하늘도 오열하며 실버들에 비 뿌리고
이제는 영산강으로 다시 못 가리니
두견새 되어 피눈물 흘리며 돌아갈거나

그는 광주를 거쳐 1910년 1월 대구로 이감되어 박영근·심남일·오성술·강무경과 교수형에 처해졌다. 전해산은 최후 진술에서 일본인 재판장을 향해 말했다.

"내가 죽은 뒤 내 눈을 빼 동해에 걸어두라. 너희 나라가 망하는 것을 내 눈으로 똑똑히 보리라."

대동창의단을 만들어 전남 서남부를 책임지다

전북 임실에서 태어난 전해산 의병장의 본명은 전기홍이다. 산과 바다를 누비며 항일 투쟁을 하겠다는 포부를 밝히며 스스로 '해산(海山)'이라는 호를 지었다.

유학을 공부하다 1907년 8월 진안 마이산에서 이석용과 의병을 일으켰다. 호남창의동맹단 참모로서 이석용 의진의 핵심인물로 활동했다. 이석용에게 김태원 의진과 남북 연합작전을 건의한 전해산은 김태원 의진에 합류하려고 나주로 내려왔으나, 이미 김태원이 어등산에서 순국한 뒤였다.

전해산은 오성술·조경환과 함께 흩어진 의병들을 수습하여 의병 전쟁에 앞장섰다.

조경환 의진에서 활동하다가 1908년 6월 의병장으로 추대된 후 대동창의단 의진을 구성하여 독자적인 의진을 이끌었다. 함평, 나주, 무안, 영광, 장성, 광주, 고창, 부안 등 전남북 서부지역에서 활동했다. 정원집·박영근·김원범·이범진·윤동수 등이 지도부였다. 대동창의단을 결성하면서 전해산은 이렇게 맹세했다.

"왜놈들은 우리나라의 불구대천의 원수다. 임진란의 화 또한 그러하거니와 을미년의 국모시해는 물론 우리 종묘사직을 망치고 인류를 장차 모두 죽일 것이니 누가 앉아서 그들의 칼날에 죽음을 청할 것이오. 하늘이 이 나라를 돕고 조종(祖宗)을 돌보아 이 적을 소탕한다면 그날 우리는 마땅히 중흥제일(中興第一)의 공신이 될 것이다. 일체 노략질을 하지 말고 힘써 나라회복을 위해 싸우다 죽자."

'호남동의단' 구축에 앞장서다

전해산은 다른 의진과 연합전선 구축에 앞장섰으며, 기동성 확보를 위해 대동창의단 지휘부를 중심으로 의병부대를 나누어 소규모로 활동했다. 필요한 경우에는 합진을 병행했다. 일본과의 군사력의 차이를 효과적으로 만회하기 위한 게릴라 전술의 일종이다.

1908년 7월 25일 첫 전투였던 영광 불갑사 전투를 비롯하여 장성 동화전투, 담양 한재 전투, 함평 월야 전투 등에서 많은 전과를 올렸다.

전해산 작전지도 병풍(전북 장수군 전해산 기념관)

그는 주민과 연대 및 보호에 앞장서 신망이 매우 높았다. 1908년 겨울 일본 군경의 증강과 탄압이 거세어지자 심남일 등 전라도 11개 대표적 의진과 '호남동의단(湖南同義團)'을 결성했다.

전해산을 대장으로 하여 제1진 의병장 심남일을 필두로 제10진 의병장 안덕봉에 이르기까지 전라도 서부와 동부에서 활약하던 의병 총연합 부대였다.

그러나 1909년 4월 영광, 부안 오동촌 및 덕흥 전투에서 크게 패하여 재기 불능 상태에 빠졌다. 고막원 전투에서 선봉장 정원집의 사망으로 의진은 사실상 막을 내린다.

독립운동을 하면 3대가 망한다

"독립(의병) 운동하면 3대가 망하고 친일운동하면 3대가 흥한다."라는 말이 있다. 의병이나 독립운동을 한 인물들의 후손들을 보면 그 말이 틀리지 않다. 지금도 친일 청산은 제대로 이루어지지 않고 친일후손이 득세하고 있다. 어찌 통탄하지 않을 수 있을까?

전해산의 아내는 홀로 시아버지 상을 치르고 있다가 남편의 관이 돌아온 날 극약을 마시고 자결했다.

그는 후사가 없어 아우 기영의 둘째 아들 진규를 양자로 삼아 대를 이어갔다. 평생 머슴과 소작인으로 살다 보니 문맹이고 고아로 살아온 세월이 원망스러울 법도 한데, 그는 큰아버지(전해산)에 대한 기억이 없는 것이 안타깝다고 한다.

다행히도 전해산 의병장은 다른 의병장에 비해 남겨진 유물이 많다. 직접 기록한 『진중일기』와 작전도로 만든 병풍 등이 순천대 박물관에 전시되어 있다. 그의 묘가 있는 전북 장수군 번암면에는 기념관과 추모비, 동상이 세워져 있다. 정부는 1962년 건국훈장 대통령장을 추서했다.

전해산 의병장이 쓴 격문에서 그의 결기가 느껴진다.

"천하의 대의가 세 가지가 있다. 첫째, 우리의 땅은 한 치라도 일본군에게 줄 수 없다. 둘째, 우리의 백성은 한 명이라도 오랑캐가 될 수 없다. 셋째, 우리의 도의는 하루라도 땅에 떨어질 수 없다."

남도 최초 한말의병을 일으킨
기우만 의병장

지루한 장마전선은 일상의 삶을 지치게 한다. 다시 코로나가 창궐한다는 불안한 소식으로 다시 삶이 움츠러든다. 편안하고 안전한 삶이 무너지고, 저마다 불평과 불만이 가득한 시류가 안타깝다. 우리는 어디로 갈 것인가?

그럼에도 다시 마음을 다잡아야 할 이유는 여전히 삶을 살아가야 하기 때문이다. 이번에는 전라도 최초로 한말의병을 일으킨 기

송사 기우만 영정

우만 의병장을 찾아 나선다. 풍전등화 백척간두 한말에 의병을 일으킨 기우만 의병장에게서 힘을 얻고자 함이다.

한말의병의 시작, 단발령

"무릇 통곡밖에 무슨 말을 하겠습니까. … 공을 시기하고 정의를 방해하는 행동은 역적의 무리로 규정지으며, 원수를 갚고 적을 토벌하는 의(義)는 이미 글월에 밝혔으니 통문이 도착하는 즉시 날짜를 정하여 각기 소속 관하에서 대의에 호응하는 민병(民兵)을 모집하되, 선비들은 그 규율을 받들고 이교(吏校)들은 그 두령에게 복종하라.

지휘와 절제는 스스로의 계획과 경륜에 따라 정하고, 활과 총칼을 준비하여 난폭한 자들을 쳐서 제거하여 나라의 위기를 극복해야 한다. 그리하여 왜놈과 양놈을 몰아내어 영원히 해외로부터의 수모를 막아내자."

-송사선생 문집

음력 1896년 정월 송사 기우만(1846~1916)이 각 군현 향교에 보낸 격문이다. 의병에 가담할 사람들의 명단 작성 요청에 호남 여러 고을 유생들이 호응했다.

장성 황룡에서 태어난 기우만은 기정진의 손자다. 그는 1881년 김평묵·이건창과 개화 정책을 비난하는 '만인소'를 올렸으며, 1895년 나주에 세워진 '동학당 토평비' 비문을 지었다. 단발령이 내려지고 아관파천으로 국권이 위기에 처하자 여러 곳에 통문을 보내는 등, 위정척사 사상의 선봉에 섰다. 따라서 기우만이 의병을 일으킨 것은 당연한 일이다.

기우만은 2월 7일(이하, 음력) 기삼연·김익중·기재·기우익·김양섭 등과 장성 향교에서 거의를 했다. 이들은 왕을 지키는 것, 즉 '근왕'을 목표로 했다. 따라서 그는 자신의 의병을 '근왕지사(勤王之師)'라고 칭했다.

2월 11일 장성의병은 나주로 이동하여 나주의병과 연합했다. 나주는 임진왜란 때 건재 김천일이 의병을 일으킨 항일정신의 본고장이다.

2월 16일, 건재의 사당에 제를 올리고 제문을 지었다.

"아! 우리 선생이시여. 산하의 기운을 받아 나셨네/ 도학도 훌륭하시거니와 절의마저 겸했구려/ 저 옛날 임진년에 나라 운수 비색하여/ 선생이 먼저 외치자 의병이 모두 일어났네/ … / 마침내 의병을 일으켜 원수 갚기를 맹세했소/ 머리 위로 저 하늘에 흰 해가 내리비치고/ 귀신에게 물어도 이 길이 옳다 하네/ 선생께 여쭤도 의혹될 것 없으리다."

기우만은 2월 22일 광주 '광산관(광주 충장로 무등극장 근처)'으로 진을 옮겼다. 각 고을에 통문을 보내 2월 30일 광주에 집결할 것을 호소했다. 광

장성향교(전남 장성군 장성읍)

주에서 연합의병부대를 결성하여 서울로 올라갈 생각이었다.

을사늑약 때 재봉기를 꾀하다

기우만이 광산관에서 북상 준비를 서두르고 있을 때, 고종의 의병 해산 권고 조칙이 내려왔다. 친위대도 파견하여 군사적 압력도 가했다. 의병장들은 근왕병을 자처했기에 왕명을 거역할 수 없었다.

나주 의병은 2월 26일 해산했고, 광산관에 주둔 중이던 장성 의병 역시 28일 해산했다. 30일에 광주에 집결하기로 한 광산 회맹은 이루어질 수 없었다.

기우만은 "지금 세력을 잡은 무리의 마음이 음험하고 불측하니, 만일의 경우를 생각하지 않을 수 없다. 그렇게 된다면 적을 토벌하는 것이 도리어 우리 임금의 화를 재촉하는 길이 되기에 알맞은 일인즉, 자수하여 우리의 의리나 밝혀두는 것이 낫겠다."라며 의병을 해산하고 말았다.

고종은 기우만의 충절을 치하하며 중추원 의관의 벼슬을 내렸지만, 그는 벼슬에 나아가지 않았다. 을사늑약이 체결되자 상소문을 올려 개화 정책 폐기, 매국노 제거, 구제도 복귀 등을 주장했다. 담양 용추사에서 최익현과 만나 거사를 계획하는 등 의병 봉기를 재차 추진했지만 뜻을 이루지 못했다.

고산서원(전남 장성군 진원면)

『호남의사열전』을 남기다

기우만은 의병들의 활동을 기록에 남기고자 1909년 『호남의사열전』을
집필했다. 일제가 의병을 '폭도'라 지목하고, 사람들이 의병을 입에 올리는
것조차 꺼려 의병에 대한 기록이 사라질까 우려해서였다. 의병들의 활동
을 기록하여 후세에게 남기는 일은 매우 중요하다. 다행히 그 자료는 번
역·보급되었고, 우리에게 교훈과 시사점을 준다.

1980년, 정부는 기우만에게 건국훈장 독립장을 추서했다. 2021년 독립
기념관은 국가보훈처, 광복회와 공동으로 한말 호남 최초로 의병을 일으
킨 기우만(1846~1916)과 노사학파 박원영(미상~1896), 김익중(1851~1907) 선생
을 1월의 독립운동가로 선정하고 공훈을 기리는 전시회를 열었다.

정부에서 매달 '이달의 독립운동가'를 선정하여 홍보하지만 아쉽게도
관심을 갖는 사람이 없다. 의병과 독립운동가들을 알리는 특단의 대책이
필요하다.

호남창의회맹소 최초 순국자
김익중 의병장

줄기차게 일제 침략과 수탈을 당한 우리는 과거 청산과 배상을 제대로 하고 더 이상 불행한 침략과 전쟁을 하지 않겠다는 진정한 약속을 요구해 왔다. 그러나 일본은 외면해왔고, 오히려 과거사를 왜곡하거나 지우려는 태도로 일관해 오고 있다. 그런데 최근 일본과의 협력적 파트너를 선언하는 굴욕적인 자세가 논란을 일으켰다. 민족의 자존심은 무너지고, 국민은 상처를 받았다.

어지러운 세상 정신을 바짝 차려야 한다. 제대로 된 것이 하나도 없다고 비탄에 빠져 있을 수는 없다. 기울어져 가는 나라 앞에 스스로 의병이 되어 일제와 싸운 호남창의병들을 만나 그 애국애족 정신을 가슴에 새기자. 호남창의회맹소의 최초 순국자 김익중 의병장을 만나러 간다.

유학자에서 의병운동에 나서다

김익중(1851~1907)은 전라남도 징성군 황룡면 맥동에서 기홍의 둘째 아들로 태어났다. 맥동은 하서 김인후의 본향으로 울산 김씨의 세거지다. 그 역시 하서 김인후의 12세손이며, 중부 기홍의 양자로 들어갔다.

그의 자는 봉거, 호는 녹동. 하동 정씨와 혼인하여 4남 1녀를 두었다. 노사 기정진 문하에서 배웠다. 노사 선생은 그의 고모할머니와 혼인했으니 두 집안이 돈독한 사이였을 것이다.

녹동 김익중 의병장의 편지

하지만 집이 가난하여 학문을 깊이 배우지 못해서인지 그의 행적을 살필 수 있는 자료는 거의 전하지 않는다. 기우만이 저술한 「김익중전」이 거의 유일한 자료인 셈이다. 그는 어려서부터 의리를 좋아했다. 그래서인지 1894년 동학농민혁명 당시 친구들의 동학 입도를 막는 데 앞장섰다. 유학자로서의 소신을 분명하게 보인 것이다.

1896년 봄 기우만이 사방에 격문을 전하여 의병을 모으자, 그는 포수들에게 참여를 권하며 나라를 위해 충의를 다하자고 했다. 자신도 적극 가담하여 나주와 광주를 오가며 종군했다. 이를 지켜본 사람들이 그를 '글 읽지 않은 학자'라 불렀다. 하지만 고종의 조칙으로 의병이 해산되었다. 그는 기우만과 상의하여 "지금 국가의 형세가 극도로 위태로우니 마땅한 계책이 필요한데, 향약 복구를 명분 삼아 모임을 갖자."고 했다. 그리하여 그는 매월 한 번씩 선비들과 모여 강학을 이어갔다.

한편 어수선한 정국을 틈타 전국 각지에서 도적이 크게 일어났다. 도적의 봉기는 혼란한 정치 때문이므로 공평하게 법을 집행하고 신중하게 지방관을 선정해야 한다는 등 여론이 비등했다. 김익중은 마을에 횡행하는 도적을 방어하기 위해 집집마다 무기를 준비하게 했는데, 아마도 을사늑약 전후였을 것이다. 그는 도적을 대비한다는 명분을 내세워 마을 주민을 총칼로 무장시켰다. 만일에 있을 의병 봉기를 염두에 둔 포석이었다.

1905년 11월에 체결된 을사늑약 이후 일본의 내정간섭은 갈수록 심해졌다. 대한제국이 멸망의 위기에 직면한 것이다. 기우만은 다시 의병을 일으키려 여러 차례 시도했지만 별다른 성과를 거두지 못했다.

전라남도에서 기우만이란 자가 의병을 초모(招募)하려고 통문을 관각(板刻)으로 간출(刊出)하여 각 군에 나누어 보냈는데 전라남도 관찰사 주석면 씨가 일일이 거두어 모아서 내부로 올려 보냈다더라.

《대한매일신보》 1906년 3월 29일자 〈의문간포(義文刊佈)〉

기우만이 의병을 일으키기 위해 전라도 각 군에 통문을 인쇄하여 발송했으나 사전에 발각되어 수거되었다는 내용이다. 당시 유포된 통문은 「만인회동진소통문」이었다. 기우만은 곡성 도동사에서 연명 상소를 올리고 의병을 일으킬 계획이었다. 그러나 일이 사전에 누설되자 중단했는데, 이와 관련된 통문으로 짐작된다. 이 무렵 일진회는 기우만이 향약소를 기반 삼아 의병을 일으킬 거라고 관찰부와 경찰기관에 보고하기도 했다. 이 때문인지 기우만이 일본 헌병대에 체포되었다는 소문이 돌기도 했다. 이와 같이 기우만은 1906년을 전후하여 의병을 일으키려 노력했으나 뚜렷한 성과를 거둔 것 같지는 않다.

남도의병 중심 호남창의회맹소에 참가하다

온갖 어려움을 극복한 기삼연은 1907년 10월 말 장성 수연산 석수암에서 호남창의회맹소를 결성했다. 기삼연은 대장, 김용구는 통령, 김태원은 선봉장, 이철형은 중군장, 이남규는 후군장, 그리고 김익중은 종사를 맡았다. 이들은 대부분 노사학파 유학자들이다.

당시 김익중은 십안일은 젖혀두고 포수와 보부상 등을 의병으로 합류시키는 데 온 힘을 쏟았다. 그는 '인생은 한 번 죽는다. 진실로 죽었다면 죽더라도 그 죽음 또한 살아있는 것이다.'라며 기삼연의 곁을 잠시도 떠나지 않았다.

기삼연이 이끄는 호남창의회맹소는 전라도 서해안에 근거지를 구축하고자 고창읍성 공격에 나섰다. 호남창의회맹소 포대장 박경래(박도경)와 고

호남내륙의 요충지 고창읍성(전북 고창군 고창읍)

창 사람 정원숙이 '모양성은 비록 작으나 성곽이 견고하고 무기가 정예하니 이 성을 차지해야 오래 버틸 수 있습니다.'라고 조언하여 고창읍성 공격에 나선 것이다.

1907년 11월 1일(음 9.26) 이들은 읍성을 점령하여 상당량의 무기와 전곡을 확보했다. 하지만 다음날 새벽 일본 군경의 습격을 받아 격렬한 공방전을 펼쳤다. 포대장 박경래가 김익중에게 '일이 급하니 빨리 피하라'고 하자 '구차하게 살지 않겠다'며 성첩을 방패삼아 싸우다 전사했다. 김익중은 호남창의회맹소 결성 이후 최초의 순국자였다.

음력 12월 16일(양 1908.1.19) 고창읍민들이 몰래 거두어 가매장한 그의 시신을 반장했다. 이때 기삼연은 의병을 거느린 상황이라 부득이 종사를 보내어 문상했다.

기삼연이 쓴 '호남의사녹동김공지구'라는 명정도 전해졌으며, 기삼연이 지은 제문도 김익중의 영전에 올려졌다. 기삼연은 제문에서 김익중이 자신과 평생을 함께하지 않음이 없었으며, 1896년 이후 의병에 세 번 가담한 점을 칭송했다. 아울러 고창읍성 동문에서 공격할 때 자신이 넘어지자 김익중이 붙잡아 주었는데, 북문에서 후퇴할 때 그를 데리고 나오지 못해 고인을 저버렸다며 자책했다. 기삼연 의병장이 김익중의 죽음을 얼마나 안타까워했는지 알 수 있다.

1990년, 정부는 김익중에게 건국훈장 애국장을 추서했다.

노사학파의 의병장들을 기억하다

노사 기정진은 조선을 대표하는 마지막 유학자 중 한 사람으로, 81세의 긴 생애 동안 거의 벼슬하지 않고 학문에만 몰두했다. 그는 조선 유학의 중요한 주제인 주리론을 심화시켰다. 특히 수많은 제자를 양성했으며, 배출된 문인들은 '노사학파'라는 거대한 지적 공동체를 이뤄 근·현대 호남 지성사의 중요한 역할을 하고 있다. 노사학파의 대표적인 제자들 가운데 김익중 의병장이 있다.

남도의병 중에서 장성의병이 선도적이었으며, 많은 의병이 참가할 수 있었던 것은 노사의 지대한 영향 때문이다. 그의 사상과 철학은 송사 기우만에게 이어지고, 박원영과 김익중으로 계승된다. 유학자들이 구국충혼을 다한 것 또한 그가 열악한 상황에서 뒤로 물러나거나 숨거나 도망가지 않으며 기개와 절의를 행동으로 보여주었기 때문이다.

최근 노사학에 관심이 높아졌다. 노사를 모신 고산서원을 중심으로 다양한 연구가 이어지며, 학술대회를 비롯한 행사가 열린다. 자라나는 후세들에게 난해하고 어려운 용어나 표현들을 쉽게 풀어 누구나 다가갈 수 있게 하며, 호남 지성사의 핵심으로 노사학이 재정립되어야 한다.

호남창의회맹소의 최초 순국자 김익중의 짧지만 충정을 다한 인생을 기억하자. 구차하게 살지 않고 기꺼이 목숨을 나라에 바친 김익중 의병장의 삶과 정신은 혼미한 오늘의 상황에서 더욱 가슴에 와 닿는다. 민족정신을 저버리고 민족정기를 흐트리는 토착왜구들의 준동을 막아내고 자주와 독립 정신을 가슴에 새기며 살아갈 일이다.

의병활동에 군수물자를 지원한
신동욱 의병장

추수의 계절, 자연은 우리에게 풍년을 가져다주었다. 오곡백과가 익어가는 농촌은 겉으로는 풍성함이 가득하다. 그러나 쌀값 폭락으로 농심은 타들어간다. 전국농민회 광주전남총연맹 의장 이갑성은 잔뜩 독기가 올라있다. 식량 주권이 무너지면 농촌이 무너지고, 지역이 무너진다. 지역 소멸의 위기. 어찌해야 하는가.

애꾸눈 광대의 세미뮤지컬 〈어느 봄날의 약속〉이 빛고을시민회관에서 상연된다. 이갑성 의장에게서 공연을 관람하러 온다는 메시지가 왔다. 공연 시간보다 일찍 광주공원을 찾았다. 심사 신동욱 의병장을 만나기 위해서다.

'얼굴 없는 의병장'으로 독립운동에 나서다

"항일운동 이후 집안 사정이 어려워 자주 이사하다 보니 사진이 유실되었다. 이마가 드러나고 약간 수염이 난, 골격이 뚜렷한 단정한 선비의 모습이었다."

-후손 신대규의 증언

심사 신동욱(1870~1943)은 전라남도 함평에서 태어나 '얼굴 없는 의병장'으로 항일 독립운동에 일생을 바쳤다. '심사(心史)'라는 호는 그의 모든 것

신동욱 의병장 항일 사적비(광주광역시 광주공원)

을 말해주는 듯하다.

그는 1908년 호남에서 의병 전쟁이 한창일 때 김태원·전해산·심남일·정원집 의병부대에 군수물자를 공급했다. 1910년 이후에는 러시아 신무기 수입 계획에 자금을 협력했다. 일제는 의병운동 지원을 막기 위해 1911년 1월 신동욱·신동화 형제를 장성헌병대에 구금했다. 무려 석 달 동안 생사의 고비를 넘나드는 고문이 계속되었지만, 그들은 지조를 지켰다. 일제는 신동욱과 그의 부친을 돈으로 회유하려고 했지만 이 역시 뜻대로 되지 않자 그들을 구속했다.

1912년 임병찬이 이식·곽한일·전용규 등과 비밀 결사 독립의군부를 조직했다. 이때 신동욱은 비밀 칙명으로 독립의군 전라남북도 순무대장으로 임명받기도 했다.

서울의 전 참판 이인순·이명상 등과 활동을 계속하여 1914년에는 대한독립의군부 편제를 제정하고 전국적인 조직을 갖추기 위해 노력을 기울였다. 이때 신동욱은 함평과 무안의 조직 책임을 맡았다. 1925년에는 대한광복단 함평군의 책임을 맡아 군자금 모집을 통해 항일독립운동의 든든한 후원자 역할을 했다.

불기심(不欺心)으로 항일투쟁을 하다

일제의 끊임없는 탄압에도 불구하고 신동욱이 항일독립투쟁을 지속할

신동욱 의병장 항일 사적비 '불기심'

수 있었던 데는 '불기심(不欺心)'의 정신이 있었다. 불기심이란 '마음을 속이지 않는다'는 뜻으로, 마음 곧 양심은 영원히 사라지지 않으므로 늘 양심에 어긋나지 않게 행동해야 한다는 뜻이다.

후손 신대규 씨는 신동욱 의병장이 평소 불기심의 마음을 잃지 않았으며, 이러한 정신이 갖은 고초를 겪으면서도 항일독립투쟁의 원동력이 되었다고 증언한다.

신동욱의 이러한 의지는 김태원 의병장 순국 이후 그의 자식들을 돌본 부친의 영향이 컸다. 김태원 의병장이 순국할 당시 아내와 어린 아들과 딸이 있었다. 김태원 의병장 아내는 욕을 당하지 않겠다는 의지로 인두로 자신의 얼굴과 가슴을 지져버렸다. 일본군은 김태원의 어린 아들을 거꾸로 매달고 물고문, 전기 고문을 했다. 고문 후유증으로 왼쪽 팔과 다리를 쓰지 못했다. 신동욱을 비롯한 김태원 의병장의 동료들은 1년씩 돌아가며 김태원 의병장의 아들을 돌봤다.

신동욱도 일제의 감금과 고문으로 정강이가 뒤틀려 안짱다리가 되고 말았다. 1943년 순국할 때까지 후손들에게 "창씨개명 절대 하지 마라"라는 유언을 남길 정도로 항일 독립 투쟁 의지가 강했다. 그의 이러한 의지와 투쟁 정신은 손자 신기하(전 국회의원)의 민주화 운동으로 이어졌다.

정부는 2016년 건국포장을 추서했다. 2019년 8월에 광주공원에 그를 기리는 사적비가 세워졌다.

심사 신동욱 의병장을 기억하다

공원 정상에는 일제 신사가 있었는데, 지금은 그 자리에 호국 영령을 기리는 현충탑이 자리하고 있고, 그 아래 광장에는 시민회관과 4·19혁명 기념탑이 세워져 있다. 또한 이곳은 신사 참배 거부를 시작으로 1929년 11월 3일 일어난 광주학생독립운동의 현장이자, 5·18민주화운동 당시 시민군이 훈련하던 역사적인 현장이기도 하다.

그뿐만 아니라 광주공원에는 남도 제일의 의병장을 자처했던 심남일 의병장 순절비가 있다. 그 옆에 심사 신동욱 의병장 항일 사적비가 있다. 평생 의병운동과 항일운동을 하다가 심한 고문을 당해 다리를 절었고, 창씨개명 압박에도 끝까지 지조를 지킨 분이다.

자유와 독립을 위해 투쟁하신 의병장들의 숭고한 의병정신이 그 어느 때보다 절실하다. 민족정기가 제대로 서야 민족의 미래가 밝다.

민보군에서 의병으로,
영광 이대극 의병장

　지난 11월말, 3년 동안의 남도민주평화길 대장정이 나주지역을 끝으로 마무리되었다. 전남 22개 시군지역을 '남도민주평화길'이라는 주제에 따라 지역의 독립길, 민주길, 평화길 코스로 나누어 관련 자료를 모으고 정리하여 자료집을 만들고, 전남의 교원들과 현장체험학습으로 진행했다. 처음에는 무모할 정도의 일이었지만 의기투합한 연구사와 동료교사 덕분에 가능했다.

　무엇보다 지역 역사와 인물을 찾아내어 알리고, 그들의 삶과 정신을 후세에 가르쳐야 한다는 역사교사로서의 소명으로 받아들였다. 전남의 중심 나주에서 시작하여 나주에서 대장정을 마무리했다. 현장 교원들의 관심과 참여는 폭발적이었다. 답사와 특강과 공연 등, 전체 일정을 빡빡하게 짰다. 그럼에도 다들 역사 매니아답게 몰두했고, 소감과 후기에서 칭찬과 자극을 받았다는 말을 남겼다. 연수 신청을 시작하면 몇 시간 만에 마감될 정도로 인기가 높았다. 이러한 남도민주평화길 연수는 다른 교육청에서도 벤치마킹하려고 현장체험연수에 참여하기도 했다. 교육청 홍보 자료에도 언급되고 지역 신문에 보도되는 등, 좋은 평가를 받기도 했다.

　전남 곳곳을 답사하면서 만난 한말의병들은 독립과 평화길의 주제에 맞는 인물들이다. 그들을 어떤 형태로든 알리려는 마음으로 또 펜을 든다.

　이번에는 영광을 거점으로 의병활동을 한 이대극 의병장을 만나러 간다.

호남창의회맹소의 빛나는 승리 현장 법성포(전남 영광군 법성면)

동학농민운동 진압군에서 의병으로 거듭나다

이대극(1875~1909) 의병장은 영광 대마면 남산리에서 태어났다. 본명은 이순식(이영화)이다. 일본을 크게 이길 수 있다는 뜻에서 스스로 '대극(大克)'이라 호칭했다고 한다. 일본 기록에는 대국(大局, 大國)으로 표기되어 있다. 양반 출신으로 부유한 집안에서 자랐지만 유학보다는 활쏘기와 말타기를 좋아했다.

그는 1894년 동학농민군이 영광읍을 공격하려 할 때 읍민의 지지를 받아 농민군을 진압하는 수성장에 추대되어 공을 세웠다. 조정으로부터 공로를 인정받아 참봉직에 제수되어 근무하다 낙향하여 1907년 후반부터 의병 활동에 투신했다.

이대극은 기삼연의 호남창의회맹소에서 의병활동을 시작했다. 같은 고향 출신으로 의병 모집의 선행조직인 일신계를 조직한 김용구와 함께했다. 호남창의회맹소는 기삼연·김용구·김태원·이철형·이대극 등 모두가 일심계원이다.

이대극 의병부대의 주요 구성원은 선봉장 이백겸, 좌익장 김남수, 우익장 김관섭, 포장 유자성, 후군장 이화삼, 모사 노화삼, 참모 봉계칠·정진옥·주현숙·주만옥 등이다.

창을 베고 아침을 기다리다

기삼연과 김용구가 즉각 무력투쟁을 전개하려 했으나 이대극은 침과 대단(枕戈待旦, 창을 베고 아침을 기다리다), 늘 적에 대한 경계를 게을리하지 않고 준비할 것을 주장했다. 의병 훈련, 무기 확보 등이 우선 과제라고 생각했다. 이대극과 기삼연의 대화를 통해 인식의 차이를 확인할 수 있다.

"대극이 성재에게 이런 말을 했다. '훈련받지 못한 오합지졸로 용감무쌍한 적의 군사를 상대하면서, 더구나 무딘 칼날과 둔한 화승총으로 저놈들의 서릿발 같은 칼날과 번개 같은 포를 상대한다는 것은 무모하기 이를 데 없는 것입니다. 모름지기 군사를 휴식하여 싸우지 말고 먼저 총칼을 만들어서 만전을 기하는 것이 급무일 듯합니다.' 성재는 다음과 같이 대답했다. "그대 말대로 총칼을 먼저 만드는 것이 당연하다."

「삼의사행장」, 『자료집』

이대극은 자신의 주장이 받아들여지지 않자 의진을 이끌고 영광 석대산으로 이동하여 무기 제작에 전력을 다했다. 이대극은 호남창의회맹소 선봉장 김태원과 연합전선을 펴기로 했다. 이들은 의병의 희생은 줄이고 효과적인 투쟁을 위해 소수 정예로 유격전을 감행했다. 대규모 의병으로 정면충돌했던 기존 방식을 탈피한 전술 전환은 의병 활동에 큰 활력을 불어넣었다. 이들은 영광 지역에서만 1907년 9월 이후 5회, 1908년 20회, 1909년 50회 등 크고 작은 의병활동을 전개했다. 불갑산과 장사산을 근거지로 하고 영광, 함평, 무장, 고창을 중심으로 활동하여 서부 지역에서 이름을 높였다.

불갑산 연실봉(전남 영광군 불갑면)

내분으로 안타깝게 희생되다

의병들은 주로 야간에 활동했다. 명절에는 부대가 일시 해산하여 고향으로 돌아가기도 했다. 단기간 항쟁보다는 장기적인 형태로 진행되었다. 의병 간 갈등으로 희생자가 나오기도 했다. 전략에 대한 이견, 민간인 침탈, 지휘권 갈등 등 다양한 원인이 있다. 이대극 역시 이러한 희생자 중 한 명이다.

영광 지역 의병 간 내분 중 가장 큰 사건은 이대극 살해 사건이다. 이대극은 그 부장 정대홍이 의병을 빙자하여 양민을 괴롭히자 총기 12정을 수거했다. 그러자 정대홍과 갈등이 생겼다. 정대홍은 부하 70명을 이끌고 이대극을 포위하여 사로잡아 총살했다. 정대홍은 자신이 이대극을 살해한 이유를 '의병을 해산하고 귀순하려 했다'고 강변했다. 1909년 의병장 박포대(박도경)는 정대홍을 처단했다.

이대극의 죽음은 참으로 안타까운 일이다. 현상금에 눈이 멀어 밀정에 의해 죽임을 당했다는 이야기도 있다. 의병을 빙자하여 가렴주구 혹세무민한 의병장 정대홍. 절대로 그를 용서해서는 안 된다.

1990년, 정부는 그에게 건국훈장 독립장을 추서했다.

'폭도 사진첩'에 남은
함평 이강산과 모천년 의병장

'남한 폭도 대토벌 작전' 관련 사진이 여러 매체를 통해 돌아다니고 있는데, 의병장 이름을 제대로 알고 있는 사람들이 없다. 한말 의병항쟁을 하다가 잡힌 남도의병장들의 사진이다. 최소한 그들의 이름과 삶을 알고 기억해야 한다.

이번에는 폭도 사진첩의 의병장 중에서 함평 출신 이강산과 모천년 의병장을 만나러 간다.

'남한 폭도 대토벌 작전'은 전라도 의병 대토벌 작전

한말 광주·전남이 중심이 된 전라도는 최대 의병 항쟁지였다. 사학자이자 대한민국 임시정부 제2대 대통령 박은식은 『한국독립운동지혈사』에서 "대체로 각도의 의병을 말한다면 전라도가 가장 많은데 아직까지 그 상세한 것을 모르니 후일에 기대하려 한다."라며 전라도 의병을 높이 평가했다.

"전라도가 가장 많다"라는 박은식의 지적은 훗날 구체적인 수치로 증명된다. 1908년 일본군과의 교전 횟수, 교전 의병 수에서 전라도는 각각 25%와 24.7%, 1909년에는 47.2%와 60%를 차지하기 때문이다.

일제는 전라도 의병을 놔두고는 대한제국을 식민지로 만들 수 없었다. 대한제국을 집어삼키기 위해 일제는 전라도 전 지역을 완전히 포위하여

앞줄 왼쪽에서 세 번째가 이강산, 네 번째가 모천년

의병을 섬멸하기 위한 작전을 개시했다. 전라도 의병을 토벌하기 위한 작전이 '남한 폭도 대토벌 작전'이었다.

'남한 폭도 대토벌 작전'은 1909년 9월 1일부터 10월 10일까지 40일간 보병 2개 연대 2,260명과 해군 수뢰정대 그리고 현지의 헌병과 경찰을 총동원하여, 전북 남부로부터 경남 하동 서쪽의 전남지역을 토끼몰이하는 작전이었다. 대구에 있는 일본군 한국 임시파견대 사령관이 지휘했다.

제1경비부대가 포위망을 형성하고, 제2행동부대는 포위선 안에서 수색, 토벌, 검거하기 위해 미리 명부를 작성하여 20세 이상 60세 이하의 남자를 조사했다. 철저한 토벌 작전을 전개하여 잔인무도하고 포악한 야만성을 남김없이 드러냈다. 당시 상황을 광양 출신인 매천 황현은 『매천야록』에서 이렇게 기록한다.

"일본군이 길을 나누어 호남 의병을 수색하니 위로는 진산·금산·김제·만경으로부터 동으로 진주·하동, 남은 목포로부터 사방을 포위한 것이 그물을 펼쳐놓은 것 같았다. 순찰병을 파견하여 촌락을 수색하니 집집마다 모조리 조사하여 조금만 의심해도 문득 죽이니 이에 행인들은 자연적으로 끊어지고 이웃 마을과 왕래하지 못하니 의병들은 셋, 다섯 도망하여 사방에 흩어지며 숨을 곳이 없게 되었다. 강한 자는 적진에 돌진하여 싸우다 죽었고, 약한 자는 꾸물거리다가 칼을 받았으며 점차 쫓겨 강진, 해남 땅에 이르러 갈 곳이 다하니 죽는 자가 무려 수천 명이나 되었다."

전남 의병 대토벌 작전은 예정보다 15일을 연장하여 10월 25일에야 끝났으니, 무려 55일간 대(大)살육이 벌어진 것이다. 작전 결과 일본은 420명의 의병을 사살하고 1,687명을 체포했으며 455정의 총기를 노획했다. 이때 체포된 대표적인 의병장이 전해산·안규홍·양진여 등이다. 이들 의병장을 비롯한 23명은 대구 감옥에서 교수형을 받고 순국했다.

이때 일본군에 잡힌 항일 의병들은 강제노동을 하기도 했는데, 대표적인 예가 해남에서 장흥·보성·낙안·순천을 거쳐 광양~하동까지의 도로 작업에 강제 동원된 것이다. 뒷날 일본군은 '폭도 도로'라고 명명했다.

남한 폭도 대토벌 작전 당시 체포된 의병과 의병장들은 광주지방법원에서 재판을 받았고, 이에 불복한 경우 대구에 있는 공소원(控訴院)에 공소(控訴, 항소의 옛 명칭)했다. 광주지방법원에서 재판을 받고 대구로 출발하기 직전 찍었을 것으로 추정되는 안규홍 등 16명의 의병장 사진이 중·고등학교 한국사 교과서에 실려있다. 그 사진에 함평 출신 이강산·모천년 의병장이 있다.

밀정들을 살해하고 민족정기 바로 세운 이강산 의병장

이강산(1894~1910)은 1894년 함평군 대야면 복룡리 출신이다. 처음에는 나주 출신 김태원 의병부대에서 활동했다. 1908년 4월 김태원이 광주 어등산에서 순국하자, 1909년 7월 고향 복룡리에서 박치일·정인술·박장봉·서성학·양창국 등과 의병을 일으켜 대장이 된다. 이강산 부대는 그해 9월 경까지 전남 함평·영광 일대에서 의병 활동을 전개했다.

이강산은 1909년 8월 29일 나주헌병분견소 밀정이던 이판안·김정태·최치도·박봉남이 함평 관내 이양삼 주막에 있는 것을 확인하고 박치일 등 부대원 8명과 함께 주막을 급습하여 이판안·김정태·최치도를 현장에서 살해했다. 박봉남 역시 산속으로 연행하여 살해했다. 의병들의 동태를 일본 헌병에게 알린 토착 왜구를 응징한 것이다.

이강산 의병장

이후 남한 폭도 대토벌 작전 시기에 체포되고, 1909년 12월 25일 광주지방법원에서 '폭동 및 모살죄'로 교수형이 선고된다. 대구공소원에 항소했지만 기각되고, 1910년 4월 27일 고등법원에서마저 기각된다.

그해 6월 6일 형이 집행되어 순국한다. 그의 교수형 집행은 융희 4년 (1909) 6월 8일자 관보에 실렸다.

1977년에 정부는 이강산에게 건국훈장 독립장을 추서했다.

의병 활동 후 죽음도 알 수 없는 모천년 의병장

모천년(1869~?)은 함평군 영풍면 항동 출신이다. 처음에는 일제가 남도 8대 수괴로 지목한 함평 출신 심남일 의병부대의 부장으로 활동했고, 전해산 부대의 의병을 이끌기도 했다. 1909년 11월 심남일과 강무경이 화순 풍치재에서 체포될 무렵 박사화·이영준 의병장과 함께 체포된다.

그는 1910년 3월 2일 광주지방법원에서 '폭동죄'로 징역 7년을 선고받고 옥고를 치르던 중, 칙령 제325호에 따라 형 집행을 면제받고 출옥한다.

출옥 후 그의 행적은 알려진 바가 거의 없다. 그가 언제 사망했는지조차 알지 못한다. 2017년 정부는 모천년에게 건국훈장 애족장을 추서했다.

모천년 의병장

왜 이제 아는가? 기록하고 기억하라

대개 역사 지식은 교과서에 나오는 내용으로 채워진다. 교과서에 없고 배우지 않으면 역사적 사건이나 인물을 잘 모른다. 어쩌면 당연한 것일지도 모른다. 한말의병을 소개하는 자료에 꼭 들어가는 사진이 있다. 바로 '폭도사진첩'이다. 일제가 의병 항쟁을 진압하고 기록을 남겨놓았다. 참으로 역설적이다.

그러나 사진에 나오는 의병장들의 이름과 활동 내용을 잘 모른다. 제대로 역사교육이 이루어지지 않았기 때문이다. 누구를 탓하자는 것은 아니다.

이제라도 폭도사진첩에 나오는 의병장들의 이름과 활동 내용은 알아야 한다. 이름 없는 별들을 기억해야 한다.

이강산, 모천년 의병장! 함평의 심남일 의병장과 더불어 3대 의병장으로 알려져 있다. 함평 지자체에서는 의병장을 기리기 위한 행사를 한다. 다만 널리 알려져 있지 않아 아쉬움이 크다. 어떤 형태로든 자료집을 만들어 학교에 보급하고, 지역민들에게 교양 강좌를 통해 알려야 한다.

자료를 조사 정리하는 과정에서 모천년 의병장은 출옥 후 기록이 없다는 것을 알았다. 모진 고문을 받고 건강이 많이 좋지 않았다고 한다. 행방이 묘연하고 이후 기록이 없으니, 의병장의 삶을 제대로 설명하기 어렵다. 한말의병 중에서 많은 분이 기록이 없어 제대로 평가받지 못하고 있다. 더 늦기 전에 자료를 찾아 정리하고 알리는 데 재정적 지원이 필요하다.

남도의병공원 건립 공사가 한창이다. 전시 공간을 확보하고 건물을 잘 짓는 것도 중요하지만 남도의병장들의 행적을 집중적으로 조사 연구하는 데 지원하는 것이 더 중요하다. 이제라도 알아야 할 것을 알고, 기록하고, 기억하자!

일제를 떨게 한
함평천지 박영근 의병장

'상선약수(上善若水)'의 의미를 다시 떠올린다.

'가장 좋은 것은 물과 같다. 물은 만물을 이롭게 하고도 그 공을 다투지 않고, 모든 사람이 싫어하는 곳에 있다. 따라서 거의 도(道)에 가깝다. 몸은 낮은 곳에 두고, 마음은 깊은 곳에 두며, 베풂은 인(仁)에 맞게 하고, 말은 신의가 있게 한다.

정사(政事)는 자연스러운 다스림에 맞게 하고, 일은 능률적으로 하며, 행동은 때에 맞게 한다. 그 공을 다투지 않으므로 허물이 없느니라.'

죽음을 불사하며 풍전등화, 백척간두의 조국을 지키려 했던 한말 남도 의병을 알리는 것은 이 시대의 또 다른 의병이 되고 의병정신의 횃불이 되는 길이다. 정책과 인사는 상선약수여야 한다. 자주와 독립을 위해 의병 투쟁과 독립운동을 전개했던 선열들에게 최소한의 책무를 다하는 것이다.

국권 회복과 자주독립의 나라를 지키기 위해 26세의 목숨을 바친 박영근 의병장을 만나러 간다.

"살구꽃 피는 3월에 눈발이 흩날리네
지기(志氣) 있는 남아로서 차마 갑옷을 못 벗겠네
이 나라를 회복하지 못한다면

죽어서 돌아갈지언정 살아서는 못 가겠네."

_박영근 작별시

서당 훈도에서 의병이 되다

의병장 박영근(1885~1910)은 함평군 식지면 유덕산(현 나산면 수상리) 출신
이다. 스무 살에 서당 훈도를 했다고 하니 대단한 한학자라 할 수 있다.
그에 관한 기록은 재판기록과 『함평군지』 정도에 소개되어 있다. 행적이
몇 군데 더 소개되어 있지만 내용이 틀리고 부실한 것도 많다.

1908년 4월 10일, 박영근은 용진산(현재 광주광역시 광산구에 위치)에 진을
튼 조경환 의진을 찾아가 그의 부하가 된다. 용진산은 함평과 경계를 이
루는 산이다. 그때부터 8월 23일까지, 그는 60여 의병과 함께 함평·광주·
장성 등을 돌아다니면서 일본군과 싸운다.

1908년 8월 23일 전북 임실 출신 전해산이 독립부대를 창설하자 전해
산 의진의 호군장이 된다. 이때 전해산 의진은 정원집을 선봉장으로, 이
범진을 도포장으로, 김원범을 중군장으로, 윤동수를 후군장으로, 그리고
박영근을 호군장으로 삼았다. 전해산 의진은 진영이 갖춰지면서 호남 최
고 의병부대가 된다.

박영근은 전해산 의병장과 함께 1908년 9월 26일 영광 불갑산 전투를
시작으로 10월 9일 함평군 장본면 석문산 전투, 11월 21일 함평군 적양면
(현 광산군 본양면) 전투, 11월 22일 광주 대치(현 담양군 한재면) 전투, 11월 25
일 장성군 자인곡 전투, 11월 26일 순창군 내동 전투, 12월 8일 순창군
삼남면 낭월산 전투, 12월 21일 함평군 식지면(현 나산면) 대안촌산 전투,
1909년 5월 4일 영광군 육창면(현 군남면) 오동촌 전투 등에서 일본 수비대
와 헌병 및 순사들과 싸워 크게 승리한다. 크고 작은 전투에서 전해산 의
진이 큰 승리를 거두자 일제는 전해산 의진을 잡는 데 혈안이 되고, 전해
산은 일제가 꼭 잡아야 하는 수괴가 된다.

박영근 의병장 기적비(함평 기산공원)

　일제의 화력이 집중되자 1909년 5월 28일, 전해산은 박영근에게 의진을 넘겨주고 종적을 감춘다. 이에 박영근은 남은 30여 의병을 규합하여 의병장이 된다. 박영근 의진이 구성된 것이다.

　전해산과 박영근은 헤어지면서 '작별시'를 주고받는다.
　전해산은 "호남의 3월 살구꽃 흩날리는데/ 나라 위해 싸우던 서생 갑옷을 벗네/ 산새들도 이런 일 알고 있는지/ 밤새도록 울어대며 고향으로 돌아가라 하네"라고 쓴다.
　박영근은 "살구꽃 피는 3월에 눈발 흩날리네/ 지기(志氣) 있는 남아로서 차마 갑옷을 못 벗겠네/ 이 나라를 회복하지 못한다면/ 죽어서 돌아갈지언정 살아서는 못가겠네."라고 응답한다.
　서른 살 의병장 전해산은 "나라 위해 싸우던 서생 갑옷을 벗네", "산새들이 울어대며 고향으로 돌아가라 하네"라며 의병 활동을 끝내겠다는 속마음을 내보였지만, 스물네 살 박영근은 "지기 있는 남아로서 차마 갑옷을 못 벗겠네, 죽어서 돌아갈지언정 살아서는 못 가겠네"라며 의지를 나타낸다. 전해산과 박영근의 작별시는 전해산이 종적을 감춘 이유와 박영근이 남은 30여 명을 모아 다시 의진을 꾸릴 수밖에 없는 상황을 잘 보여준다.

의병장이 된 그는 함평·영광·장성·광주·무장·나주 등지에서 일본군과 싸운다. 1909년 6월 8일에는 함평군 해보면에 거주하는 공금 영수원 성년풍의 집에 잠입하여 200냥을 군자금으로 빼앗았고, 6월 14일에는 갈동면(현 월야면) 양촌리에 거주하는 공금 영수원 김돈섭에게 100냥을 징발한다. 그리고 6월 19일에는 영광군 불갑면 건두산에서 일본 수비대 및 헌병대와 교전한다.

그해 10월 4일에는 의병을 빙자하여 양민의 재산을 도둑질한 박기춘을 잡아 처형했으며, 11일에는 장성 사람 김기순을 박기춘과 같은 이유로 처형했다.

그러나 그의 활동도 한계에 다다른다. 1909년 7월 17일 부대를 해산하고 함평군 대화면(현 장성군 동화면) 누님 집에 숨어 있다가 체포된 후 1910년 6월 3일 광주지방재판소에서 사형을 선고받는다.

내란과 모살, 그리고 강도죄로 사형에 처하다

일제가 적용한 죄목은 내란과 모살 및 강도죄다. 대구 공소원에 항소했지만, 결과는 바뀌지 않았다. 1910년 7월 21일 대구공소원은 교수형을 선고했고, 이틀 뒤인 7월 23일 전해산과 함께 교수형이 집행된다. 당시 그의 나이 26세였다.

국권 회복을 위한 의병 항쟁이 내란죄가 되고, 침략자 일본인과 일본 앞잡이를 처단한 것이 살인과 강도죄가 되었다. 언어도단이다. 제국주의자들의 침략에 죽음으로 저항하는 것은 식민지인들에게는 너무 당연한 권리이고, 책임을 다한 것이다.

적괴(敵魁)라는 무시무시한 용어는 적의 우두머리를 말한다. 누가 죄인인가? 역설적으로 국권 회복과 나라 사랑을 실천한 애국자다. 후세들은 그렇게 기억해야 한다.

함평 군민들은 장렬하게 순국한 그의 뜻을 기리기 위해 1975년 함평공원에 '의병장 박공영근 기적비'를 세웠고, 정부는 1990년 건국훈장 애국장을 추서한다.

함평천지 의병과 독립운동가들을 기억하다

함평 출신으로 건국훈장 포상을 받은 독립운동가는 총 65명이다 (2021.12월 기준). 그런데 이 중 25명이 한말 의병장이나 의병이다. 25명의 의병(장) 숫자는 전남 도내 시군의 평균을 훨씬 뛰어넘으며, 함평 출신 독립운동가 전체와 비교해도 40%를 차지할 정도다.

함평 출신 의병장으로 심남일·이강산·모천년·박영근만 기억해서는 안된다. 함평 출신 의병 및 의병장으로 서훈된 모든 분의 이름을 적는 이유다. 이름을 남기지 않은, 아직 서훈되지 않은 의병이 훨씬 많다는 사실도 꼭 기억해야 한다.

함평읍내에 우뚝 솟은 기산의 함평공원. 이곳으로 가는 길에 함평의 역사와 인물 관련 비석들이 즐비하게 서 있다. 함평의 인물과 정기를 확

함평 5·18민주화운동사적비(남도민주평화길 현장 체험 장면)

인할 수 있다. 김태원 의병장 기념비와 나란히 박영근 기적비가 있다. 최근 김태원 의병장 비석이 새롭게 단장되었다. 늦게나마 다행이다.

아울러 바로 옆에 있는 박영근 의병장의 기적비에도 꼭 참배하자. 26세의 젊은 나이에 초개 같이 목숨을 바친 박영근 의병장을 기억하고 그의 뜻을 계승해야 한다.

돌아오는 길에 최근 조성된 함평 5·18민주화운동 사적비도 참배하자. 의병정신이 항일독립운동으로, 다시 민주화운동으로 이어져 온 것을 확인할 수 있다. 늘 어렵고 힘든 시기에 사생취의를 다한 남도의병의 항일투쟁 정신이 절망 끝에 부르는 희망의 노래가 되어야 하리라.

목숨 바쳐 의병활동 전개한
남도 서부권 의병장들

오랜 가뭄 끝에 단비가 내렸다. 저수율이 최악이어서 식수가 걱정된다. 지자체에서는 물을 아껴 쓰자는 캠페인을 했다. 비가 내리지 않고 가뭄이 심각해지니 지구 환경 변화로 인한 기후위기와 환경 생태 교육이 중요하다는 진단과 방안이 제기되었다.

남도민주평화길 자료집
(2000. 전남도교육청)

기후위기와 환경 생태 교육은 우리 시대의 절실한 문제로 대두되었다. 지속가능한 발전을 위한 세계사적 인식 전환 및 실천 방안들을 연구하고 대책을 마련하는 활동이 활발하게 전개되고 있다. '자연과 인간의 조화'는 시대정신이 되었고, 시대적 실천 과제로 다양한 활동이 필요하다. 시의적절하게 대처하는 것이 우리의 기본적인 자세다.

이번에는 남도의 서부권에서 목숨 바쳐 의병활동을 전개했던 의병장들을 만나러 간다.

김영백 의진에서 의병활동 전개한 신경수

신경수(1876~1909) 의병장은 전남 장성 출신이다. 1908년 의병장 김영백 의진에 입대했다. 1908년 11월 군자금 모집을 위해 전북 오덕군 반룡리 민가에 들어가 금 40냥을 모금했다. 12월 23일에는 장성군 북상면 송산리 유용경의 집에 찾아가 엽전 50냥을 모금했다. 이러한 행적이 드러나 체포되어 1909년 5월 24일 광주지방재판소 전주지부에서 교수형을 언도받았다. 6월 24일 대구공소원에 공소해 징역 10년형으로 감형되었으나 1909년 11월에 옥중에서 순국했다.

1990년 애국장이 추서되었다.

호남창의회맹소 종사 직임을 다한 이중백

이중백(1877~1910) 의병장은 전남 장성 사람이다. 기삼연 의병장의 호남창의회맹소에 참여하여 종사(從事)의 직임을 맡아 대일항쟁을 했다. 1908년 기삼연 의병장이 순국하자 의진 부장들은 독자적으로 의진을 편성했는데, 이중백은 독자 거의한 박도경 의병장 휘하에서 활약했다.

그는 박도경 의진 소속 군사들과 전북 고창 등지에서 군자금 수합 등의 활동을 했다. 1908년 8월에는 김여회 의병장의 의진으로 옮겨 제4초 십장을 맡아 전남 장성, 전북 순창 등지에서 항전했고, 소규모 의진 편성과 밀고자 처단 등의 활동을 하다 체포됐다. 1910년 3월 5일 대구공소원에서 교수형을 받고 상고했으나 4월 14일 고등법원에서 기각, 형이 확정되어 5월 형 집행으로 순국했다.

2000년 애국장이 추서되었다.

최전선에서 지휘관 활동 전개한 이범진

이범진(1879~1910) 의병장은 전남 영광 사람이다. 1908~1910년 조경환, 전해산 의진에 참여하여 대일 항전에 나섰다. 조경환 의진에서 종사 직임을 맡아 영광, 함평 일대에서 의병활동을 했다. 1908년 9월부터는 연합활동을 하던 전해산 의진에 참여, 도포장의 중임을 맡아 전투에 앞장섰다.

그는 전해산 의진에서 최전선의 중견 지휘관으로 공을 세웠다. 1908년

9월 일본 헌병의 밀정을 처단했고, 1909년 영광·함평·나주 일대에서 일본군과 맞서 싸웠다. 의병진 탄압이 심해지자 그도 체포되어 1910년 4월 13일 광주지방재판소에서 교수형을 언도받고 상고했으나, 5월 21일 대구공소원에서 기각, 형이 확정되어 6월 순국했다.

2000년 애국장이 추서되었다.

「묻힌 순국의 터, 대구형무소」

박사화 의진에서 의병활동 전개한 이복근

이복근(1879~1910) 의병장은 전남 영암 사람이다. 박사화 의진에 참여하여 활동하다 체포되어 순국했다. 박사화 의진 소속으로 1909년 6월 나주군 욱곡면 방축 등에서 일본 헌병과 보조원 4명을 공격해 헌병 1명에게 부상을 입히고 보조원 1명을 사살하는 등 전공을 세웠다. 7월에는 영암군 종남면 화수동에서 친일 동장 김치수를 처단했고, 지도군 압해면에서 군 자금을 모집하는 등 활동하다 체포되었다.

1910년 2월 19일 대구공소원에서 교수형을 받고 상고했으나 3월 29일 고등법원에서 기각, 형이 확정되어 4월 형 집행으로 순국했다.

2000년 애국장이 추서되었다.

대일항쟁 선봉에 선 임영화

임영화(1884~1910) 의병장은 전남 나주 사람이다. 나성화 의진에 소속되어 장포 직임을 맡아 대일항쟁의 선봉에 섰다. 1909년 7월 군사들과 전남 무안부 삼향면에서 일본인 율산학길을 처단하고 군자금을 모집하는 등 주도적으로 활동했다. 일제가 의병대 토벌작전인 소위 남한대토벌작전을 전개하자 그는 후일의 재기를 기약하며 자수했다.

그는 1910년 4월 12일 대구공소원에서 교수형을 선고받았다. 상고했으나 5월 16일 고등법원에서 기각, 교수형이 확정되어 순국했다.

2000년 애국장이 추서되었다.

김동수 의진에서 선봉에 선 임윤팔

임윤팔(1886~1910) 의병장은 광주 사람이다. 1909년 광주에서 김동수 의진의 도포사로 의병 활동을 했다. 김동수 의병장은 1907년 광주에서 의병부대를 조직, 활동하다 1908년 양진여 의진과 합진했다. 이후 김동수 의병장은 양진여 의진에서 분진하여 전남 화순을 근거지로 활동했다. 5월 에는 일본군 헌병대 광주분견소 적군 및 광주경찰서 일본인 경찰대와 치열하게 전투를 벌였다.

임윤팔은 김동수 의병부대 주력을 이끌며 일본군과의 격전에서 선봉에 섰다. 그는 포군들을 지휘, 전남 일대 일본군을 격퇴했다. 친일 면장 처단에도 앞장서다 체포되어 1909년 11월 30일 광주지방재판소 사형에 공소를 제기해 기각되자 상고했으나 역시 기각되어 1910년 5월 형 집행으로 순국했다.

1999년 애국장이 추서되었다.

메마른 대지에 단비처럼 의병이 되어야 하리라

나라를 지키는데 어디 지역이 따로 있었을까.

풍전등화 백척간두 나라를 지키기 위해 일어선 의병들은 전국 어디에나 있다. 지역마다 의병을 기리는 비석, 제각, 기념시설이 즐비하다. 의병을 기리고 의병정신을 이어가는 것은 역사교육의 핵심이다.

그러나 현실은 그렇지 않다. 의병은 잊혀지고, 또 외면받고, 방치되고 있다. 한말의병은 오래전 이야기가 아니다. 1896~1910년 한말의병 이야기를 다시 세상에 알리는 것은 그래서 중요하다. 이 시기에 집중적으로 의병활동을 전개했던 의병장 중에서 순국하거나 감옥 생활을 했던 분들을 최대한 찾아 알리려는 것이다.

다시 세상이 어지럽다. 과거사를 잊고 미래를 나아가자는 허황된 말이 난무한다. '역사는 미래의 시금석, 잊어서는 안된다'는 질타에 귀 기울여야 한다. 메마른 대지에 단비가 필요한 것처럼, 국가 자존과 자주를 위한 지도자들이 민족정기를 바로 세우도록 의병이 되어야 하리라.

"조선은 왜란, 호란을 겪으면서도 여태껏 살아남았어요.

그 이유가 뭔지 알아요?

그때마다 나라를 구하겠다고 목숨을 내놓죠

누가? 민초들이!

그들은 스스로를 의병이라고 부르죠."

_〈미스터 션샤인〉에서

의병을 다룬 드라마 〈미스터 션샤인〉

4부

영암, 강진, 해남

부부가 의병에 투신한
강무경·양방매 의병장

　밀정은 남을 살피는 자로 첩자 또는 스파이를 말한다. 일명 프락치를 일컫는다. 80년대에 대학을 다닌 나에게 밀정은 매우 민감하게 다가온다. 몸서리가 느껴진다는 표현이 정확할 것이다.

　비정상의 정상화. 민주주의의 소중함이 절실해진다. 다시 길을 찾아 나선다. 진즉 정리해 놓은 한말 의병장 중에서 밀정의 밀고로 체포되어 비운의 삶을 다한 의병장들에서 배워야 할 것은 무엇일까.

　풍운을 조화하여 하늘에 날아오르듯 의병운동에 뛰어든 강무경 의병장을 만나러 간다. 남편과 의병운동에 함께한 양방매 의병장을 같이 만날 수 있다.

강무경·양방매 사적비(전북 무주군 설천면 나제통문)

필묵상 의병을 일으키다

"남일이 용마를 타고
산 밖으로 솟아오르면
현수는 풍운을 조화하여
공중으로 날아오른다"

당시 아이들이 부른 동요다. 남일은 함평 월야 출신 '전남 제일' 의병장 심남일을 말한다. 현수는 심남일 의병장의 선봉장 강무경의 가명이다.

강무경(1878~1910) 의병장은 전북 무주군 풍면 설천에서 태어났다. 학문을 닦은 선비지만 필묵상으로 생계를 이어갔다. 기울어가는 국운을 통탄해하던 중, 심남일로부터 의병을 일으키자는 통문을 받았다. 200리가 넘는 함평까지 한달음에 달려가서 심남일과 결의형제했다. 의병을 모집하여 당시 광주·나주 등지에서 맹활약하던 김율 의병부대에 합류했다.

1908년 4월 김율 의병장이 순국하자 부대를 수습한 강무경은 심남일을 대장으로 추대하고 자신은 선봉장이 되었다. 강무경은 심남일과 함께 활동했다.

강무경 의병장

강진 오치동 전투를 시작으로 장흥 곽암, 남평 장담원, 능주 노구두, 영암 사촌, 해남 성내, 능주 돌정 등지에서 커다란 전과를 올렸다. 능주 돌정 전투에서는 심남일·강무경이 모두 부상당해 병석에 눕는 불운을 맞았음에도, 왜병 300여 명과 접전하여 적지 않은 성과를 올렸다.

이듬해인 1909년 봄부터 전투를 재개하여 남평 거성·능주 풍치·보성 천동 등지에서 접전 끝에 적 수십 명을 살상하고 여러 정의 무기를 빼앗았다. 특히 나주 거성 전투에서는 덕룡산에 진지를 구축하고 대포를 사용하여 일제의 간담을 서늘하게 했다.

1909년 7월, 순종의 조칙으로 의병부대를 해산할 수밖에 없었다. 강무경은 해산 후에도 심남일과 거취를 함께했다. 소위 '남한폭도대토벌작전' 시기에 신병 치료차 능주 풍치의 바위굴에서 은신했다. 그런데 밀정의 밀고로 심남일과 체포되었다. 광주로 이송되었다가 대구 감옥소로 이감되었다.

이미 대구 감옥에는 박영근, 오성술, 전해산 의병장도 수감되어 있었다. 이곳에서 1910년 8월 32세의 젊은 나이로 교수형에 처해졌다. 강무경 의병장은 사형당하기 직전에 이런 말을 남겼다. "꿈에서조차 그리던 나라의 광복을 보지 못하고 철천지원수의 총칼에 흙으로 돌아가게 되었으니, 오호애재라! 내 혼백과 육신의 혈혼이라도 이승의 청강석이 되어 못 다한 천추의 한을 풀리라."

남편과 함께 의병에 나서다

양방매(1890~1986)는 강무경 의병장의 부인으로, 남편을 따라 항일전에 투신했다. 무주 출신 강무경이 심남일과 함평에서 의병을 일으킨 뒤, 영암군 금정면 유생 양덕관 집에 유숙한 것이 인연이 되어 그와 결혼했다. 양덕관은 그녀의 아버지고, 큰오빠 양성일도 20세 청년으로 의병에 가담했다.

일본군의 공세를 피해 영암을 떠나게 된 강무경이 '여자가 따라나설 데가 아니라'며 집에 남을 것을 권유한다. 하지만 양방매는 "언제 무슨 일을 당할지 모르는 남편, 살아도 같이 살고 죽어도 같이 죽겠다"며 주위의 만류를 뿌리치고 남편을 따라 의병이 되어 항일전에 나선다.

양방매 여사(강무경 의병장 묘비)

1909년 화순군 능주면 풍치 바윗굴에서 남편과 함께 일경에 체포될 때까지 1년 동안 양방매는 장흥·보성·강진·해남·광양 등 전남 동남부 일대 산악지방을 무대로 유격전에 가담했다. 특히 1909년 3월 8일 남평 거성동 전투에 참전하여 유인작전으로 많은 일본 군경을 사살하는 등, 큰 전과를 올렸다.

'남한폭도대토벌작전'으로 양방매는 10월 9일 강무경과 함께 체포되고 말았다. 강무경은 1910년 9월 심남일과 함께 대구형무소에서 순국했다. 그러나 양방매는 어린 여성의 몸이기에 석방될 수 있었다. 이후 어떤 유혹과 협박에도 굴하지 않고 평생 수절하며 자기 삶을 지켜냈다. 금정면 남송리 반계마을에서 여생을 보내다 1986년 96세로 세상을 떠났다.

정부는 강무경에게는 1962년 건국훈장 독립장을, 양방매에게는 2005년 건국포장을 추서했다.

한말 여성의병 양방매를 기억하다

양방매는 구한말 일제 침략과 대한제국의 식민지화를 막기 위해 직접 총을 잡고 무장투쟁을 벌인 여성 의병이다. 1890년 영암군 금정면 청룡리에서 태어난 그녀는 남편 강무경이 의병을 일으키자 남편의 만류에도 아랑곳하지 않고 동참해 장흥 등 전남 동남부 산악지대를 무대로 숱한 전투에 참여했다.

최근 영암군에서는 양방매의 생가를 복원하고 표지판을 새로 세웠다. 그리고 기념사업을 추진한다고 밝혔다. 늦게나마 환영할 일이다. 아직 별

다른 진척이 없다. 의미로운 사업은 일회일비하지 않고 꾸준히 전개되어야 한다. 강무경·양방매 부부의병장의 높고 넓은 정신이 기억되고 계승되도록 선양사업이 추진되기 바란다.

연합의진 결성과 전투에 앞장선
영암 김치홍 의병장

기후 위기라는 말이 회자된다. 인간의 욕심으로 지구가 몸살을 앓고 있다. 이상기후 현상이 빈번해진 가운데 생태와 환경이 무너지고 있다. 코로나 역병이 창궐한 원인이기도 하다. 엎친 데 덮친 격으로 태풍도 인간을 위협하고 있다. 생태 환경을 지키기 위한 정책들이 제시되고 있다. 자연과 인간의 조화로운 삶은 매우 중요한 과제로 떠올랐다.

남도 한말의병의 길을 걷는다. 미처 알려지지 않은 의병장들을 만나는 길은 쉽지 않다. 기록이 없고 제대로 관리하지 않으니 기억하는 사람이 없다. 이번에 만나는 김치홍 의병장도 아는 이들이 거의 없다.

영산강 유역의 중심지 역할을 했던 영암의 시종. 마한 문화의 중심지로 여러 고분군이 있고, 마한 문화유산이 계속 발굴되고 있다. 영암 시종 신흥리에 있는 의홍사(義弘祠)와 김치홍 의병장을 삶을 따라가 보자.

연합의진 결성에 앞장서다

김치홍(1880~1910) 의병장은 영암 시종 출신이다. 본명은 김동필. 어렸을 때부터 기개가 강했다. 1896년 영암에서 최병손이 일으킨 의병에 참여했으며, 1907년 말 영암에서 박평남 등이 '호남창의소'를 결성할 때 앞장섰다. 1908년 10월 심남일 의병부대의 기군장으로 60명 의병을 이끌고 영광·능주 등지에서 일본 수비대와 많은 전투를 벌였다.

김치홍 의병장과 의홍사(전남 영암면 시종면)

1909년 1월에는 박민홍 의병부대의 제1초 십장이 되어 총기 15정을 휴대한 부하 30명을 인솔하여 영암·나주 일대에서 일본군과 치열한 전투를 벌였다. 같은 해 4월에는 박사화 부대의 제1초 십장에 임명되어 총기 12정으로 무장한 부하 26명을 거느리고 영암 일대에서 일본군과 치열한 전투를 치렀다.

한편 친일파를 처단하고 군자금을 마련하는 등, 심남일이 결성한 '호남의소'에서 중요한 역할을 했다.

그는 독립의병부대를 거느리고 심남일 의병부대 기군장, 박민홍 의병부대 제1초 십장, 박사화 의병부대 제1초 십장을 맡았다. 여러 의병부대에서 중요한 역할을 한 것은 그가 독립 의병부대를 거느리며 합진을 통한 연합작전에 앞장섰음을 말해준다.

1909년 9월 일본군과 영암에서 싸우다 박평남 의병장과 함께 체포되었다. 1910년 6월 13일 광주지방재판소에서 폭동 및 살인·강도죄로 교수형을 선고받았고, 같은 해 7월 23일 대구 공소원에서 공소가 기각되어 교수형으로 순국했다.

그의 재판 판결문을 보면 그가 '영광군내 및 능주군내를 횡행하며 폭동을 일으켰다'고 나와 있다. 영광군은 영암군의 오기(誤記)다. 그는 영암을 거점으로 활동했다. 그가 영암·능주를 횡행했다는 것은 당시 심남일이 주축이 된 호남의소가 영암 국사봉을 중심으로 남평, 능주, 보성, 장흥, 강진 등지에서 일본군과 치열한 교전을 벌인 사실을 알려준다. 그 중심에 김치홍 의병장이 있었다.

폭동과 강탈로 의병활동을 폄하하는 일제를 잊지 말라

일제는 김치홍 의병장의 공적을 의도적으로 깎아내리려 했다. 일본군과의 전투를 '폭동'이라는 말로 은폐했고, 친일파를 처단하고 군자금을 조달하는 활동을 '강탈'이라 했다.

최근 친일과 밀정 논쟁이 다시 떠올랐다. 친일파를 청산하고 민족정기를 바로 세우는 일은 여전히 중요하다. 하지만 '밀정' 역할을 하며 의병운동과 항일운동을 한 사람들을 팔아넘긴 행위는 절대 그냥 넘어갈 수 없는 일이다. 열악한 상황에서 구국을 위해 헌신하는 동료들을 팔아 넘기고도 의병장과 항일운동가로 평가받아온 것은 어떤 이유로도 용납될 수 없는 일이다.

어떻게 그럴 수 있는가. 오히려 그들의 후손은 토착왜구가 되어 풍찬노숙 죽음으로 조국을 지키려 했던 순국선열들의 가슴에 못을 박고 있다. 통탄할 일이다.

정부는 김치홍 의병장에게 1990년 건국훈장 독립장을 추서했다. 그리고 '의홍사'라는 사당을 세웠다. 늦게나마 다행스러운 일이다. 그래야 민족정기가 바로 선다.

의홍사를 찾으니 마침 휴관이다. 지나다니는 사람도 없다. 코로나 여파이기도 하겠지만, 찾아오는 이 없고 기억하는 사람 없으니 사당은 거미줄과 잡초만 무성하다.

'義弘'. 의로움이 넓고 크다는 것이리라. 정작 당대를 살아가는 우리는 어찌해야 하는가. 앞서 소개한 심남일 의병장, 박사화 의병장, 그리고 김치홍 의병장과 기억하지 못한 많은 의병장은 '호남의소'를 만들어 끝까지

김치홍 의병장과 의홍사(전남 영암면 시종면)

저항하다 장렬히 순국했다.

다시 옷깃을 여미고 추모한다. '다시 기억하고 계승하리라'.

호남창의소를 주도한
영암 의병들

복수토적(復讐討賊).

남도의 한말의병들을 만나는 일은 복수토적과 사생취의의 정신을 새기는 길이다. 일본의 외교권 박탈과 군대 해산으로 나라가 기울어가는 위기상황에서 남도 한말의병은 분연히 일어났다. 무기의 절대적인 열세와 제대로 먹지도 못하는 배고픔에도 복수토적, 사생취의의 길을 나섰다. 깨지고 패배해도 들불처럼, 잡초처럼 다시 일어섰다. 부모가 죽으면 자식이 나섰다. 부자간, 가족간 의병이 많은 까닭이다. 그래서 대한민국은 수많은 외침을 이겨내고 자주독립의 국가가 된 것이다.

대한민국의 마지막 의병 항쟁지 남도. 오늘은 영암 의병들을 만난다.

복수토적 호남창의회맹소 결성에 참여한 김선중 의병장

김선중(1885~1912) 의병장은 전라남도 영암군 원정면 신흥마을에서 태어났다. 직업은 대장장이다. 1907년 박사화 의병부대에 참여하기까지 행적은 확인할 수 없다.

1907년 헤이그 특사 파견을 구실로 고종이 강제 퇴위하고 군대까지 해산당하는 등 국권 상실이 현실화되자 전국에서 항일 의병이 일어나 국권회복운동을 전개했다. 전남에서는 노사 기우만에게 동문수학한 기삼연과 김용구가 중심이 되어 복수토적에 뜻을 같이하는 동지들을 규합했다. 이들은 전라도 서부 지역 의병부대를 결집하여 호남창의회맹소를 결성하고 대대적인 항일투쟁을 전개해갔다.

호남창의회맹소는 기삼연을 맹주로 추대한 뒤 1907년 10월 말부터 다음해 1월 말까지 치열한 항일 전투를 했다. 장성·영광·담양·고창·함평·무장 등 전

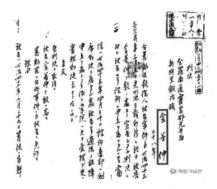

김선중 판결문(대구공소원형사부, 1912)

라도 서부 지역을 활동무대로 하여 각 읍에 상주해 있던 순사주재소와 우편취급소 그리고 거류 일본인들을 습격했다. 하지만 일제의 대대적인 '진압작전'으로 기삼연이 체포되어 사망한 뒤 여러 의병부대로 나뉘어 소규모 유격전을 펼쳐갔다.

이때 김선중은 나주 출신 박사화 의병부대에 참여했다. 박사화 의병부대는 심남일 의병부대에 통합되어 항일전투를 펼쳐갔다. 분진되기 전 심남일은 김율 의병부대의 부장으로 활동했다. 1908년 3월 말 김율이 체포되면서 함평·남평·보성·장흥 등지를 돌아다니며 의병을 모집한 뒤 독자적인 의병부대를 결성했는데, 이때 박사화는 부대를 이끌고 심남일 의병부대에 합류하여 중군장이 되었다.

중군장 박사화와 심남일 의병부대에 합류한 후 주로 지형지물을 이용한 유격전을 함으로써 일본군에 타격을 주었다. 1908년 3월 7일 심남일부대와 강진군 옴천면 오치동을 지나가던 중 일본군 100여 명과 교전하여 수십 명을 사살했다. 4월 15일에는 강진과 장흥의 경계에 있는 수인산성에 들어가 성벽을 보수한 뒤 근거지로 삼았으며, 장흥 유치면 곽암에서 일본군을 습격하여 수명을 사살했다. 6월 19일 남평 장담원 전투에서 일본군 5명을 사살하고, 6월 25일에는 능주 노구두에서 일본군 5명을 사살

하고 말 2필과 무기를 노획했다. 이어 심남일의 지휘 아래 영암의 사촌, 나주의 반치, 장흥 신풍, 해남 등지에서 일본군과 교전했다. 특히 10월 27일 능주 석정 등지에서 전개된 전투에서는 일본군 100여 명을 살상했다.

1909년 6월 29일에는 박사화 의병부대 40여 명과 함께 전남 나주군 욱곡면 월봉리에서 일본인 헌병과 헌병보조원 일행 4명을 공격하여 헌병 가와모토와 보조원 김중환을 살해했다. 하지만 일제의 이른바 '남한대토벌작전' 계획에 따른 대대적인 진압 공세와 함께 1909년 7월 순종의 의병해산칙령이 내려지면서 의병 활동은 위축될 수밖에 없었다. 결국 포위망을 좁혀오는 일본군과 교전 끝에 체포되어 재판에 넘겨졌다.

1912년 1월 18일 대구공소원에서 사형이 선고되었다. 이에 항소했으나 1912년 2월 13일 고등법원에서 기각되어 3월 6일 사형당했다.

대한민국 정부는 1995년 건국훈장 애국장을 추서했다.

'호남창의소' 결성, 박평남과 신예교 의병장

전남의 중기 의병은 1906년 화순 쌍봉에서 유생 양회일·이백래 등이 조직한 '호남창의소'가 대표적이다. 1907년 화순을 점령하는 등 기세를 떨쳤다. 호남창의소 출범은 이웃한 여러 지역의 의병봉기에 영향을 주었다. 박평남·박민홍 등 영암 의병장들도 '호남창의소'를 부대 이름으로 사용했다.

최병손이 중심이 되어 전기 의병을 조직한 경험이 있는 영암지역에서는 빠른 속도로 의병부대가 결성되었다. 덕진 출신 박평남과 신예교도 의병부대를 조직하여 1909년까지 영암지역에서 독자적 의병 활동을 전개했다.

1902년 영암을 방문한 최익현의 강론에 감동한 신예교는 의병부대 조직에 적극적이었다. 박평남이 처음 의병부대를 결성할 때 참여한 '영암 의병'은 대략 확인된 사람만도 90명이 넘으니, 실제는 이보다 훨씬 많을 것이다.

이들은 의병부대 명칭을 '호남창의소'라 했다. '호남창의소'의 조직체계는 다음과 같다.

〈호남창의소 조직 체계〉

성명	직책	출신지	성명	직책	출신지
박평남	총대장	덕진	박원규	호군장	영암회문
신예교	좌익장겸 결사대장	덕진	박찬희	훈련장	학산
노병우	선봉장	도포	김덕겸	군량장	시종
신모	선봉장	서울	나도환	병기감	금정
김치홍	중군장	시종	김홍재	병기감	서호
김은식	중군장	금정	최장홍	정보	덕진
최재현	중군장	금정	류병협	정보	신북
김선중	후군장	금정	윤자옥	종사	시종
최기옥	후군장	서호	최영철	연락	덕진
문상진	호군장	시종	박한민	연락	덕진

　　박평남 의병부대는 선봉장·중군장·후군장의 전통적인 3군 체계를 유지했다. 식사를 책임지는 호군장, 물자보급을 담당한 군량장, 병기를 관리하는 병기감도 있어 전통적인 군제를 그대로 따랐다. 1908년 정월 박평남이 동참을 요구하는 격문을 내자 사람들이 많이 모였다. 2월 무렵 600명이 넘는 의병이 참여한 의병부대가 결성된다.

　　박평남이 의병부대를 결성하려 한 시기를 신매사의 귀향 시기와 비교하면 1907년 9월 무렵으로 추정할 수 있다. 화순에서의 '호남창의소' 편성과 최익현 순국, 고종의 강제 퇴위 및 군대해산 등도 의병부대 결성에 영향을 주었을 법하다. 따라서 '영암 의병'은 후기 호남 의병 가운데 비교적 빨리 결성되었다고 하겠다.

영암 연합의병의 박민홍 의병장

박민홍이 결성한 의병부대 명칭도 '호남창의소'다. 박평남이 영암 의병을 중심으로 결성한 의진 명칭도 '호남창의소'다. 이렇게 보면 각각의 의병부대를 거느린 박평남과 박민홍이 영암지역에서 '호남창의소'라는 명칭으로 연합의병 부대를 결성했다. 박평남과 박민홍은 '호남창의소'를 결성한 후에도 각기 독립된 활동을 한 것으로 보아 '호남창의소'는 일종의 연합의병 조직체였다. 박민홍은 서리 출신이다. 서리 출신이 의병부대 조직에 앞장섰음을 알 수 있다.

같은 서리 출신으로 의병을 조직한 박사화는 박민홍과 함께 심남일 의진의 중군장으로 활약했다. 박사화는 100여 명의 의병을 이끈 독립의병장이다. 박사화 의병부대의 제1초십장을 맡았던 영암 시종 출신 김치홍이 심남일 의병부대의 기군장, 박민홍 의병부대의 제1초십장을 맡은 데서 각각의 의병부대들이 독자적으로 활동하고 있었음을 알 수 있다. 김치홍이 여러 의병부대를 쉽게 옮겨 다닌 것은 당시 의병부대들이 비교적 어렵지 않게 분진과 합진을 했음을 보여준다. 박사화도 영암에서 결성된 '호남창의소'의 핵심 의병장이라 할 수 있다.

영암에서 합진에 적극 참여한 박도집 의병장

영암 의병의 또 다른 핵심 인물로 시종 출신 박도집이 있다. 그의 휘하에 확인된 영암 출신 의병들도 8명이나 된다. 강세국·고사현·김석순·김영동·김홍동·박양선·박정숙·이장옥 등이 그들이다. 그 또한 심남일 의병부대에 속하지 않고 별도의 의병부대를 결성하며 활동했다. 그의 부대는 심남일 의병부대와 함께 강진·남평·능주·영암·나주·장흥·해남 등지에서 일본군과 교전을 하여 많은 전과를 올렸다. 이렇게 많은 공을 세웠다면 박도집은 심남일 의병부대에서 당연히 높은 직책을 받았을 법하다. 그러나 그가 심남일 부대에서 어떤 직책을 맡았는지 전혀 드러나 있지 않다. 이것은 박도집이 별도의 의병부대로 움직였다는 근거다.

박평남과 함께 영암 의병을 구성한 박도집은 독자적인 활동을 하면서도 심남일 의병부대, 박사화 의병부대 등 주요 의병부대들과 합진을 통해 활동했다.

분진과 합진으로 연합작전 전개한 영암

정태인은 나주 동강 출신으로, 1907년 영암에서 의병 수십 명을 모아 의병부대를 구성했다. 나성화 의병부대와 연합하여 활동했는데, 영암을 중심으로 무안, 남평 등지에서 일본군과 치열한 전투를 했다. 그가 1907년 의병부대를 결성한 것은 적어도 박평남 등이 '호남창의소'를 결성할 때 참여했음을 뜻한다.

이렇게 보면 '호남창의소'를 결성한 영암 의병으로 영암 출신 의병장 박평남, 박민홍, 박도집과 영암에서 주로 활동했던 박사화·정태인 의병장까지 포함하여 규모가 상당했음을 알 수 있다. 이들은 박평남을 중심으로 '호남창의소'를 결성하고 분진과 합진을 하며 영암지역을 거점으로 활동했을 것이다.

그들은 다른 지역 의병부대와도 연합작전을 했다. 박평남은 해남 대둔사를 거점으로 활동한 추기엽 의병부대와도 연합작전을 했다. 추기엽 의병부대가 영암 전투에 참여한 기록이 보이는데, 이때 박평남 부대와 연합작전을 한 것이 아닌가 한다. 추기엽은 대한제국 장교 출신으로 해남 대둔사에서 의병부대를 결성하여 일본군과 여러 차례 교전한 인물이다.

국사봉(전남 영암군 금정면)

일본 기병 중대가 영암지역에 급히 배치된 것은 박평남·박민홍 등 의병장들이 이끄는 영암 의병부대들이 '호남창의소'라는 이름으로 합진을 통해 세력을 키워가는 것과 관련이 있다. 결국 '기병 중대 배치'에서 알 수 있듯이 1907년 ~1908년 초 영암지역에서는 '호남창의소'를 중심으로 의병들의 움직임이 뜨겁게 불타오르고 있음을 확인할 수 있다.

기병 중대가 배치되자마자 일본군을 기습 공격하여 일본군의 혼을 뺀 영암 의병부대는 끊임없이 기병 중대를 위협했다. 영암 의병들은 일본군 헌병보조원으로 활동하며 영암인의 공분을 샀던 유덕만을 사살하기도 했다. 일제는 1907년 6월부터 조선인을 헌병보조원으로 채용하여 부족한 전투력을 보강했다. 우리 민족을 분열시키는 '이이제이(以夷制夷)' 수법이기도 했다. 그러나 헌병보조원으로 들어간 사람은 거의 없었다. 헌병보조원은 부랑아들이나 무뢰배들이 많았다. 당시 영암 기병 중대에도 헌병보조원이 78명 있었다. 이 가운데 횡포가 가장 심한 나주 출신 유덕만을 '영암 의병'이 사살하니 주민들이 크게 기뻐했다 한다. 어쨌든 1907년 말에 이미 영암 의병의 규모가 팽창하고 있음을 알 수 있다.

영암지역은 박평남·박민홍 등을 중심으로 '호남창의소'라는 강력한 의병부대가 결성되어 천혜의 전략적 요충지인 국사봉을 중심으로 활동하고 있었다. 국사봉의 전략적인 위치도 높이 평가되었을 것이다. 국사봉은 영암을 중심으로 남평, 능주, 보성, 강진, 장흥, 해남으로 연결되는 전략적 요충지였다. 천연의 요새로 이루어져 장기전에도 유리한 곳이었다. 따라서 심남일은 의병부대를 이끌고 영암으로 와서 새로운 의병부대를 결성하려 했을 법하다. 심남일 의병부대 결성 초기에는 영암 출신이 많고, 조직이 확장되며 개편되었을 때 보성 출신 등 다른 지역 출신들도 포함되어 있음을 알 수 있다. 심남일 의병부대가 보성 지역에서 안규홍 의병부대와 연합작전을 하는 경우도 적지 않았던 점을 고려하면 이해가 쉬울 것이다.

이처럼 초기와 후기 의병부대의 성격이 차이가 나는 것은 심남일 의병부대가 영암을 중심으로 결성되었음을 말해준다. 박평남 의병부대에서 선봉장을 지낸 노병우, 호군장으로 활약한 정관오 등도 심남일 의병부대에서 중요한 역할을 했다. 이는 심남일 의병부대에 박평남 영암 의병의 주력 일부가 합류했음을 말해준다.

영암에는 박평남·박민홍 등 영암 출신 의병장들이 영암 출신 의병을 중심으로 조직한 의병부대인 '호남창의소'가 있다. 영암지역에 기존 영암 의병과 함평에서 진군해온 심남일 의병이 결합한 남도 최대 의병부대 '호남의소(湖南義所)'가 탄생한 것이다. '호남의소'를 결성한 심남일 의병은 박평남·박민홍 등 영암 의병과 자유롭게 합진(合陣)하거나 분진(分陣)하며 연합작전을 전개했다.

심남일 의병부대는 1909년 8월에 여전히 건재하고 있음을 확인할 수 있다. 일본군과 2년 가까이 수십 차례 전투를 하면서도 부대가 그대로 유지된 것은 '영암 의병'이 주축이 된 '호남의소'의 전투력이 거의 상실되지 않았음을 뜻한다. 영암 주민들이 끊임없이 의병에 가담하여 의병의 전투력을 보충해주고 있다는 결정적 증거라 하겠다. 여기에 영암이 갖는 역사적 의의가 있다.

이때는 1909년 9월 5일 심남일이 순종의 칙령으로 의병부대를 자진 해산하기 직전이다. 이처럼 심남일 의병부대의 전투력이 온전히 보존되어 있었기에 심남일이 타의에 의해 의병부대를 해산했다 하더라도 또 다른 '호남의소'의 한 축을 이룬 박평남·조치덕 등이 일본군과 치열한 항쟁을 이어갈 수 있었다.

또한 박평남 의병부대가 독자적으로 여전히 기능하고 있음을 알 수 있다. 8월에 와서 이전보다 의병 수가 줄고 활동이 약해졌다고 하나, 전월 7월을 보더라도 일본군 수비대를 세 차례나 공격하여 치열한 전투를 전개했음을 살필 수 있다. 박평남 의병부대가 오랫동안 영암 의병의 중심세력으로 기능하고 있었다고 할 수 있다.

영암의병사 연구 세미나(영암문화원. 2019)

사생동고(死生同苦), 결코 헛되지 않으리라

고생을 나눈 의병들은 총 맞아 죽고, 목 잘려 죽고, 고문당하다 죽고, 배고파 죽어갔다. 가족들도 같은 희생을 치르게 된다. 후손들은 연좌제 때문에 제대로 생활할 수 없었다. 그 시간이 길었다. 그사이 기록은 사라지고, 후손들은 절망 속에 피해의식에 시달리며 살아야 했다. 아직도 국가 유공자 서훈을 받지 못하고 힘들게 살아가고 있다.

반면, 친일 후손이나 토착왜구들은 기득권 세력이 되어 오만방자하게 살아가고 있다. 의병과 항일 독립투사들을 매도하고 부정하기까지 한다. 공정과 상식이 통하는 나라에서 그럴 수는 없다. 친일 청산과 민족정기를 바로 세우는 일은 나라의 존망이 달린 문제다.

난망한 시대에 다시 안중근 의사의 삶과 정신을 기억한다.

"내가 한국 독립을 회복하고 동양평화를 유지하기 위하여
삼 년 동안 해외에서 풍찬노숙하다가
마침내 목표를 이루지 못하고 이곳에서 죽노니
우리 2천만 형제자매는
스스로 분발하여 학문에 힘쓰고
실업을 진흥하여 나의 끼친 뜻을 이어

자유 독립을 회복하면

죽는 자 유한(遺恨)이 없겠노라"

_안중근 의사의 유언에서

남도 해안지방을 지킨
참령 황준성 의병장

남도 끝자락에 있는 두륜산(해발 700m)은 소백산맥 최남단에 위치한 전라남도 해남군의 명산이며 다도해해상국립공원과도 인접해 있다. 두륜산이 품은 대흥사는 남도의 대표적인 사찰이다. 2018년 '산사, 한국의 산지승원'이라는 명칭으로 유네스코 세계문화유산에 등재되었다. 경내에는 국보 제308호 대흥사 북미륵암 마애여래 좌상을 비롯하여 국가지정문화재 7점과 시도지정 문화재 6점, 그리고 13대 종사와 13대 강사 등의 부도와 비석들이 있다. 역사적·학술적으로 중요한 유적지다.

무엇보다 풍경이 아름답고 남해를 조망할 수 있는 두륜산과 대흥사는 사시사철 많은 관광객이 찾아온다. 대흥사 입구에 정교하게 세워진 기념탑이 있다. 그런데 무심코 지나가거나 눈길 주지 않는다.

남도 해안을 지킨 의병들을 만나러 간다. 미처 알지 못했던 해남과 강진 일대를 오가며 일제에 저항했던 황준성 의병장과 심적암 전투를 기억하자.

대한제국 참령에서 의병에 투신하다

황준성 의병장(1879~1910)은 전북 진안군 남면에서 태어났다. 대한제국 군대 참령에 오를 정도로 군사적 능력이 탁월했다. 참령이라는 직책은 현재의 소령에 해당하지만 당시는 대대장으로 3품이었고, 장군으로 불렸다.

심적암 전투 사적비와 심적암 의병 위령탑(해남 대흥사 입구)

　　일제강점기 참령 이상으로 의병장이 된 인물은 이동휘와 황준성뿐이
다. 황준성 의병장의 유배 사실이 〈순종실록〉에도 나올 정도로 장도 유망
한 군인이었다.

　　1907년 군대 해산 직후 최익현, 임병찬이 주도한 태인 의병에서 윤현
보·이봉오·추기엽 등과 함께 참여했다가 체포되어 투옥되었다. 1908년 1월
내란죄 혐의로 10년 유배형을 선고받고 전남 완도로 이송되었다.

　　한편 1908년 말에서 1909년 초를 전후하여 의병들은 일본의 대토벌
작전을 피해 남쪽 연안과 도서지방으로 이동했다. 일본 측은 당시 전라남
도 해안지방을 의병 활동 근거지로 간주했다. 1909년 초 도서(島嶼) 지역
이 전남 의병의 주된 활동 무대로 바뀌자, 이 지역으로 유배 온 인물들이
의병에 다시 투신하기도 했다.

　　유배생활을 하던 황준성은, 향교에서 아이들에게 글을 가르치면서 기
회를 엿보고 있었다. 그러던 중 이봉오·추기엽 등이 전주지방재판소에서
10년 유배형을 선고받고 완도로 오자 1909년 6월 유배지를 이탈해 의병
투쟁에 나섰다.

대둔사 심적암에서 안타깝게 패전하다

"7월 8일 오후 11시, 해남군 대둔사에 의병장 황준성이 인솔하는 의병 150
명이 의진을 이루고 있다는 보고를 접했다. 하사 이하 21명을 인솔한 장흥
수비대 요시하라 대위는 헌병대 상등병 2명과 보조원 3명, 동 주재소 일인
순사 1명과 한인 순사 2명과 함께 연합 토벌대를 구성, 즉시 그 사찰을 향
하여 급행했다. 연합 토벌대는 의병들을 포위하고, 다음날 오전 4시 30분
전투를 개시하여 약 2시간 30분 만에 의병들을 침묵시켰다."

_「폭도에 관한 편책」에서

당시 그곳에 있던 의병 68명 가운데 24명이 전사하고 8명이 체포되었
다. 겨우 피신한 황준성 의병장은 일제의 대토벌작전으로 더 이상 의병
투쟁이 어렵다고 판단하여 의진을 해산했다.

황준성 의진은 일제를 등에 업고 날뛰던 일진회원 박원재와 일본 헌병
밀정 진태진을 총살하여 친일행위를 하는 무리들에게 경종을 울렸다. 다
음 날 미황사 및 대둔사(대흥사) 부근에 의병들을 배치한 후 의진의 본거지
로 정한 대둔사 심적암으로 향했다. 하지만 밀정의 신고에 의해 근거지가
발각되었다. 신고를 받은 일본 군경 연합 토벌대는 의병들이 잠에서 깨어
나기도 전에 급습하여 불을 지르고 학살을 자행했다.

도서 지역 의병대장 황준성을 기억하다

완도 이덕삼 의진의 부장으로 활동하기 시작한 황준성 의병은 이후 김
성택 의병장의 부하로 참여하여 총기로 무장하고 해남 및 고금도·청산도
등 인근 도서에서 활동하며 친일 조력자 색출에 나섰다.

황준성 의병의 과거 신분을 알게 된 김성택 의병장은 의진의 대장을
맡아 줄 것을 간청했다. 먼저 유배지를 탈출하여 호남 지역에서 맹활약

대흥사 심적암터(해남군 삼산면)

하던 추기엽 의병장도 완도로 돌아와서 의진을 이끌어 달라고 했다. 인근 지역에서 활약하던 황두일 의병장도 의진을 맡아 달라고 했다.

1909년 7월 황두일·추기엽·김성택 등은 해남군 북종면(현 북평면)에 모여 황준성을 대장으로 추대하고 전열을 정비했다. 이들은 유배·토착 주민들을 중심으로 의병부대를 이끌었다. 당시 일제의 조선 어민들에 대한 어업 활동 제한으로 불만이 있던 도서 지역 주민들의 적극적인 호응이 있었다.

심적암 전투 이후 일본군은 황준성의 소재를 파악하기 위해 포로로 잡힌 의병들에게 혹독한 고문을 했다. 황준성 의병장은 부하들에게 고통을 줄 수 없어 자진 체포되었다.

황준성 의병장은 1910년 2월 26일 광주지방재판소 목포지부에서 이른바 폭동 및 모살 혐의로 교수형을 받았다. 이어 대구공소원에서 교수형이 확정돼 순국했다.

정부는 1986년 건국훈장 독립장을 추서했다.

남도민주평화길 체험 프로그램을 진행하며 해남의 의병과 항일운동에서 민주화운동까지 안내해 왔다. 임진전쟁 의병 활동, 한말 의병 활동, 그리고 일제 강점기 항일독립운동이 꾸준히 이어져 오고 있다. 현대사에서

호국의병충혼비(해남 대흥사 입구)

남도인들은 억압과 차별에 저항하며 민주와 평등한 세상을 위해 투쟁했다. 그들의 의롭고 당당한 정신은 여전하다.

남도의 해안과 도서를 오가며 의병활동을 전개한 황준성 의병장. 그와 같이 했던 황두일, 추기엽, 김성택 의병들을 기억하는지 묻는다. 앞만 보며 달리지 말고 길가에 외롭게 서 있는 비석과 탑들의 내력을 들여다보는 관심과 애정이 필요하다.

깊은 골짜기에 자리잡은 심적암을 찾아가는 길은 외롭고 쓸쓸하다. 밀정에 의해 탄로 나고 무참하게 죽어간 이름없는 의병들은 우리 기억 속에 없고 낡은 표지판에 남아 있다. 성벽은 무너지고 잡초만 무성하다. 아무도 찾지 않는 두륜산 깊은 산자락에 의병들의 지친 영혼을 달래주었을 심적암 우물터가 남아있다.

이제라도 다시 기억하고 또 기록하자. 몰랐으니 그럴 수 있다. 그러나 이제 알려고 하고, 알았으면 기억하고 계승하자.

5부

화순, 보성, 장흥

'불원복(不遠復)' 태극기,
녹천 고광순 의병장

남도민주평화길을 걷다

남도정신을 찾아 길을 나선다. 임진의병의 정신을 이어받은 한말의병은 다시 구국의 길을 걸었다. 일본의 조선 침략은 집요했다. 개항으로 침략의 발판을 삼은 일본은 다양한 방식으로 조선을 유린하게 된다. 기울어져 가는 조선과 대한제국의 기로에서 한말의병들은 결사항전으로 맞서게 된다.

한말 남도의병을 찾아 남도민주평화길을 걸으며 민족정기를 바로 세우기 위한 길을 찾는다. 이번에는 고광순 의병장을 만나러 가보자.

포의사(전남 담양군 창평)

"나같이 글만 아는 선비 무엇에 쓸거나"

연곡의 수많은 봉우리 울창하기 그지없네.
나라 위해 한평생 싸우다 목숨 바쳤도다.
전마(戰馬)는 흩어져 논두렁에 누워 있고
까마귀 떼만이 나무 그늘에 날아와 앉는구나.
나같이 글만 아는 선비 무엇에 쓸거나
이름난 가문의 명성 따를 길 없네.
홀로 서풍을 향해 뜨거운 눈물
새로 쓴 무덤이 국화 옆에 우뚝 솟았음이라.
_매천 황현

매천 황현이 녹천 고광순(1848~1907)을 애도하며 쓴 글이다. 녹천과 매천, 나라를 위한 생각은 같지만 행동에서는 차이가 있다.

지리산 연곡사에 진을 친 고광순은 구례에 있던 매천 황현에게 창의문을 부탁한다. 매천은 "격문이 있고 없고는 상관이 없다. 그것은 노력 여하에 달려있을 뿐이다."라며 거절했다. 매천은 훗날 "심부름 온 사람이 야속하다며 풀이 죽어 돌아갔다. 곰곰이 생각한 후 결국 격문 하나를 썼다. 공이 나를 찾아오기를 기다렸는데 끝내 오지 않았다. 녹천은 필시 나를 외적이 두려워 격문도 못 쓰는 놈이니 더불어 논의할 놈이 못 된다며 유감스럽게 생각했을 것이다."라고 했다.

매천은 고강순의 전사 소식을 듣고 연곡사로 찾아갔다. 초분에 덮여 있는 그의 시신을 마주하고 통곡하다 사람을 모아 무덤을 만들었다. 위 글은 그를 애도하며 글을 남긴 것이다.

"머지않아 국권을 회복하다"

고광순은 제봉 고경명의 둘째 아들 고인후의 후손이다. 과거를 보려고 상경했을 때, 그의 능력이 출중함을 알고 세도가 민응식이 수석을 약속했지만 뇌물을 바친 사람에게 자리를 넘겨버렸다. 고광순은 "돈 1백 냥에 나랏일을 희롱하니 한 푼의 가치도 없는 인물이다. 어찌 세도가의 이용물이 되겠는가. 내가 망령이다"라며 고향으로 돌아왔다. 선비의 기개와 당당함을 행동으로 보인 것이다.

을미사변과 단발령 직후 고광순은 기우만의 의병에 참여했다. 그러나 기우만이 고종의 해산 권고 조칙으로 의진을 해산하자 고광순은 영·호남을 돌아다니며 의병을 규합했다. 을사늑약이 체결되자 기우만·백낙구 등과 거의를 모색했다. 그리고 남원의 양한규, 능주의 양회일 등과도 봉기를 계획했다.

마침내 1907년 1월, 고광순은 고제량과 창평에서 창의 깃발을 올렸다. 고광순의 막내아우 광훈과 집안 동생 광수·광채·광문 그리고 박찬덕·윤영기·박기덕 등 여러 사람이 참여했다. 다른 지역 의병과도 합진을 논의한 고광순 의병부대는 빠른 유격 전술로 일본군을 공략했다. 일본군은 녹천의 본가에 불을 지르고, 아들 재환을 살해했다.

고광순 의병부대의 '불원복' 태극기

고광순은 집안과 나라의 원수를 갚겠다는 의지로 분기탱천하여 태극도 안 위에 '불원복(不遠復, 머지않아 국권을 회복한다)'이라는 세 글자를 쓰고 이를 군기로 사용했다.

2월 말 남원의 양한규와 함께 남원성을 공격하고자 남원으로 향했다. 하지만 도착 전에 양한규가 전사하여 고광순은 돌아올 수밖에 없었다. 4월 고광순은 능주 양회일 의병부대와 담양 이항선, 장성 기삼연 의병부대 및 윤영기 등과 화순을 점령하고, 능주·동복 일대를 공격했다. 광주의 관군과 도마치(화순 남면 유마리) 전투에서 격전을 치렀다.

8월경 창평에서 대규모 거병을 추진했다. 도독 고광순, 도총 박성덕, 선봉 고제량, 참모 신덕균과 윤영기 등으로 편성되었다. 다음날 곡성군 구룡산 아래에 이르러 일본인이 많기로 알려진 동복읍을 공격하여 읍내를 점령했다. 다시 남원·곡성 등지를 지나며 격문을 보내 민심을 고무했다.

'축예지계', 의병의 새로운 방향을 제시하다

고광순은 1907년 중기 의병 전략의 새로운 방향을 모색했다. 화력이 압도적인 일본군에 직접적인 대응을 피하고 장기항전 체제를 구축하자는 것이다. 그는 지리산 화개동(피아골)을 항전기지로 주목했다.

1907년 9월 지리산 연곡사를 근거지 삼아 군사들을 훈련시켰다. 순천·곡성·광양·구례 등지에서 참여한 자가 1천 명 가까이 되었다. 고광순은 화개동에 주둔한 일본군을 급습하여 상당량의 무기를 노획했다.

같은 해 10월, 고광순의 움직임을 탐지한 일제는 광주 주둔군 기노 중대와 오카사키 경찰대, 진해 주둔 도코로 소대를 동원하여 쌍계사를 토벌대 기지로 삼고 연곡사를 공략했다. 고광순은 "의를 위하여 목숨을 내던지는 것은 큰 종기에 침질 한 번 하는 것과 같고, 이익 따라 몸을 달림은 도둑과 같다"라는 신념대로 전투에 임했다. 최후의 순간이 다가왔음을 감지한 그는 부하들에 대한 걱정으로 "한번 죽어 나라에 보답하는 것은 내가 평소 마음을 정한 바다. 여러분은 나를 염려하지 말고 각자 도모하라"고 했다. 이에 부장 고제량이 "당초 의로써 함께 일어섰으니 의로써 함께 죽는 것이 당연한 것이다. 죽음에 임해 어찌 혼자 살기를 바라겠는가!"라며 끝까지 함께할 것을 맹약했다.

고광순 의병장 순절비(구례 연곡사)

일제 군경은 총공격을 가하며 의병들을 연곡사 구석으로 몰아갔다. 의병들도 완강히 저항했지만 무기의 차이가 너무나 컸다. 결국 고광순과 고제량을 비롯한 30여 의병이 연곡사 일대에서 장렬히 전사했다. 일제 군경은 연곡사 안팎을 모두 불 지르고 철수했다. 연곡사가 의병의 근거지로 이용될 수 없게 한 것이다.

고광순이 순국한 후 막내아우 광훈과 집안 동생인 광문·광수 등은 남은 의병들을 수습하여 지리산 인근 및 무등산 일대를 근거지로 항일 투쟁을 계속했다. 고광순의 이른바 축예지계[蓄銳之計, 훈련하여 예기(銳氣, 날카롭고 굳세며 적극적인 기세)를 기른 뒤 전쟁에 임함] 전략이 그대로 적용되었음을 알 수 있다. 고광순 의병장이 순절한 연곡사에는 그의 순절비가 세워져 있다. 정부는 1962년 건국훈장 독립장을 추서했다.

선남 담양 창평에는 고광순 의병장을 기리는 포의사가 있다. 다행히 후손들이 관리를 잘하고 있다. 그럼에도 찾아오는 사람이 별로 없다. 미리 방문을 알리고 가면 후손이 기꺼이 안내와 설명을 해준다.

담살이로 창의 깃발을 세운
안규홍 의병장

의병 전선에서는 계급과 지위를 상관하지 않았다. 나라가 망해 가는 데 양반과 노비가 따로 있는가. 그중에서 단연 돋보이는 의병장은 담살이 출신 안규홍이다. 안규홍 의병장의 창의 정신과 활동을 재평가해야 하는 이유가 여기 있다.

정치인을 비롯하여 고위직에 있는 지도자들이 다시 새겨야 할 정신 은 올바른 역사의식과 민족정기다. 시대정신을 갖춘 지도자들이 필요 할 때다.

폭도 거괴 중 첫째가는 인물이 되다

"거괴(巨魁) 안규홍. 보성군 봉덕면 법화촌 31세, 융희 2년 4월 순천 부근을 점거한 강용언의 부장으로 있다가 동년 5월 어떤 일로 강(용언)을 원망, 그 를 죽이고 스스로 수괴가 되어 보성군을 중심으로 각 군을 날뛰었다. 그 세력이 한창일 때는 부하가 2백 명이 넘었고, 전해산·심남일과 나란히 폭 도 거괴 중 첫째가는 인물이다."

_일제가 발행한 『전남폭도사』

담살이 안규홍(1879~1910) 의병장이 한말 호남의병의 대표적 인물임을

164

알려준다. 1908년 음력 3월 무렵, 안규홍이
법화마을 인근 동소산에서 봉기했다. 양반
유생부터 가난한 농민과 머슴에 이르기까지
다양한 계층이 참여했다. 그의 의병 부대는
《대한매일신보》(1909.5.20)에 "전라남도 통신에
따르면, 보성군에 사는 담살이라고 하는 안
아무개가 의병을 많이 모집하여 그 고을 안
에 주둔하나, 백성에게는 침범하는 일이 추
호도 없다더라"라고 기록되어 있을 만큼 군

안규홍 의병장

기를 엄정히 하여 재물을 탐하는 행위를 금했다.

　안규홍 의진은 크게 세 방향으로 활동했다. 우선 가렴주구를 일삼는
관리와 탐학한 토호의 제거에 앞장섰다. 1908년 8월 25일 장흥 유치에서
세금 탈취를 시작으로 부재지주의 소작료를 빼앗아 군자금으로 충당하고
가난한 농민에게 나누어주었다.

　다음으로 일진회 같은 친일세력의 처단과 제거에 적극 나섰다. 의병을
밀고하고 일본에 협력하는 일진회 회원들은 가차 없이 총살했다. 1909년
순천 기습작전에서 초반의 전세가 점차 기울자 원인을 파악하고 일본인
첩보대장을 사살했다. 8월에는 270여 명의 의병을 총동원하여 순천군 낙
서면 상우리 소재 일진회를 습격, 친일세력을 처단했다.

　마지막은 궁극적으로 일본 세력을 몰아내는 것이었다. 1908년 4월 26
일 보성군 득량면 파청 비들 고개에서 매복 기습작전을 시작으로, 1909
년 10월 13일 보성군 복내면 묵석산 전투에 이르기까지 일본 헌병과 수
비대에 맞서 20여 차례의 치열한 전투를 치렀다. 화력과 전투력이 뛰어난
일본 군경에 효과적으로 대응하기 위해 그들의 상황을 파악하며 다양한
경로로 공략했다.

　1909년 5월 이후 함평의 심남일과 연합전선을 꾀하고자 수차례 모였

다. 그는 보성을 중심으로 순천, 광양, 순창, 남원, 구례, 곡성까지 활동 범위를 넓혀 갔다.

담살이, 창의의 깃발을 세우다

안규홍은 보성군 보성읍 우산리 택촌에서 태어났다. 일찍 부친을 여의고 문덕면 법화마을의 친척 박제현의 집에서 담살이(나이 어린 머슴)를 했다. 청년 시절, 그는 세금 징수를 위해 찾아온 관리가 마을 사람들을 때리는데 분노하여 마을 장정들과 함께 그 관리를 결박하고 혼내주기도 했다.

평범한 머슴살이를 하던 안규홍은 1905년 을사늑약이 체결되자 담살이를 청산하고 의병 전선에 투신할 것을 결심한다. 1907년 전라도 곳곳에서 의병이 봉기했다. 더불어 의병을 가장한 도적이 심해지자 도적을 방비하기 위한 조직이 형성되기 시작했다. 안규홍 역시 법화마을 도둑을 막기 위한 조직에서 활약하며 창의의 계획을 세웠다.

그는 "비록 우리가 남의 집 머슴살이지만 국민이 되기는 일반인데, 나라가 위급한 때를 당하여 농가에서 구차하게 살 것인가."라며 거병했다. 그를 따르는 무리는 대부분 머슴이거나 가난한 농민이었다. 의병장의 대부분이 양반 유생이던 당시 머슴 출신 의병장은 특별한 경우였다.

안규홍은 강원도 출신으로 순천 일대에서 활동 중인 강용언 의병부대에 투신했다. 강용언이 재물을 탐하고 포악한 행동을 일삼자 의병들과 논의 끝에 바로 총살해 버렸다.

1908년 4월 의병장에 추대된 안규홍은 고흥과 순천 시장을 순회하며 의병을 확보했다. 서울에서 내려온 해산군인 오주일 등 수십 명을 포섭했다. 지역의 지리와 연고, 전술·전략·무기, 풍부한 전투경험의 삼박자가 갖추어진 의병부대가 탄생하게 되었다.

안규홍 의진은 양반 유생 중심의 의병운동이 점차 대중적 기반을 갖추어가는 과정을 보여주는 대표적인 사례다. 초기의 산악 중심에서 평지, 시내, 해안지대로 확대되고, 능숙한 게릴라전 양상을 띠게 되었다. 신분을 초월한 대등한 관계에서 의진 간 유대가 가능했으며, 유기적인 전개가 원활히 이루어질 수 있었다.

'남한폭도대토벌작전'으로 체포되다

1909년 9월 1일 일제는 '남한폭도대토벌작전'을 시작했다. 9월 중순 지도부 포함 60명이 투항하는 등, 안규홍 의진도 동요하기 시작했다. 1909년 9월 안규홍 의병장은 의진 해산 명령을 내렸다.

"본래 의병을 일으킨 것은 국가를 위하고 민생을 보호하기 위한 것인데 천운(天運)이 일정치 못하고 적의 세력이 이와 같으니 적은 수로 많은 수를 당해 낼 수 없다. 밖으로는 개미만큼의 후원도 없고 안으로는 범이 잡아먹으려는 위급한 지경이다. 게다가 선량한 백성에게 화가 미치고 있으니, 나의 죄가 참 크다 하겠다. 각자 잘 계획하여 후일의 거사를 도모하라."

1909년 9월 25일 안규홍 의병장은 부장 염재보 등과 체포되어 1910년 대구감옥에서 순국했다. 그의 나이 33세였다. 일제의 감시로 유해를 모시지 못하다가 1923년에 비로소 보성군 조성면 은곡리에 반장했다. 정부는 1963년 건국훈장 독립장을 추서했다.

안규홍 의병장 파청승첩비(보성군 득량면)

담살이 의병장 안규홍 포스터

1908년 4월 26일 대승을 거둔 보성군 득량면에는 파청승첩비(巴青勝捷碑)가 세워져 있다. 비문의 내용은 다음과 같다.

"오호라, 공의 충성은 해와 별을 꿰었고 의기는 골수를 메웠다. … 애석하다. 황천이 돕지 않아 흉측한 무리를 말끔히 소제하여 나라의 터전을 회복지 못하고 도리어 해를 입었으니 지하에서 원한이 되리라."

담살이 의병장 안규홍이 살아오다

다행히도 안규홍 의병장은 교과서에 언급되고 있다. 관련 연구와 논문도 다수 발표되었다. 특히 연극 〈담살이 의병장 안규홍〉은 일제강점기에 나라를 지키기 위해 분연히 일어난 의병들의 죽음이 무엇을 나타내는지에 대한 물음을 통하여 선조들의 정신과 삶을 재조명하기 위해 기획된 창작 연극이다.

최근에는 관심과 지원이 부족해서인지 활동이 중단되어 안타깝다. 완성도 높은 연극이 계속 상연되어 자라나는 세대들에게 의병정신이 제대로 계승되기 바란다.

'벌교에서 주먹 자랑하지 마라'라는 말이 생긴 까닭은 벌교에 조폭이 많아서가 아니라 의병장 안규홍이 벌교에서 항일운동을 해서라고 한다. 안규홍이 벌교에서 일본 순사를 때려죽였다는 이야기도 전해져 왔다. 1908년 10월에 낙안군이 없어지고 벌교 지역이 보성군으로 편입된 것도 안규홍의 의병 활동에 대한 보복이라는 것이 정설로 받아들여지고 있다.

유행처럼 지역 인물 선양사업을 하지 말고 지속적이고 꾸준한 홍보와 관리를 해야 한다. 기억해야 계승되고, 단단하고 흔들리지 않는 중심을 잡을 수 있다. 그것이야말로 나라사랑이고 애국정신이다.

불멸의 사랑, 화순 쌍산의소
양회일 의병장

불멸의 사랑
- 쌍산의소 항일의병에 부침

명예를 탐하지 않았기에/ 호화로운 무덤이 필요 없었고/ 황금을 구하지 않았기에/ 빛나는 청석(靑石)을 원하지 않았다.

족보에 새기고/ 사서에 장식하고/ 공과 훈을 원하지 않았기에/ 남이 알아주지 않아도 슬프지 않았다.

캄캄한 하늘 아래/ 그 어느 꽃보다 더 눈부신 꽃/ 양귀비꽃 같은 그 붉은 마음을 안고/ 차마 눈 뜨고 바라보기마저 현기증 나는/ 저기 저 깨끗한 고결한 무덤 속 침묵을 보아라.

산 사람들 이욕(利慾)에 눈멀어 변절하고/ 육신 아픔에 못 이겨 굴복할 때도/ 썩어 그 향기 진흙 속 연꽃으로/ 너무도 당당한 백골의 울부짖음/ 날이 갈수록 고와지는 저 숭엄한 증언을 들으라.

목숨보다 소중한/ 내 조국 내 고향/ 그 향기론 흙 속에 묻혀/ 날로 고와가는 그 붉은 마음/ 여기 영원히 썩지 않는 사랑이 있다.

_2007. 9. 14. 서은 문병란 삼가 칭송함.

양회일 의병장 기념비(전남 화순군 이양면 쌍봉리)

남도의 벌판은 황금으로 변해가고 있다. 영산강변을 따라 출퇴근하며 황금벌판을 바라볼 때마다 마음이 넉넉해진다. 하지만 정작 농민들은 쌀값 폭락으로 생존권 투쟁을 하고 있다.

참으로 난망하다. 농촌을 대변하는 국회의원들이 중심이 되어 쌀값을 안정시키는 법을 발의해서 대응하고 있다. 농촌과 농민이 살아야 나라가 안정되는 것이다.

영산강 상류인 지석천을 거슬러 올라가면 화순 쌍봉마을에서 태극기가 새겨진 기념비를 만날 수 있다. 그 기념비의 주인은 누구일까.

"천하의 의사들을 모조리 죽일 수 있겠는가"

"선생은 10세에 '푸른 솔 높고 곧은 마디 가을인들 어찌하랴. 밝은 달 맑은 혼은 밤에도 훤하네.'라고 노래했는데, 일생이 이같이 푸르고 높고 곧으며 밝고 맑았다. 계당산을 바라보며 '충의의 백성들이여 원수에게 잡혀 부림을 당하겠는가! 오직 죽음뿐이다'라고 한 선생의 맹세를 떠올리니 민족반역이 죄가 되지 않은 나라에서 살고 있는 부끄러움에 글을 더할 수 없다."

화순군 이양면 쌍봉마을 입구에 세워져 있는 양회일(1856~1908) 의병장 기념비 내용이다. 마지막 구절이 심금을 울린다.

양회일은 1907년 의병을 일으켰다가 지도로 유배되었다. 그해 12월 특사로 풀려나자 다시 의병을 일으켜 강진 등지에서 활약했다. 그러나 곧 체포되어 장흥 헌병대에 구금되었다. 7일간 단식 투쟁하다 1908년 6월 22일 옥중에서 순국했다.

양회일은 마지막 순간 일본 헌병에게 "내가 비록 죽는다 해도 천하의 의사들을 너희가 모조리 죽일 수 있겠는가!"라는 말을 남겼다.

완벽한 의병 전적지 '쌍산의소'를 만나다

양회일은 1856년 전남 화순군 능주에서 태어났다. 을사늑약 이후 통분을 금치 못하여 가산을 정리하고 친동생 양회룡과 양열묵·이동화·박기년·양상길·정순학·서필환·양동진 등과 함께 항일 투쟁을 결의했다.

양회일은 쌍봉사 윗마을 증동을 찾아 마을 유지인 임노복에게 의병의 집결지와 훈련장소를 협조받고 구체적인 계획을 세웠다. 증동은 의병기지로 변모했다. 대장간을 이용하여 무기를 제작하거나 계당산에서 훈련에 열중했다. 골짜기에 세워진 막사와 안찬재가 살았던 활용동(두릉동)에서 의병들이 기거하게 했다.

쌍산의소는 양회일 의병부대의 훈련장소이자 근거지로, 화순군 이양면 쌍봉사 부근에 있다. 쌍산의소는 오래전부터 현지 주민들이 계당산(중조산) 일대를 가리켜 '쌍산'이라고 불러온 데서 연유한다. 양회일 의진을 비롯하여 1908년 1월부터는 이백래를 주축으로 한 호남창의소가 설치되고 의병활동을 펴 1909년까지 항일투쟁을 한 장소다.

쌍산의소(전남 화순군 이양면 쌍봉리)

각지에서 동시다발적으로 창의하다

양회일은 장성 기삼연, 담양 고광순과 연계하여 동시에 창의하기로 했다. 적의 시선을 분산하여 효과적인 항쟁을 전개하기 위함이었다. 신재의를 부장으로 하여, 선봉장 이광선·군장 임창모·총무 양열묵·호군장 임노복과 안찬재 등 부대 편제를 마쳤다. 다른 의병부대와 달리 군의(軍醫)도 있었다.

1907년 4월 22일, 능주와 화순을 공격했다. 무기와 군자금을 징발하고 군아와 경무서 등을 불태우고 총 5정을 빼앗았다. 화순으로 진격하여 군아와 분파소를 습격하고 동복으로 들어가 광주 공격을 준비했다.

다음날 화순과 동복의 경계인 흑토치를 넘으려는 순간 일본군의 기습을 받았다. 정세현이 용감히 싸우다 전사했고 부상자가 속출했다.

양회일은 선봉장을 중심으로 일부 병력은 후퇴하게 했다. 중군장 임창모를 비롯한 5명은 양회일과 끝까지 버텼으나 체포되었다. 1907년 7월 양회일과 임창모는 15년형, 안찬재·유태경·신태환·이윤선 등은 10년형을 선고받고 지도에 유배되었다가 12월 특사로 풀려났다. 1908년 양회일은 다시 의병을 일으키다 체포되고, 감옥에서 단식투쟁한 지 7일 만에 순국했다.

정부는 1990년 건국훈장 애국장을 추서했다.

불멸의 사랑 양회일 의병장이 부활하다

많은 의병장이 그렇듯이 양회일 의병장도 아는 사람이 많지 않다. 체포와 투옥을 거듭하며 끝까지 소신을 저버리지 않고 순국한 양회일 의병장. 옥사에서 단식하며 일본 헌병에게 큰 소리로 의사들의 장렬한 죽음을 외쳤다는 일화를 알면 저절로 고개가 숙여진다.

늦게나마 양회일에게 건국훈장 애국장이 추서되고, 쌍산의소가 사적지 제485호로 지정되었다. 쌍산의소 유적으로는 본부와 군기제조소지·의병성지 및 막사터 등이 있다. 쌍산의소 본부는 개인 소유 가옥인데 의병 지도자들이 모여 창의를 계획하고, 의병처 본부로 사용하던 곳이다.

그것을 기념하는 비가 마을 입구에 세워진다. 앞서 소개한 〈불멸의 사랑〉이란 시는 화순 출신 문병란 시인이 쌍산의병들에게 바친 것이다.

쌍산의소를 찾아가기는 쉽지 않다. 화순 쌍봉사를 거쳐 임도를 한참 걸어가야 한다. 그야말로 오지 중의 오지다. 밖에서는 전혀 들여다볼 수 없는 곳. 고개를 넘어가니 아늑한 곳에 몇 채의 집이 있다. 사람들이 찾아오지 않아서인지 주민들을 만나기도 쉽지 않다.

오래된 입간판이 보인다. 오래전에 정비하고 제대로 관리하지 않아서 주위에는 잡초만 무성하다.

쌍산의병사(전남 화순군 이양면 증리)

겨울에 다시 이곳을 찾았다. 잡초들이 드러눕고 낙엽 진 나무들 사이로 쌍산의소가 자태를 드러냈다. 의병들의 전전지로서 최적의 조건을 갖춘 곳이다. 훈련하고 무기를 만들 여건을 갖추었다. 다시 정비하고 퇴색한 입간판과 내용을 보완해야 한다.

문병란의 헌시처럼 썩지 않은 사랑, 불멸의 사랑이 된 양회일 의병장과 쌍산의병들을 기억하고 기록해야 한다. 길가에 이름 없이 피어있는 꽃이 그들의 넋을 대신하는 듯하여 애처롭다.

고요한 계곡, 산새 울음소리가 쌍산의병들을 대신해서 말해주는 것처럼 들린다. '기억하고 기록하고 이어가라'고 말이다.

의병에서 항일운동까지,
최후 의병장 강달주

설날 성묘를 다녀오다 가까이 있는 능주와 화순의 들녘을 달린다. 잔설이 하얗게 덮여 있다. 반듯하게 포장된 도로 위로 많은 차량이 오간다. 그 길은 의병들이 걸었던 길이다. 풍전등화 백척간두 조국을 지키기 위해 자발적으로 일어선 의병들이 추위와 배고픔을 달래며 걸었던 길이다.

영산강 상류 드들강변 길을 따라 남평에서 능주, 이양, 보성으로 가는 길은 임진의병과 동학농민군, 한말 남도의병들이 오가던 길이다. 얼마나 춥고 배고팠을까. 얼마나 두렵고 무섭고 외로웠을까.

화순 청풍에 위치한 바람골은 오지 중의 오지다. 지금도 인적이 거의 없는 산이다. 바로 그곳에서 심남일, 강무경과 함께 일제 경찰에 잡힌 강달주 의병장을 기억한다.(심남일 의병장과 강무경 의병장은 앞서 소개했다.) 거의 알려지지 않은 강달주 의병장을 찾아가 보자.

의병들의 먹거리를 책임지고 전투에서 승리를 이끌어내다

강달주 의병장(1880~1960)은 나주 반남면 석천리에서 태어났다. 을사늑약이 체결되자 그는 국가의 위기에 안타까움과 분노를 억누를 수 없었다. 1907년 결성된 호남창의회맹소 기삼연·김준·김율 의병장 등의 핵심세력이 체포되어 순국하자 의병 조직은 곧 와해될 조짐을 보였다.

이 무렵 김율의 부장이었던 심남일이 잔여 의병을 모으고 의병을 일으

강달주 의병장(맨 왼쪽, 화순 청풍면 풍치굴)

킨다는 연락을 받았다. 이에 강달주 의병장은 자기 재산을 군자금으로 충당하며 적극적으로 가담했다. 또한 의병을 모집했는데, 전라도 각지에서 모인 사람이 600명 가까이 되었다.

1908년 3월 함평군 신광면에서 출정식을 갖고 심남일 의병장의 호국대장으로 임명되었다. 1908년 3월 강진군 오치동을 시작으로 4월 장흥군 곽암, 6월 남평 장담원 전투 등에서 일본군을 사살했다. 특히 능주 노구두 전투에서는 혈혈단신 적진에 돌진했다. 이때 총상을 입었지만 일본군을 격퇴하고 군마 2필과 다수의 무기를 빼앗았다. 나주·영암·장흥·해남·능주 등지에서 일본군을 상대로 많은 승리를 거두었다.

심남일 의병부대가 영암 금정산에서 머물 때 친일세력의 밀고로 일본군의 기습을 받게 된다. 이때 심남일 의병부대는 서둘러 이동하게 된다. 강달주 의병장은 스스로 나서 위험을 무릅쓰고 의병 3명과 무기를 몰래 감추었다. 숨어서 상황을 주시하다 일본군이 철수하자 수십 리 떨어진 곳까지 무기를 운반했다. 이러한 강달주 의병장의 활약을 바탕으로 1909년 3월에는 남평 거성동과 능주 풍치에서, 4월에는 보성 웅치작전에서 승리를 거둘 수 있었다.

1909년 5월 심남일 의병부대는 보성 천동에 주둔하고 안규홍 의병장과 연합하기로 했다. 이에 석호산에서 모여 서로 협조할 것을 의논했다. 하지만 수많은 전투를 치러온 의병들은 사기가 떨어지고 체력도 매우 저하되어 있었다.

강달주 의병장은 전투에서 승리하려면 무엇보다 의병들의 사기를 높이는 것이 중요하다고 생각했다. 그는 후군장 김성재와 함께 마을 사람들이 지원한 소를 잡아 의병들에게 먹여 사기를 북돋웠다. 의병들은 산 정상에서 깃발을 휘날리며 일본군을 자극하는 작전을 펼쳤다. 이때 진격한 일본군과의 전투에서 접전 끝에 물리쳤다.

일본은 1909년 9월부터 소위 '남한폭도대토벌작전'을 위해 많은 군대를 재편성하고 있었다. 1909년 7월에는 의병 해산 조칙이 내려졌다. 그해 8월 능주 석정 전투에서 일본 밀정의 밀고로 야간 기습을 당해 심남일 의병부대는 엄청난 피해를 입게 된다. 8월말 10명의 의병장이 영암 국사봉에 모여 대응책을 논의했다. 심남일 의병부대는 훗날을 기약하며 자진 해산했다.

이때 강달주 의병장은 심남일, 강무경 의병장과 함께 능주 풍치동굴에서 병을 치료하며 은신했다. 하지만 친일세력의 밀고로 10월, 일본군에 체포되었다. 1910년 4월 광주지방재판소에서 폭동죄로 징역 5년을 선고받았다. 강달주 의병장은 일본군의 회유에도 굴하지 않고 끝까지 자신의 신념을 펼쳐갔다. 하지만 일본 헌병의 고문으로 하반신 발목이 불구가 되고 1915년 4월 출감했다.

불구의 몸이 되었지만 그는 조국의 독립을 위한 꿈을 버리지 않았다. 1919년 3·1운동이 일어나자 나주에서 적극 가담했다. 의병 활동으로 끊임없이 감시받고 있었기에 일본 경찰의 수사망을 피해 영암 시종면 봉소리에서 잠적했다.

정부에서는 1983년 건국포장, 1990년 건국훈장 애국장을 추서했다.

'애써 알리고 기억하고 이어가라'

첩첩산중 바람골 동굴에 숨어 있던 의병장들이 어떻게 붙잡혔을까? 밀정들의 밀고 때문이다. 친일파보다 더 악질적인 밀정은 민족의 이름으로 단죄해야 한다. KBS 탐사 보도에서 밀정 895명의 명단이 밝혀져 충격을 주었다. 독립운동가로 변신하여 민족정기를 말살하는 자들도 있다. 도대

강달주 의병장 은거지 표석(전남 화순군 청풍면)　심남일, 강무경, 강달주 의병장이 은거하던 동굴

체 이런 일이 어떻게 있을 수 있을까. 최근에도 밀정, 요즘 말로 프락치, 스파이 논란이 있다. 양심과 신념을 저버리고 동지들을 팔아 출세하려 한 자들은 절대 용서할 수 없다.

　의병 투쟁에서 다치고 지친 의병장들이 숨어 있던 곳을 밀고했던 자들을 끝까지 추적하여 처벌해야 한다. 기록에 남겨 변절과 배반을 반복하지 않도록 해야 한다. 그래야 민족정기가 바로 선다. 그래야 정의가 이기고, 나라가 바로 선다.

　심남일 의병부대의 호군장으로서 먹을거리를 책임지고, 전투에서 일제의 간담을 서늘하게 하며 승리를 이끌어낸 강달주 의병장. 애써 알리고 기억하고 이어가야 하리라.

유서 깊은 유생 가문의 장흥
김영엽 의병장

해남과 장흥으로 가는 길, 아침부터 겨울을 재촉하는 비가 내린다. 자연의 섭리는 예외 없이 계절의 변화를 먼저 알린다. 단풍으로 곱게 단장하던 남도의 산들도 겨울 채비를 하고 있다. 가뭄이라던 남도에 비가 내린다. 메마른 대지에 한줄기 시원한 비가 내렸으면 싶다.

황준성 의병장이 활약했던 해남 두륜산에서 점심을 먹고 장흥 남산공원을 향한다. 추위에 막걸리 한잔이 이내 잠을 유혹한다. 가까스로 잠을 이기며 주작산과 덕룡산 자락의 시골길을 달린다. 수많은 이들이 유배길로 다니던 길이다.

동행하는 역사교사와 남도의 한과 서러움을 이야기한다. 남도 임진의병에서 한말의병 그리고 항일독립운동까지, 많고 많은 남도인이 죽음으로지키려 한 나라가 갈피를 잡지 못하고 흔들리고 있으니 어찌할 것인가. 힘없는 국민은 어찌 살아가야 하나, 백면서생 역사교사로 살아가는 우리는무엇을 할 것인가.

기울어가는 조국 앞에 의연히 일어선 의병들이 모두 제대로 의병활동을 한 것이 아니었다고 한다. 의병을 빙자하여 혹세무민하며 백성에게 포학을 일삼고 착취한 경우가 있다. 그들을 과감히 처단하고 정의롭고 청렴하게 의병 활동을 전개한 김영엽의 의병장을 만나러 가자.

유서 깊은 유생 가문에서 의병이 되다

김영엽(1869~1909) 의병장은 장흥 관산읍 송촌리에서 태어났다. 호는 치재, 어렸을 때 이름은 김여회다. 일찍부터 학문에 뜻을 두고 선비를 찾아다니다 송사 기우만과 깊이 교유했다.

한번은 사교도(邪敎徒)가 유학을 능멸하는 것을 보고 수판으로 때렸는데, 그 사람이 병으로 죽었다. 이 일로 혐의를 받게 되자 송사에게 피신하여 몇 해를 지내기도 했다.

김영엽의 집안은 문학과 행실로 유명했다. 김영엽도 어려서부터 학문에 뜻을 두고 주변에 이름난 선비들을 두루 찾아다니며 교유하고 담론했다.

이목구비가 맑고 뚜렷했으며 품성이 강직하고 천성이 용맹스러워 그를 지켜본 마을 어른들은 한결같이 그냥 지나치는 법이 없었다. "너의 기상은 자로(子路)와 비슷하니 반드시 나라의 큰 인물이 될 것이다."라며 머리를 쓰다듬어 주거나 등을 두드려 격려하는 등, 모두 잘난 제 아이 보듯 기뻐했다.

자로는 중국 춘추시대 사람으로 공자의 제자 중에서도 공자를 가장 잘 섬겼다. 효성이 지극했으며, 성질이 용맹하여 정치 방면에 뛰어났다고 한다. 이렇게 훌륭한 인물과 김영엽이 닮았다고 했으니, 어린 나이지만 그의 행실과 재질을 가히 짐작할 수 있다.

소석 김노현 선생에게 배울 때도 선생은 늘 그를 가까이 두고는 "너의 뜻은 깊고 커서 범상하니 먼 훗날 네가 이룰 바를 헤아리기 어렵구나."라고 말하곤 했다.

그러나 불행히도 집안이 기울어 형편이 어려워졌고, 부모가 연로해서 학문을 계속하기 힘들었다. 김영엽은 스스로 분발하여 독서했으며, 경전을 통해 충효의 뜻을 더욱 깊이 깨달았다. 자신이 가야 할 길도 정했다. 친구들을 만나 시국에 대해 토론하고 나라의 장래를 염려하니, 그 기상을 따를 사람이 없었다.

호남의사 치재 김영엽 의적비(전남 장흥군 장흥읍)

"일본이 우리나라를 통째로 삼키려는 데도 위정자들이 자기들 욕심만 채우고 있어 민심은 오갈 곳이 없으니 도대체 이 나라가 어찌 될 것인지." 이렇게 한탄하는 그의 모습에는 장군처럼 굳센 위엄이 서려 있었다. 비관하는 친구들을 앞서서 격려했다.

"불에 타는 것은 구하고, 물에 빠진 것은 건져야 합니다. 우리는 앉아서 한숨만 쉴 게 아니라 힘을 길러야 하고, 만일의 사태를 준비해야 합니다. 그리하여 이 나라가 우리를 필요로 하면 언제든지 나가서 싸워야 합니다. 그것이 우리가 해야 할 일이죠."

을사늑약이 체결되자 그는 정석면과 거병했다. 뛰어난 전략을 바탕으로 여러 의진을 방문하며 계책을 일러주고 협조했다. 신창영 의병장이 복흥에서 의병을 일으켰는데, 군율이 엄정하여 백성들이 안심한다는 소문을 듣고 그를 찾아갔다.

신창영은 김영엽의 뛰어남을 확인하고 "나는 군사를 통솔할 재주가 없는데 특히 의기로 일어났을 뿐이다. 군사를 모으고 양식과 기계를 모으는 모든 일은 마땅히 계속할 것이요, 행군하여 적과 싸우는 것은 자네가 스스로 맡으라." 하고 의병의 절반을 내주고 분진할 수 있게 도움을 주었다.

김영엽은 전해산·심남일·오성술 의병장 등과 호남 의병 연합조직을 결성하기로 하고 1908년 겨울 호남동의단을 탄생시켰다. 김영엽은 제3진 의병장으로 임명되어 다른 의진들과 대치전투에서 활약했다. 자은촌 전투에서는 호남동의단에서 분진했다.

김영엽 의진은 1908년 각 진에 격문을 보내 백여 명의 의병을 새로 모집하고 심남일 의진과 연합하여 장흥, 강진 등에서 일본군과 교전하여 많은 전과를 올렸다.

의병 내분으로 희생되다

김영엽은 기삼연 의병장 순국 후 김봉규(김공삼), 박도경(박경래) 의병장이 잔여 의병을 수습하고 각지에 통문을 보내 의병을 모집한다는 소식을 들었다. 김봉규 의진과 연합하여 전남 광산을 공략하기로 모의했다.

여러 의진과 이합집산이 계속되는 가운데 유독 유종여와는 대민 관계에서 의견 차가 크게 벌어졌다. 유종여 의진이 민폐를 많이 끼친다는 사실이 알려져 백성들 사이에 의병에 대한 인식이 매우 나빠졌다. 이 소식을 들은 김영엽 의병장은 유종여를 찾아 백성들에 대한 약탈 행위를 금할 것을 권고하며 꾸짖었다. 이에 유종여는 하수인 황운용·정섬을 시켜 1909년 2월 12일 장성 운문암에서 김영엽을 살해했다. 이와 관련하여 기우만이 1909년에 쓴 『호남의사열전』에는 다음과 같이 기록되어 있다.

"이미 돌아오매 세말(歲末)이 되었다. 군사들을 흩어 보내되 '각기 집에 돌아가서 가족들과 과세하라. 세후 마땅히 비밀 기별이 있을 것이니 다시 모여라' 하고는 나한테 와서 과세하고 군사를 미처 모으기 전에 신장(申將, 신창영)을 만나기 위해 장차 순창 산중으로 들어가다가 마침 종여의 군사들이 치재(김영엽)를 버리고 이르지 않고 촌락에서 포학을 부리는 것을 보았다. 주민들이 그가 오는 것을 보고 모두 환영하며 호소했다. 이에 종여의 군사를 잡아서 곤장을 치고는 그 총과 칼을 빼앗으며 '이 물건들은 일본군을 막아서 위로는 임금을 위하고 아래로는 백성을 위하려는 것인데 도리어 백성에게 포학을 부려서 적이 이르기를 기다리지 않아도 백성이 살 수 없도록 하는 것이 옳으냐. 나는 방금 백암으로 들어가니 돌아가서 너희 대장에게 고하여 한 번 와서 서로 보고 잘못한 것을 빌면 흔연히 내어 주리라.' 했다. 종여가 본래 앙심을 품었던 차에 그의 방비 없음을 타서 쫓아 와서 행패하매 드디어 해침을 당했다. 주민들이 모두 모여서 통곡하기를 친척을 슬퍼함과 같이 하고 지금토록 말한 때에는 눈물을 떨어뜨린다."

김영엽이 살해되었다는 소식을 들은 김봉규(김공삼)·박도경 의병장은 유종여를 처단하고자 군사를 이끌고 달려왔다. 손룡산에서 하수인 2명은 처단했지만 이미 유종여는 달아난 뒤였다. 그러나 유종여는 얼마 뒤 신창영 부대에 의해 피살되었다.

정부는 김영엽 의병장에게 1990년 건국훈장 애족장을 추서했다.

분열과 부정은 절대 이길 수 없다

합심하고 단결해야 적들을 이길 수 있다. 포학과 부정은 절대 이길 수 없다. 기울어가는 나라 앞에서 의연히 일어선 의병들이 포학을 일삼고 백성을 힘들게 하는 것은 의병들이 해야 할 일은 절대 아니다. 개인의 안위와 출세를 위해 동지를 팔아넘기는 행위는 어떤 설명으로도 정당화될 수 없다.

김영엽 의병장의 죽음은 무엇을 의미하는가. 포학을 일삼고 개인의 부정을 숨기려고 앙심을 품고 의병장을 죽인 살해범들은 반드시 역사 앞에 기록하여 부끄럽게 해야 한다. 그래야 반면교사가 되어 정의롭지 못한 일을 하지 않게 된다.

장흥의 중심 남산공원에 있는 김영엽 의적비를 찾았다. 늦가을 단풍이

장흥 남산공원 수녕정(전남 장흥군 장흥읍)

붉게 물들어 아름답다. 그런데 아무도 찾지 않는 남산공원은 쓸쓸하고 외롭다. 석대들에는 동학 농민군의 원혼들이 바람 되어 불어온다. 동학에서 한말의병운동과 항일독립운동으로 이어지는 탐진강은 가뭄에 말라붙었다.

자로처럼 품성이 맑고 정의로운 김영엽 의병장. 그의 삶과 정신을 기록하고 널리 알려야 한다는 마음을 다지게 된다.

6부

담양, 구례, 순천, 광양

유배지 탈출하여 호남창의대장 추대된
추기엽 의병장

　매국과 굴욕 외교에 제동을 걸지 못하는 현 시국에서는 항일의병 전쟁에 가담한 의병장들의 삶이 더욱 간절하게 다가온다. 남도의 끝자락 해남과 완도를 무대로 의병 활동을 한 추기엽 의병장의 기억을 더듬으며 안타깝고 죄송한 마음이 가득했다.

　황준성 의병장과 함께 유배에서 탈출하고 항쟁에 뛰어든 추기엽 의병장을 호출한다.

추기엽 의병장 기념비(전남 담양군 무정면)

대한제국의 장교, 한일신협약을 계기로 의병이 되다

추기엽 의병장(1879-1909)의 고향은 담양 무정면 덕곡리다. 그는 조선 왕궁을 지키는 친위대 제1대대 소속 장교로 근무했고, 진위보병 제1대대 장교인 부위·정위·참령 등 여러 자리를 거쳐 정3품 통정대부 시위연대 향관으로 활약했다. 1907년 한일신협약 체결로 대한제국 주권이 위태로워지자 국권 회복을 위해 윤현보·이봉오 등과 함께 전북 익산에서 봉기한 황준성 의병대에 가담했다.

무장 항일투쟁을 벌이다 설(음력)을 맞아 잠시 고향으로 가던 중 일제에 발각, 체포되어 1908년 3월 전북 재판소에서 유향(留鄕, 귀양살이) 10년형을 선고받고 완도로 유배되었다.

유배지에서 탈출해 호남창의대장으로 추대되다

그는 유배지에서 황준성·이봉오 등과 탈출해 해남군 송지면 대둔사에 들어가 150여 명의 의병을 모집하고 호남창의대장으로 추대되었다. 1908년 대둔사를 근거지 삼아 황준성, 대흥사의 황두일 등과 함께 40여 차례 교전하며 많은 전공을 세웠으나 1909년 7월 대둔사 전투에서 다수 의병이 전사하자 책임소재로 다투다가 남창 해변가에서 부하 6명에게 암살당해 순국했다.

〈독립유공자공훈록〉 제9권에는 그의 공적을 이렇게 기록한다.

"추기엽 장군은 1907년 9월경 이봉오·윤현보·황준성 등과 함께 활동하다 일제에 체포되었다. 1908년 3월 3일 유형 10년형을 받고 완도로 유배되었다. 유배지에서 탈출한 추 장군은 해남·영암 일원에서 의병을 모집해 황준성이 대둔사에서, 황두일은 대흥사에서, 추 장군은 미황사에서 각각 수백 명의 부하를 거느리고 활동했다. 1908년 8월부터 해남 등 해변을 중심으로 40여 차례 활동했다."

추기엽 의병 전적지(전남 담양군 무정면)

정부는 선생의 공훈을 기려 1990년 건국훈장 애국장을 추서했으며, 담양군 무정면 덕곡리에 있는 의병장 추공기엽 기념비가 2004년 12월 24일 현충 시설로 지정됐다.

한편 무정면 덕곡리 추기엽 의병장기념비 옆에는 의병 전적비가 세워져 있다. 담양군이 세운 전적비에 따르면, 1909년 5월 17일 의병장 추기엽 이하 40여 명이 덕곡리에 잠복 중 5월 16일 새벽 일본군의 기습으로 5시간 남짓 이곳에서 치열한 전투가 벌어졌고 의병 10여 명이 전사했다.

남쪽 끝자락에서 의병항쟁이 불타오르다

남쪽 끝자락 항일운동의 근거지는 대흥사 심적암과 북평 성도암, 미황사였다. 이곳이 항일운동의 근거지 역할을 한 까닭은 두륜산과 달마산을 끼고 있기 때문이다. 당시 항일운동은 게릴라전 또는 비밀조식에 의해 운영됐고, 이러한 전투방식은 산을 끼고 있었을 때 은신과 퇴로에 유리했다.

해남의 세 사찰이 항일운동 근거지가 된 것은 1907년 군대해산으로 일어난 한말 마지막 의병투쟁부터다. 1909년에 접어들어 조선의 의병활동이 일본의 압도적인 무력 앞에 거의 시들어갔지만 호남 의병투쟁은 더욱 치열하게 전개됐다.

이에 일본은 1909년 9월부터 호남의병을 토벌하기 위한 대대적인 토벌작전에 들어가고, 이로 인해 호남 의병들의 활동 근거지는 해남과 완도 등 남해안 일대로 국한된다. 1910년 한일합방 이후 의병들의 근거지가 중국 동북아지역으로 옮겨갈 때까지 해남군과 강진, 영암, 완도, 진도 등은 의병활동 무대가 되었는데, 그중 마지막 투쟁지가 대흥사 심적암이다.

당시 해남과 완도에서 활동한 의병의 규모는 추기엽 의병장 450여 명, 이덕삼 200여 명, 황두일 120여 명, 황준성 150여 명, 강성택 20여 명 등 940여 명에 이른다. 이중 두륜산과 달마산 일대를 근거지로 삼았던 의병들의 주요 아지트는 두륜산 투구봉 아래였다. 이곳에는 커다란 바위가 많아 숨기에 좋았고 엄호에도 유리해 의병들의 거점지로 이용됐다. 특히 이곳은 인근에 성도암이 있어 식량을 조달하기 쉬웠고, 투구봉과 성도암 봉우리에서는 왜군의 움직임을 한눈에 파악할 수 있었다.

투구봉 인근 바위틈에 거주했던 의병들에게 식사를 가져다준 이들도 성도암 스님들이다. 의병들의 은둔지이자 식량 제공처였던 성도암은 이 같은 인연으로 일본군에 의해 건물 8채 중 6채가 전소되는 아픔을 겪게 된다. 성도암 인근 두륜산에서 주로 산악 게릴라전을 벌이던 이때 의병들은 일본군과 숱한 전투를 벌이며 그 수가 급격히 줄어든다.

이때 해남에서는 황두일과 추기엽 등이 북평면 일대에서 의병활동을 펴고 있었다. 각자 지역에서 개별적으로 의병활동을 하던 이들은 군인 출신인 황준성 대장을 중심으로 연합조직을 결성한 것이다. 통일된 의병부대는 성도암 전투에서 왜군에 밀려 미황사에서 재집결한다. 이때 의병수는 60~70명으로 줄어들었다. 미황사에서 전열을 가다듬은 의병들은 1909년 음력 7월 8일 대흥사 심적암에 다다른다. 그러나 의병들의 이동 노선이 발각되면서 다음 날 새벽 4시, 일본 토벌대의 기습으로 전멸한다.

대흥사 심적암 전투에 대해 〈전남폭도사〉는 이렇게 적고 있다.

"1909년 음력 7월 8일 밤, 해남수비대장 오시하라 대위 이하 22명, 경

대흥사 심적암 터(전남 해남군 삼산면)

찰관 3명, 헌병 4명이 적도 토벌을 목적으로 대흥사로 출동했다. 1909년 7월 9일 오전 4시, 절을 포위 공격했는데 적도는 깊이 잠들어 있었기 때문에 어찌할 바를 모르고 있다가 전멸했다. 적 22명을 죽이고 8명을 포로로 했으며, 화승총 47점, 군도 5점을 노획했다. 9월 18일 수괴 황두일의 부하 21명, 19일 4명이 해남 수비대에 투항했다."

이때 심적암 스님들도 죽임을 당하고 투항한 의병들도 교수형을 당한다. 대흥사 심적암은 이때 전소돼 지금에 이른다.

완도에 근무하면서 남창과 성도암과 미황사를 거쳐 두륜산 자락을 오갔다. 심적암 전투는 알고 있었지만 의병장들을 몰랐다. 남도민주평화길 답사를 하면서 늦게나마 남도의병장들을 알게 되고 설명할 수 있어 얼마나 다행인지 모른다.

그래서 황준성, 황두일 의병장에 이어 추기엽 의병장을 세상에 알린다. 다행히도 추 의병장의 고향에는 기념비와 전적비를 세워 알리고 있었다. 그리고 대흥사 입구에 호국의병 충혼탑을 세워 그 정신을 기리고 있다.

아쉽게도 심적암은 건물이 전소되고 성벽 일부만 남아있다. 그나마도 성벽이 무너져가고 있고, 초라한 안내판이 퇴색된 채로 서 있다. 하루빨리 심적암 전투지를 복원하고 안내판을 재정비해서 탐방객들이 불편하지 않게 해야 한다.

이로움보다 의로움을 취한
담양 의병들

'견리사의 견위수명(見利思義 見危授命)'

제국주의 침략의 앞잡이 이토 히로부미를 저격하고 자주독립 만세를 외친 안중근 의사가 평생 가슴에 새긴 말이다. 이로움을 보거든 의리를 생각하고, 위태함에는 목숨을 바쳐야 한다는 말이다. 식민지 근대화를 내세우는 친일파들이 조국의 위태한 상황에 편승하여 개인의 영달에 혈안이 된 시기에 안중근 의사는 죽음으로 이토를 저격하고 당당하게 외친다. 그리고 한 점 부끄럼 없이 동양평화를 외치며 순국한다. 이 얼마나 숭고하고 당당한가? 바로 안중근의 삶과 정신이 〈영웅〉이 되어 우리에게 준엄하게 꾸짖고 있다.

의롭고 당당한 남도 한말의병의 자취를 찾아 소개하며 알려 왔지만, 아직도 기록이 부족하고 후손들이 제대로 배우지 못해 자료가 정리되지 않은 의병들을 찾아 세상에 알리는 일이 더욱 큰 책무감으로 다가온다. 이번에는 담양 지역의 의병들을 소개한다.

조선 왕실 후손 이최선, 담양에서 의병에 참가하다

석전 이최선(1825-1883)은 창평 장전마을 출신으로, 조선 후기 사상가, 성리학자이며 교육자다. 본관은 전주고 호는 석전이다. 그의 집안은 조선 3대 임금 태종의 후손이다.

석전 이최선 생가 영서당(전남 담양군 창평면)

　태종의 장남 양녕대군의 증손이자 순성군의 서손인 추성수(秋城守) 이서(李緖)가 정치적인 사건으로 담양 창평으로 유배되고, 유배에서 풀린 뒤에도 귀경하지 않고 담양에 계속 살았기 때문에 자손들이 담양 곳곳에 정착했다. 그 연유로 석전공 집안은 장전마을에 뿌리내리게 되었다. 이후 창평 장전마을은 태종-양녕대군-추성군 이서로 이어지는 계보 아래 석전 이최선과 그의 후손들까지 대대로 이씨 왕족이자 명문가로 세대를 이어가게 된다.

　이최선은 조선 순조 25년, 양녕대군의 후손인 성리학자 이규형과 김문기의 딸 상산 김씨의 아들로 태어났으며, 15세에 노사 기정진 문하에서 성리학을 배웠다. 구한말 독립운동가 서재필과 서재창의 이모부다.

　1860년(철종 11) 35세에 증광시에 합격했으나 부모님이 계시지 않는 것을 가슴 아파하여 고향으로 돌아왔다. 1863년 고종 즉위 후 삼정 문란에 관한 구언이 있자 〈삼정책〉을 지어 올렸으나 담양군수의 빙해로 조정에 전달되지 못했다. 병인양요가 터지자 호남 종친과 친지, 친구들에게 격문을 돌려 의병을 모아 한성부에 올라가 관군을 지원했다.

　1875년 문과에 응시했으나, 시험 과정에서 폐단과 대리 시험, 부조리 등을 보고 과거를 단념하고 고향으로 내려왔다. 1877년 호남에 대기근이 들어 흉년이 계속되자 가산을 기울여 빈민과 걸인을 구제했다.

저서로 《석전문집》 4권, 《독외필》 등이 있다. 1883년(고종 20)에 세상을 떠났다. 향년 58세였다. 전라남도 장성군 진원면 고산서원에 배향됐다.

을사늑약이 체결되자 국동현, 의병항쟁에 참전하다

국동현(1840~1918)은 고려 시대 병부상서 국량의 18세손으로 1840년 담양에서 태어났으며 호는 남송이다. 어려서부터 용력이 비범하고 정의감이 투철하며 기풍이 출중했다. 무과에 급제하고 최익현과 교분이 두터웠으며 시정을 규탄하는 상소에 참여했다.

을사늑약이 체결되자 이를 비통히 여겨 항일의병을 모집하고 기회를 노리던 중 1906년 최익현·임병찬 등과 의병 1백여 명을 인솔하고 전라도 일대의 의병항쟁에 참전했다. 그때 순창의 일본 헌병 분견대와 교전을 벌여 분견대 건물과 통신 시설 등을 초토화하는 등 많은 전과를 올렸다.

이후에도 의병항쟁을 계속하려 했으나 최익현이 체포되고 일본군 구원부대가 쇄도해 중과부적, 고전했지만 뜻을 펴지 못한 채 몸을 숨겨 울분으로 세월을 보내다 78세로 타계했다.

남송 국동현에 대한 기록은 1974년 한국 문화재보호협회 담양군지부가 발간한 『담양삼강록』 「충의·열사」 편에 간략하게 전해진다.

을사오적 처단을 위해 이광수, '자신회'에 가담하다

옥산 이광수(1873~1953)는 담양 창평 장전마을 출신으로, 조선 후기 유학자이자 교육자이며 위정척사 운동의 선봉에 섰던 석전 이최선의 손자이며 청고 이승학의 아들이다. 이승학은 명성황후 시해 소식을 듣고 팔도에 격문을 보내어 의병을 일으킨 인물이다.

이광수는 을사늑약이 체결되자 을사오적의 매국적 행위를 규탄하는 한편 1907년 초 나인영이 조직한 '자신회'에 가담해 을사오적을 처단하기 위한 비밀결사 활동을 하게 된다.

자신회는 1907년 나철, 오기호가 중심이
되어 을사늑약 체결에 협조했던 박제순·이지
용·이근택·이완용·권중현 등을 처단하기 위
해 결성한 항일단체다. 지도부는 개화파 전
직 관료가 많았으며 행동대는 대부분 의병
출신이고 이들은 을사오적을 처단함으로써
친일정권을 전복시키고 새로운 정부를 수립
하고자 했다. 이광수는 지도부 일원으로 활
동하며 주로 문서작성과 재정지원, 선전 활동

담양삼강록(향토위인 열사전)

을 담당했으나 을사오적 암살계획을 세우고 실행하는 과정에서 발각돼 사
형을 선고받았다.

다행히 사형을 면하고 출옥한 후에는 '호남학회'에 가담해 근대교육에
힘쓰는 등 항일운동을 이어갔다. 호남학회는 1907년 전라도 지방에서 조
직된 애국계몽운동 단체로, 교육과 산업 발전에 힘썼으며 기관지《호남학
보》를 발간했다. 1910년에 일제가 해산했다.

이광수의 조부 석전 이최선은 노사 기정진을 사사했다. 병인양요 때 의
병을 일으켜 한성부로 달려가 관군을 지원했고, 호남지역에 대기근이 들
자 가산을 털어 빈민과 걸인을 구제했다. 장성의병으로 적극적으로 활동
한 장남 이승학이 옥산 이광수의 부친이다.

의로움을 택한 이강복, 추월 전투에서 순국하다

후지 이강복(1860~1907)은 영광군 홍농읍 단덕리 단지 마을 출신으로,
전주 이씨 효령대군의 후예다. 을사늑약으로 국권을 빼앗기자 천성이 강
개한 이강복은 섬 오랑캐의 침략에 대한 분기가 날마다 끓어올랐다.

《호남삼강록》(1952)에 의하면 이강복은 "무릇 백성으로 나라가 망하는
것을 보고도 사가에 드러누워 괴로워만 하는 것은 의로운 일이 아니다"라

옥산 이광수 묘(전남 담양군 창평면)

고 외치며 분연히 일어나 평소 사귀던 성재 기삼연이 이끄는 의병에 합류하여 수차례 일본군을 무찔러 승리했다. 1907년 12월 27일(음력) 담양 추월산성 전투에서 일본군과 전투 중 순국했다.

일제의 의병토벌 기록인 이른바《전남폭도사》(1913)조차 "거괴 기삼연이 이끄는 4백의 비도(匪徒)가 담양군 용문 성문리를 점령하고 곧 담양을 습격하려 함에 주재소 순사가 광주에 지원을 요청하는 한편 순창수비대와 협력해서 기선을 제압, 즉각 성문리에서 적을 공격해 궤란시켰다. 적의 사망자 23, 부상자 30, 노획물은 화승총 5정"이라고 한 것을 보면 이 전투가 얼마나 처절한 항쟁이었는지 짐작할 수 있다.

선생의 포상은《호남삼강록》등에서 공적 내용이 파악되고 족보《전주이씨 효령대군 정효공파세보》(1957)에서 순국 사실이 확인됨으로써 이루어졌으며, 2021년 건국훈장 애국장이 추서됐다.

의병운동을 정리하는 증언과 기록이 절실하다

장구한 역사를 통해 수많은 외침과 전쟁에도 굴하지 않고 기어코 자주의 나라를 세운 대한민국의 역사는 자랑스럽다. 그래서 초등학교에서부터 역사 공부를 하고, 중학교와 고등학교는 역사교육이 필수다. 대학을 가기 위해 〈한국사〉 과목은 필수적으로 시험을 봐야 한다. 그리고 공무원이 되려면 〈한국사능력시험〉을 일정 수준으로 통과해야 한다. 적어도 외형상으로 보면 우리나라 역사교육은 잘 진행되고 있다고 볼 수 있다.

역사교사로서 나는 민족 정체성을 확립하고 올바른 역사교육과 역사의식 함양을 위해 학생들을 열심히 가르쳐 왔다. 교과서 내용을 알리는

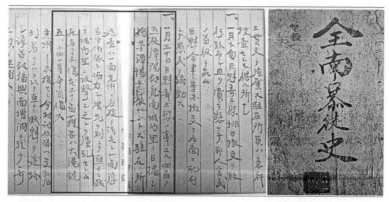

《전남폭도사》에 기재된 이강복 선생의 공적

지식 위주의 교육보다는 현장 체험 중심으로 답사 및 탐방 프로그램을 만들어 실행해 왔다. 뜻을 같이하는 교사들과 교사모임을 만들어 활동했고, 리더 역할을 했다. 돌아보면 살아있는 역사교육을 위한 활동이었고, 성과들이 있어 뿌듯하고 보람도 컸다.

그럼에도 지역사, 특히 남도 역사에서 의롭고 당당했던 남도의병의 역사를 제대로 가르치지 못했다. 남도의 정체성을 확립하기 위한 남도민주평화 체험길 답사 프로그램을 기획하고 추진하면서 정작 남도 의병활동에는 공부가 부족했고, 학생들에게 제대로 교육을 못 하여 때늦은 후회를 하게 되었다.

늦게나마 남도 역사를 공부하고 자료를 찾아 정리하면서 이름 없는 별, 의병들을 알려야 한다는 책임감과 부담감으로 연재를 시작했다. 다행히도 '남도 임진의병' 출간에 많은 분의 격려와 응원에 힘을 얻게 되었다. 그리고 다시 '남도 한말의병'을 알려야 한다는 마음으로 매주 자료와 현장 답사를 하고 있다. 쉽지 않은 길이지만 즐겁고 의미 있는 작업이기에 멈출 수 없다.

남도 한말의병의 자료는 선행 연구자들의 노고에 많은 도움을 얻고 있다. 뜻있는 선조들의 기록과 노력이 후세에게 많은 도움을 준다. 그러나 역설적이게도 한말의병의 기록은 일본에서 남긴 《전남폭도사》가 중요한 자료 역할을 하고 있다. 독립운동가 서훈 작업에서 가장 중요한 것은 기록이다. 그런데 독립운동가들의 기록은 매우 열악하다. 죽음으로, 탄압으로 또는 독립운동가 후손들의 배움 부족이 원인인 것도 엄연하다.

그럼에도 기록에 인색한 우리의 인식이 가장 큰 문제다. 기록하고 기억하라. 그래야 계승할 수 있다. 공과를 떠나 기록을 남기고, 평가는 후세에게 남겨야 한다.

충효와 의열을 다한 민초,
섬진강 의병장들

우리 역사에서 19세기 말은 커다란 변동기였다. 조선에서는 개항 이후 제국주의 열강의 한반도 침탈이 심화되면서 국권 수호를 위한 많은 노력이 전개되었다.

일본의 국권침탈에 항전한 의병은 1895~1915년을 전후한 시기, 약 20년간 전국에서 투쟁을 전개했다. 이런 양상은 1895년 을미사변과 단발령 공포, 1905년 을사늑약 등 일제가 침략의 마각을 드러낼수록 고조되었다. 특히 1907년 고종(1852~1919)의 강제 퇴위와 대한제국의 군대해산을 계기로 의병 활동은 항일무장투쟁 단계로 격화되었다. 일제의 경제적 침탈이 본격화했음은 물론이다.

일제의 침략을 저지하기 위해 의병에 투신하는 사람은 날로 늘어갔다. 당시 언론에서는 의병의 항일투쟁을 전쟁이나 다름없다고 보았다. 일본 군경 또한 의병과의 싸움을 "대전쟁"이라고 할 정도였다.

21세기의 대한민국은 한말 상황과 기의 비슷하게 전개된다. 대외관계 면에서 특히 그렇다. 풍전등화의 위기에서 결국 나라를 지킨 사람은 민초들이고 의병들이었다. 요즘 국가 신뢰도가 최악이라고 한다. 일방적인 외교로 한반도를 둘러싼 국제정세는 전운이 감돌고 있다.

남도의 한말의병들을 계속 기억하고 다시 세상에 알리는 일이 구국활동이라는 비장한 마음이 앞선다. 이번에는 지리산과 섬진강 권역에서 태

구례의병 세미나(2022)

어났거나 활동한 의병장들을 만나러 간다.

섬진강 권역에서 의병활동을 한 금천 노임수

노임수(1876~1909) 의병장은 전남 곡성 출신이다. 1905년 을사늑약 이후 유원중·조규하 등과 석곡면 삼산에서 교전해 적 7명을 사살했다. 노임수는 1908년 4월(음 3월) 김동신 의진에 소속된 의병 28명과 합세해 새로운 의진을 형성하고 의병장이 되었다. 김동신은 6월에 신병치료 중 체포되고 노임수 등은 독자적 의병활동을 전개했다. 노임수는 곡성·구례·낙안 등지에서 일본군 수십 명을 사살했다.

1908년 11월 24일 끝내 적에게 잡혀 1909년 5월 21일 곡성형무소에서 교수형을 받고 순국했다.

정부는 1977년 노임수에게 건국훈장 독립장을 추서했다.

독자 의병부대 통솔한 남강 신정백

신정백(1877~1909) 의병장은 전남 곡성 출신이다. 1908년 3월 30일 전남 의병장 조서화 의진에 들어가 지휘관으로 활약했다. 1908년 4월 10일 전남 구례군 계사면에서 일본 관헌 토벌대와 교전했고, 6월 2일 죽곡면 마륜산에서 일본 기병대 2명을 사살했다. 9월 20일 일본 수비대와 교전에서 대장 조서하가 전사한 후 신정백은 독립하여 독자 의병부대를 통솔했다.

11월 24일 곡성군 목사동 평리 교전 이후 피신했으나 체포돼 1909년 10월 16일 구례·광주·목포·대구 등지로 이감되었다. 1909년 3월 27일 대구공소원에서 교수형이 확정되어 순국했다.

정부는 1968년 신정백에게 건국훈장 독립장을 추서했다. 1969년 그의 유해를 국립서울현충원 독립유공자 묘역에 안장했다.

노인선 의진과 연합 활동한 신정우

신정우(1879~1909) 의병장은 전남 곡성 출신이다. 1908년 3월~10월 20일까지 곡성·구례·남원 등지에서 노인선 의진과 연합하는 등 의병투쟁을 했다. 신정우는 김동신 의진에서 활동하다 의병장 김동신이 체포된 뒤 독자의 소규모 의병부대를 편성하고 노인선 의진과 연합해 활동했다. 신정우 의진은 약 20명으로 구성된 소규모의 의병부대로 1908년 3월경 전남 곡성·구례·낙안·남원 등지에서 활동했고, 4월 10일 구례군 영사리에서 일본군과 교전했다.

신정우는 1908년 11월 29일 검거돼 1909년 3월 27일 대구공소원에서 교수형을 받아, 동년 5월 21일 순국했다.

정부는 2007년 신정우에게 건국훈장 애국장을 추서했다.

군자금 모집하고 순사대와 교전한 공성찬

공성찬(1877~1909) 의병장은 전남 구례 사람이다. 1908년 전북 남원, 전남 구례·옥과·순천 일대에서 항일운동을 했다. 그해 11월에는 전남 곡성에서 일제 순사대와 교전했고, 1909년 2월 26일 임세묵 등 10여 명과 무장하고 군자금을 모집하던 중 1909년 4월경 일본군에 붙잡혔다. 5월 7일

구례 지리산역사문화관 호남의병 전시(전남 구례군 마산면)

광주지방재판소에서 교수형을 언도받고 항고했으나 8월 17일 대구공소원과 9월 7일 대심원에서 기각, 형이 확정되어 교수형에 처해져 순국했다.

정부는 1991년 공성찬에게 건국훈장 애국장을 추서했다.

양반 출신으로 신망이 두터웠던 유병기

유병기(1882~1910) 의병장은 전남 구례 양반 가문 출신이다. 1908년 기삼연과 김태원이 분진하여 의병을 이끌 때 유병기는 조경환, 최동학, 김옥현 등과 함께 김태원 의진의 참모로 활약했다. 군수품을 통문으로 조달할 정도로 대중의 신망도 두터워 유병기는 김태원 의진의 핵심 참모로 담양·영광·장성·창평·광주·동복 일대에서 전과를 올렸다. 김태원 의병장 순국 후에도 활동을 계속하다가 1908년 5월 30일 총상을 입었다. 그 뒤 양상기 의진의 참모로 활약하다 의진을 탈퇴했다.

이후 재거를 꾀하다 체포되고 1910년 3월 29일 광주지방재판소의 교수형에 공소했으나 형이 확정되어 1910년 5월 사형, 순국했다.

대한민국 정부는 1977년 유병기에게 건국훈장 독립장을 추서했다. 그리고 1989년 그의 유해를 국립대전현충원 독립유공자 묘역에 안장했다.

광양 독립유공자 추모탑(전남 광양군 광양읍)

일본인 사살하고 군자금 모금 활동한 김응백

김응백(1870~1911) 의병장은 전남 광양 사람이다. 1908년 8월 5일 황영문 의병장의 지휘 아래 의병 150여 명과 광양군 진하면 망덕리에서 거주하던 일본인 기시다와 가도노의 집을 포위, 발포하고 가도노의 가족 4명을 사살했다. 같은 해 7, 8월 무렵 군자금도 징수했다.

이후 동지 강치선·고운서 외 2명과 1908년 12월부터 1910년 1월까지 군자금 징수에 나섰다가 체포되었다. 1910년 10월 26일 부산지방재판소 진주지부에서 교수형을 언도받고 공소했으나 이듬해 1월 16일 대구공소원에서 기각되고 형이 확정되어 순국했다.

1995년 건국훈장 독립장이 추서되었다.

'우리는 자유민으로 죽고 싶소'

의병전쟁이 장기전으로 돌입하자 1909년 5월, 한국을 병합하기로 한 일제는 속히 전쟁을 종식시킬 필요를 느꼈다. 일제는 같은 해 9월 이른바 남한대토벌작전을 개시하고, 이듬해 봄 황해도와 강원도에 대한 대대적인 토벌 작전을 개시했다. 특히 남한대토벌작전은 전라남도 의병에 대한 대규모 포위 수색 작전으로, 잔인무도한 살육을 자행했다.

1909년 5월 목포 일본인상업회의소가 통감부에 호소한 바에 따르면 '전라남도 각지의 의병으로 말미암아 일본인은 10리 길도 안전하게 걸어갈 수 없었다'고 한다. 그리고 의병의 험악한 정도가 배가되어 생명·재산 피해가 수백 건에 이르고, 교통이 두절되고 농사와 상업이 위축되어 직·간접 피해가 막대하다 할 정도였다. 이 같은 전라남도 의병에 대해 일본군이 대공세를 취한 것이 남한대토벌작전이다. 이 작전은 전라남도 전체를 육로와 해상으로 완전 포위하고 동남으로 그물질하여 빗질하듯 좁혀 들어가는 것이었다. 일본군은 모두 한복으로 변장하고 모든 도민의 통행을 금지하여, 이에 따르지 않는 자는 가차 없이 사살했다.

약 2개월에 걸쳐 감행된 도살 작전에서 심남일, 전해산, 양진여, 안규홍 등 수많은 의병장과 의병들이 체포되어 처형되었다. 그리고 이 지역의 의병 주력 부대가 섬멸되다시피 했다.

그럼에도 끝까지 포기하지 않고 죽음으로 나라를 지킨 남도의병들은 잊혀지고, 기억하지 못하고 있다. 참으로 안타깝고 부끄러운 일이다.

의병 1: "사흘 전에도 저 아랫마을에서 전투가 있었소. 일본군 4명을 사살했고 우리는 2명 전사, 3명이 부상당했소."

프레더릭 매켄지: "당신들은 일본을 이길 수 있다고 생각합니까?"

의병 1: "우리 의병들은 말할 수 없이 용감하지만 무기가 별로 없소. 총포는 낡아서 불발이 많고, 총알도 거의 다 떨어졌소. 알고 있소, 이렇게 싸우다 결국 죽겠지. 허나 일본의 노예가 되어 사느니 자유민으로 죽는 게 훨씬 낫소."

의병 2: "기자 양반, 당신은 외국인이니 왜놈들한테 안 걸리고 무기를 살 수도 있지 않소? 우리에게 무기를 좀 사다 주시오, 돈은 지불할 테니까."

프레더릭 매켄지: "애석하지만, 저는 종군기자로서 양쪽 모두에게 도움을 드릴 수 없습니다. 다만 오늘 당신들의 모습을 사진에 담고 싶습니다."

의병 3: "우리는 한 서양인이 우리 의병의 참상을 보려고 이곳까지 온 것을 기쁘게 생각하오. 당신이 본 것을 세계에 전하여 우리의 현실을 알려주시오."

의병 1: "메켄지 양반, 우리의 모습을 사진으로 찍어도 좋소."

프레더릭 매켄지: "아마 이 사진이 유일한 의병사진이 될 겁니다."

_〈미스터 션샤인〉에서

당시 종군기자였던 매켄지가 경기도 양평에서 의병과 만나 나눈 대화 내용이다. 일본의 노예로 사느니 자유민으로 죽는 게 낫다는 비장한 결의를 보여준 의병들의 삶과 정신이 당대를 살아가는 우리에게 정문일침(頂門一針)이다. 어지럽고 난망한 시국에 의병들을 기억하고 되살리는 것은 풍전등화 나라의 안위와 평화의 소중함 때문이다. 기꺼이 사진을 남기고자 했던 의병들의 당당한 태도와 결기를 널리 알린다.

'기억하라! 이어가라!'

최후까지 의병운동을 전개한
강진원 의병장

　이번에는 전남 동부권에서 치열하게 의병활동을 전개했던 성산 강진원 의병장을 만나러 간다. 이미 보훈처에서 '이달의 독립운동가'로 선정하여 알렸고, 순천시 시민단체에서 〈순천의 정신의 찾아서〉라는 주제로 '불요불굴 강진원 의병장'을 7월의 인물로 선정하고 판넬을 제작하여 전시회를 했던 성산 강진원 의병장. 그러나 여전히 모르는 사람들이 많다.

　최후까지 의병활동을 전개했던 최후의 의병장이다.

가장 늦게 체포된 최후의 의병장

　"강 장군은 신유년(1921) 7월 16일(음력) 밤 승주군 쌍암면 두모리 자택에서 일본 헌병대장 좌등이 이끄는 수십여 명의 대원에 체포되어 그 순간 대장 좌등을 난자해서 중상을 가하고 대원들 2~3명을 죽이고 쌍암병참소를 경유, 순천 헌병본부로 압송되어 가는 도중 서면 산정 앞 노상에 이르러 헌병본부에 가면 고문이 심해 의병 조직체계를 탄로시킬까 봐 자기 혀를 끊고 본부로 송치되었는데, 그로부터 3일 후 순천 헌병청에서 죽었는데, 그때 강대장 나이 향년 41세가 되었지요."

(『강진원 의병장 약전』)

성산 강진원 의병장 순의비(전남 순천시 석현동)

강 장군, 강 대장이라고도 불렸던 성산 강진원(강형오, 1881~1921). 그는 의병전쟁이 일단락된 지 10여 년이 지난 후에야 체포되었다. 한말 의병장 가운데 가장 늦게 체포된 것이다.

강진원은 순천시 서면 당천리에서 태어났다. 체포된 순천시 쌍암면 두 모리는 외가다. 일본 군경의 추적을 피하려고 강승우, 강승지, 강여명, 강 의연, 강형오 등 여러 이름을 사용했다. 『강진원 의병장 약전』에는 1878 년생으로, 『독립유공자공훈록』에는 1881년생으로 나와 있다. 출생연도가 불분명하다.

어려서 아버지를 여읜 어려운 환경에서도 서당공부를 했다. 26세 때는 직접 서당을 열어 의병에 투신할 때까지 제자 양성에 헌신했다.

혀를 깨물고 옥중에서 자결하다

기회를 엿보던 강진원은 고종황제가 강제로 퇴위되고 군대도 해산되자 항일투쟁 전선에 뛰어들었다. 1908년 김명거, 김화삼, 권덕윤, 김병학 등 과 의병을 일으켜 조계산으로 들어가 훈련을 시작했다. 7월에 죽음을 맹 세한 동지 33명이 의병부대에 합세했다. 보성, 곡성 등지에서 활약하던 조 규하와 연합의병을 구축했다.

1908년 8월 곡성군 석곡면 조지촌 전투를 시작으로 본격적인 반일투쟁을 전개했다. 곡성 목사동면 평전촌 전투에서 연합작전을 펴던 조규하가 순국하자 그의 부대를 흡수했다.

9월 23일에 기습 공격으로 일본군 3명을 사살하는 전과를 거두었고, 10월 초에는 남해 장도에서 해전을 승리로 이끌었다. 이어 10월 5일 전남 고흥군 과역면 과역리 시장에서도 일본군과 접전하여 적 수명을 사살하고 많은 무기를 노획했다.

그는 일본어 통역이나 헌병보조원, 의병 밀고자 등 친일 관리를 제거하는 데도 앞장섰다.

군율을 어긴 의병들도 엄격히 처벌했다. 주민에게 돈이나 물건을 억지로 달라고 한 자, 군자금을 몰래 유용한 자, 의진을 이탈한 자, 무기를 빼돌린 자 등을 처형했다. 이에 주민들은 강 선생과 의병들을 믿을 수 있었다.

강진원 의병장은 순천, 곡성, 여수, 고흥, 광양, 구례 등에서 일본군을 격파하여 명성을 떨치게 되었다. 1909년 1~4월에 승주군 서정병참소를 습격하고 4월에는 곡성 부근 압록에서 적군 병참소를 습격했다. 4월말 곡성의 서순일 의병부대가 합류하여 200명 정도로 불어났다. 1909년 6월 11일 승주군 서면 당천리에서 노숙하던 중 일본군 앞잡이 김원학이 인솔하던 구례군 헌병대의 기습으로 패하여 세력이 위축되었다. 1909년 9월 '남한폭도대토벌작전' 직전 해산함으로써 체포를 면했다.

강진원 의병장은 통영 연내도로 피신했다가 일본군 토벌작전이 끝난 후 순천 두모리 오성산에 은신했다. 10여 년 동안 장영섭을 비롯한 제자들의 도움을 받아 비밀결사 활동을 전개했다.

1921년 8월 체포되자 비밀을 지키기 위해 혀를 깨물고 옥중에서 자결했다. 강진원 의병장은 국권 피탈 후 10여 년간 국내에 잠복하며 비밀결사 운동을 하다가 체포된 최후의 의병장이다.

정부는 1977년 건국훈장 독립장을 추서했다.

가난한 서생에서 나라를 구하기 위해 의병장이 되다

가난에 찌든 생활을 하던 강진원이 의병에 나서게 된 배경은 무엇일까.

그가 의리를 중시한 유생으로서 서당 훈장이었다는 점을 꼽을 수 있다. 당시 친일파를 제외한 한민족은 일제의 침략에 분노하지 않을 수 없었다. 을사늑약 체결 이후 농촌의 지식인들이 앞장서서 일본의 침략을 성토했다. 나아가 이들은 의진을 결성하여 일제에 저항하기 시작했다.

강진원은 농민과 다름없는 가난한 서생이었다. 가정환경도 매우 어려웠다. 하지만 국가와 민족의 위기가 닥치자 일신과 가족의 안위보다는 국가와 민족의 운명을 우선시했다. 1년여 동안 순천을 비롯한 전남 동부지역을 중심으로 반일투쟁을 전개하는 한편, 주민의 생존권을 보호하기 위한 안민적(安民的) 의병의 전형적인 모습을 보여주었다.

의병부대 해산 후 곤경에 처한 강진원은 주민들과 제자들의 보호와 지원을 받으며 10여 년 동안이나 일제의 추적을 피할 수 있었을 것이다. 그리하여 한말 의병장 가운데 가장 늦게 체포된 의병장이 된 것이다.

독립운동가 공훈비(강진원)

비록 이름조차 널리 알려지지 않은 의병장이지만, 마지막 순간까지 칼을 빼 일제에 저항한 강진원의 항일의지와 기개가 얼마나 강렬했는지 짐작할 수 있다.

다행히 강진원 의병장의 활동은 『강진원 의병장 약전』으로 남아 있다. 2018년부터 순천행복시민운동협의회에서는 '독립운동가 의병장 강진원 장군 추모 전시회'를 통해 그를 알리고 있다.

『강진원 의병장 약전』

백운산 정기를 받은 의병과 독립군,
황병학 의병장

백운산이 품은 광양에서 의병 활동과 독립군 활동을 했던 황병학 의병장을 만나러 간다. 다행히 지역에서 그의 활동을 잘 정리해서 알리고 있고, 사우와 비석은 잘 정비해 두었다.

의병에서 독립군으로 구국활동 이어가다

황병학 의병장(오른쪽)과 황순모 의병장(왼쪽) 기념비(광양시 진상면 비촌마을)

산포수 의병부대, 광양 헌병분견소를 농락하다

"나라의 원수를 갚지 못하고 화가 머리끝까지 이르렀으니, 이처럼 얼굴에 상처를 입고 살 바에야 차라리 원수를 갚고 죽는 것이 낫지 않겠는가!"

황병학(1876~1931) 의병장이 1908년 7월 26일 의병을 일으키며 발표한 격문이다. 200여 의병이 모였다. 황병학은 의병장에 추대되고, 5촌 당숙 황순모는 선봉장을 맡았다. 그들 대부분은 산포수들이다. 사냥꾼들이라 지리에 밝고 사격술도 능해 일당백의 전투력이 있다. 이는 일본군과의 전투에서 여러 차례 승리를 거두는 결정적 요인이 된다.

황병학은 광양 진상면 비촌마을에서 태어났다. 어려서부터 서당과 향교에서 한학을 배웠고, 백운산을 오르내리며 사냥을 즐겼다. 1905년 5월부터 의병 봉기를 계획했다가 1907년 정미7조약 체결 이후 의병을 일으켰다.

최초의 전투는 1908년 8월 5일 광양군 진월면 망덕만 전투였다. 황병학은 망덕 포구에 일본 선박 10여 척이 정박해 있다는 정보를 입수하고 사격과 수영에 능한 150여 명을 뽑아 특공대를 편성했다. 80여 명으로 편성된 제1대는 10여 척의 일본 선박을 기습 공격했다. 여러 척의 선박을 침몰시켰을 뿐만 아니라 잠에 취해 있던 일본인 다수를 사살했다. 제2대는 망덕 포구 부근의 일본인 주거지를 습격했다. 10여 채의 일본인 가옥을 불태우고 4명의 일본인을 사살했다. 다수의 무기도 노획했다.

망덕만 전투에서 승리한 황병학 의병부대는 백운산에서 훈련에 전념했다. 1908년 9월 초순경 순천 주둔 헌병분대와 광양 헌병분견소 병력이 합동작전으로 백운산을 공격한다는 정보를 입수했다. 100명의 정예 의병을 특공대로 편성하여 광양 옥곡면 옥곡원 뒷산 골짜기에 매복시킨 뒤, 기습 공격으로 많은 적을 사살하여 퇴각시켰다.

황병학은 왼쪽 허벅지에 관통상을 입었음에도 "적은 지금 당황해하고 있다. 전투 대열을 갖추기 전에 박살내야 한다. 기운 내라"며 의병들을 독려하여 결국 승리를 거두었다.

한 달여 상처를 치료하고 돌아온 황병학 의병장은 1909년 1월 일본군 습격을 계획했다. 일본군이 의병 보급로 차단에 주력하자 광양 헌병분견소 본대를 공격하기로 했다. 백운산 지리에 어두운 일본군을 혼란케 하려

망덕포구(전남 광양시 진월면)

고 공격과 퇴각의 길을 달리했다. 1909년 1월 23일 밤, 50여 명의 특공조가 광양 헌병분견소에 잠입하여 총을 사용하지 않고 일본 헌병을 전원 포박한 다음 10여 정의 총기를 빼앗아 무사히 귀환했다.

이에 일본군은 대대적인 탄압 작전을 전개했다. 황씨 집성촌인 비촌마을 주민에게 온갖 폭력을 일삼고, 마을 전체를 불태워버렸다. 황순모는 가족들의 후환을 걱정하여 귀순했지만 잔혹하게 살해당했다.

황병학은 일제의 탄압을 피해 여천 앞바다의 묘도로 이동했다. 이곳에 잠적해 있다가 일본 군경에 발각되어 100여 명 의병 가운데 절반 이상이 희생됐다. 특히 '남한대토벌작전'으로 타격을 입고 재기 불가능한 상황이 되자 황병학 의병장은 국권 회복의 새로운 방도를 모색했다.

할아버지는 독립운동, 손자는 민주화운동을 하다

대한민국 임시정부가 수립되자 황병학은 고흥에 은거 중이던 기산도와 함께 지방 부호들을 찾아다니며 독립운동 자금을 모집하여 임시정부에 전달했다. 하지만 조직이 탄로 나 국내 활동이 불가능함을 깨닫고 국외 망명을 결심했다. 11월 상하이 대한민국 임시정부 교통 차장으로 활동하던 일강 김철의 도움으로 만주로 망명했다.

그 후 상하이 임시정부와 긴밀한 관계를 유지하며 약 4년 동안 항일

망덕포구(전남 광양시 진월면)

무장투쟁을 전개했다. 1923년 봄 임시정부로부터 군자금을 모집하라는 지령을 받고 국내에 잠입하다 의주에서 일본 헌병대에 체포되었다. 평양 형무소에서 4년여 동안 옥고를 치르고 1927년 출옥하여 귀향했다.

이후에도 조국 광복을 위해 군자금을 모집하여 재차 만주로 망명을 시도했다. 의병 전쟁 중에 입은 총상의 악화, 일경에 당한 고문의 후유증, 그리고 4년여에 걸친 감옥 생활로 건강이 약화되어 1931년 55세의 나이로 순국했다.

정부는 1968년 건국훈장 독립장을 추서했다.

한편 황병학 아들 황길현은 6·25 전쟁 때 학도의용군으로 참전했다. 손자 황호걸은 5·18 민주화운동 희생자다. 황호걸은 어려운 가정형편으로 광주일고 부설 방송통신고에 다녔다. 3학년이던 황호걸은 도청 지하실에서 시신 닦는 일을 했다. 시신을 안치할 관이 부족해지자 화순으로 관을 구하러 가나 주남마을 앞에서 계엄군들의 총격으로 사망했다. 유명한 주남마을 버스 총격 사건 때 희생되었다.

본인은 '독립운동', 아들은 6·25 전쟁 '학도의용군', 손자는 '5·18 유공자',

3대에 걸쳐 독립운동에서 호국운동과 민주화운동으로 이어지는 집안의 내력을 기억하고 계승해야 할 일이다.

한말 유일한 맹인 의병장
백낙구

　남도 한말의병을 찾아다니는 마음은 절실한 그 무엇이다. 다시 '의병정신'을 새겨야 할 의무감으로 다가온다. 이 좋은 가을날, 예전에 근무했던 완도를 떠올린다. 저항의 섬, 항일의 섬 완도에서 여러 축제가 열린다. 무엇보다 바다에서 올라오는 싱싱한 횟감과 전복 그리고 해초류들은 '건강'을 절대신으로 믿는 우리에게 고맙기 그지없다.

　완도 고금도. 유배지로 알려졌다. 이번에 소개하려는 백낙구 의병장은 고금도에 유배를 왔다. 한말 유일한 맹인 의병장 백낙구를 아시는가?

고금도(전남 완도군 고금면)

앞 못 보는 맹인, 의병에 투신하다

"백낙구는 두 눈을 실명하여 전투할 때는 언제나 가마를 타고 일본군을 추격했다. 그리고 패할 때도 가마를 타고 도주하다가 세 번이나 체포되었는데, 결국 총에 맞아 사망했다. 광양 사람들은 백낙구의 발발한 기운을 못 잊어 했다."

_황현, 『매천야록』

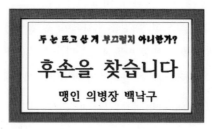

맹인 의병장 백낙구(?~1907)는 전주 출신으로 아전이다. 동학 농민군을 진압하는 초토관이었다. 갑오왜변이 일어나자 관직을 버리고 요동과 심양을 드나들며 국제정세를 살폈다.

눈병에 걸려 시력을 잃고 광양 백운산에 은거했다. 기우만과 최익현이 거병한다는 소식을 듣고 참여하려 했으나, 두 의진이 활동을 그쳐 참여하지 못했다.

백낙구는 1906년 가을 "일흔 나이에도 의병을 일으킨 최익현에 견주면 나의 처지가 더 낫다"며 의병을 일으켰다. 기우만·고광순과 연락하여 함께 거의하기로 했다.

구례의 '중대사'라는 절에 의병 훈련장을 만들고 훈련을 했다. 관제 개편으로 실직한 향리와 가을걷이가 끝난 농민들까지 200여 명 의병으로 의진을 결성했다. 광양 군청을 점령하고 군수를 결박했다. 순천을 점령할 계획도 세웠으나 날이 밝아 포기하고 구례로 돌아오다 체포되었다.

"그대들은 떠나시오. 여기가 내가 죽을 곳이오"

광주로 압송된 백낙구는 의병에 투신한 이유를 다음과 같이 밝혔다.

"슬프다. 오늘날 대한국은 누구의 대한국인가. 과거 을미년에는 일본 공사 미우라가 여러 차례 제 마음대로 군대를 풀어 대궐을 점거하니 만국이 이를 듣고 실색했으며, 팔도가 원수같이 애통해한 이래 12년이 흘렀다. 이제 이토 히로부미가 더욱 모욕을 가하여 군대를 끌고 서울에 들어와 상하를 능멸하고서 자칭 '통감'이라 한다. 이에 백낙구는 스스로의 힘을 헤아리지 않고, 동지를 불러 모으고, 의병을 모집하여, 힘껏 일본인 관리를 공격하여 국경 밖으로 내쫓고, 또한 이토 히로부미를 사로잡아 의병장 최익현 등을 돌려받고자 하다가 시운이 불리하여 전투에 나서기도 전에 체포되었으니, 패한 장수가 감히 살기를 바라겠는가."

-《대한매일신보》1906.12.7

그는 15년 형을 선고받고 1907년 5월 완도군 고금도에 유배되었다. 12월에 순종의 특사로 풀려난 뒤 전주의병에 합류하여 전북 태인에서 일본 군과 전투를 벌였다. 형세가 불리해져 의병들이 백낙구를 피신시키려 하자 "그대들은 빨리 떠나시오. 여기가 바로 내가 죽을 곳이오"라며 앞으로 뛰어나갔다. 스스로 "백낙구가 여기 있다"라고 외치며 장렬히 순국했다. 그의 죽음은 호남 의병이 구름처럼 일어나는 계기가 되었다.

정부는 1991년 건국훈장 애국장을 추서했다. 그러나 훈장을 받을 후손이 없어 전달하지 못하고 있다. 안타까운 일은 여전하다.

의병의 삶과 정신은 이어져야 한다

"나 여기 있다."

가슴 절절히 그 메아리가 가슴을 후빈다. 보이지 않기에 무서움이 없

216

백운산(전남 광양시 봉강면)

어서일까. 누구나 죽음 앞에서는 두렵고 무섭다. 그럼에도 나라를 지키고자 도망가지 않고 기꺼이 죽음을 택한 백낙구 의병장.

우리는 그를 기억하지 않았고, 또 못했다. 그는 한때 동학 농민군을 진압했던 말단 관리 역할을 했다. 그러나 국운이 기울자 스스로 항일의병에 가담했고. 신체적 조건이 좋지 않음에도 전남북을 넘나들며 의진을 세우고 항일운동을 전개했다.

교통 여건이 좋아진 지금도 고창에서 광양까지 오가는 길은 험난하다. 당시는 주로 산과 강으로 이동했다. 광양의 산은 의병들을 안아준 항일운동 격전지였다.

단풍이 예쁘게 물들어가는 지리산과 백운산의 낙엽은 의병장들의 정신과 마음을 담아 붉게 빛난다. 가을 산을 오를 때 의병들의 삶을 기억하자.

안타깝게도 백낙구 의병장의 후손을 찾을 수 없어 아직도 훈장을 전달하지 못하고 있다. 그런 사실을 전혀 몰랐기에 미안하고 미안할 따름이다. 의병장 후손으로 살기 힘들어 숨었거나 절손되었을지도 모른다. 후손들이여, 이제 당당하게 나서라. 그리고 마음껏 해원하시고 함께 하면 좋겠다.

맹인 의병장 백낙구. 이름 없이 죽어간 어둠 속의 '별'을 가슴에 새기자.

7부

보성, 고흥, 여수

'내 나라는 내가 지킨다'
보성 한말의병들

임진의병부터 한말의병까지 치열하게 의병 활동을 전개했던 보성.

보성은 임진전쟁 초기 전라좌의병이 창의한 곳이며, 이순신과 함께 해상의병 중심지로 평가되는 남도의병의 성지라 할 수 있다. 임진전쟁부터 정유전쟁에, 한말에서 광복에 이르기까지 아들과 손자들이 대를 이어 의병활동을 펼치기도 했다.

보성의병사 시리즈

『보성의병사』에 의하면 보성의병은 777명이 밝혀졌고, 어느 지역보다 의병 활동이 활발하게 전개되던 곳이다. 그리고 보성의 지자체와 지역민이 힘을 모아 '보성독립의병관'을 세우고 의병의 삶과 정신을 기리고 있다.

한말 창의 의병대장 이백래

이백래(이윤선, 1862-1909)는 보성군 겸백면 수남리에서 출생한 의병장이자 항일독립운동가다. 1907년 능주에서 양회일, 안찬재, 임창모(임낙균) 등과 의병을 일으켜 활동하다 체포되어 유배 후 풀려났다.

1908년에 임창모, 심남일 등과 창의 거병하여 보성, 장흥, 강진, 고흥 등지에서 일본군과 전투했다. 장평면 우산 병동마을 전투에서 소총 7정

성재 이백래 선생 추모비
(전남 보성군 보성읍)

과 탄약 700발을 노획하고 일본군 7명을
사살했다.

호남 전역의 유격전장화로 일본군 섬멸
을 위해 창의소 본진 외에 팔로군 의병소를
신설하고 양회일은 도대장으로, 본인은 맹
주에 추대되어 동학의 잔존 의군과 농민 등
900여 의군으로 항전했다.

1909년 군자금 조달차 보성읍 대야리 모
령마을 자택에 갔다가 마을 동장의 밀고로
장동 배산에 주둔하던 일본 헌병기동대에
붙잡혔다.

이옥래 의병장의 구출 작전 교전 중 일본군의 흉탄에 순절하고 말았
다. 향년 48세였다. 1908-1909년대에 호남지역에서 전설처럼 활동했던 창
의 의병 대장이었다.

1993년, 그의 공훈을 기려 건국훈장 애국장을 추서했다. 2003년 9월 8
일 보성읍 옥암리 228번지에 추모비를 세웠다.

안규홍 의진에서 일본군과 항전한 손덕오

손덕오(1867~1910) 의병장은 전남 보성 사람이다. 1908년 2월경 안규홍
의병장 휘하에서 도포장·좌우포장·좌우익장이 되어 보성·순천·동복·장흥
등지에서 일본군과 항전을 벌였다. 1909년 9월 4일에도 동료 의병 30여
명과 순천 낙서면 상고리로 가서 양민으로부터 재물을 탈취하던 일진회원
이용서를 체포, 참살하는 등의 활동을 벌였다. 같은 해 10월 1일 광주경
찰서에 검거된 후 1910년 3월 29일 광주지방재판소에서 교수형을 언도받
고 공소했으나 6월 2일 대구공소원에서 기각되어 순국했다.

친일파와 밀정을 단죄한 염인서

염인서(염재보,1863-1910) 의병장은 전남 보성 사람이다. 1908년 2월경 안규홍 의병장이 거의할 때 좌우포장·좌우익장으로 보성·순천·동복·장흥 등지를 돌며 일본군과 교전했다. 같은 해 5월 초 일진회원으로 일제의 밀정 노릇을 하던 염영화를 총살했다. 1909년 3월 6일에는 양민의 재물을 강탈하던 일진회원 박봉조를 주살했고, 9월 4일에도 양민의 재물을 탈취하던 이용서를 참살하는 등, 주로 민간에 폐해를 입힌 일제 앞잡이 단죄에 주력했다.

1909년 9월 18일 검거되어 1910년 3월 29일 광주지방재판소의 교수형 언도에 공소했으나 6월 2일 대구공소원에서 항고가 기각되어 순국했다.

군자금 모금 활동 전개한 임하중

임하중(1871~1910) 의병장은 전남 보성 사람이다. 1908년 2월 보성에서 거의한 안규홍 의병장 휘하에서 도십장으로 참가했다가 운량관이 되어 8월경 보성·장흥·동복·순천 등지에서 일군과 교전을 벌였다. 1909년 3월 6일에는 일진회원 박봉조를 주살했다. 6월 13일에는 안규홍 의병진의 선봉장 임창모와 함께 군자금을 모금했고, 6월 30일에도 최태경에게 군자금을 요구했으나 불응하자 즉시 사살했다.

일제의 남한대토벌작전 기간인 1909년 9월 18일 보성에서 검거되어 1910년 3월 30일 광주지방재판소에서 교수형이 언도되고, 6월 9일 대구공소원에서, 6월 27일에는 고등법원에서 항고가 기각되어 순국했다.

선봉장과 독립의병장 활동한 장인초

장인초(1877~1910) 의병장은 1909년 2월 보성·순천 등지에서 활약하던 안규홍 의병장 휘하에 들어가 선봉장으로 같은 해 3월까지 보성·장흥·강진 등지를 전전하며 항전했다. 3월 중에는 염인서·염문명·임하중 등과 보성군 봉동에 살며 양민으로부터 금품을 약취하던 박봉조를 응징했다.

1909년 7월에는 나주·강진 일대에서 활약하던 심남일 의병장 휘하로 옮겨가 역시 선봉장으로서 장흥·강진·보성 등지를 무대로 항전을 계속했다. 1909년 말 독립의병장으로 활동하다 체포되어 1910년 6월 28일 광주지방재판소에서 교수형을 언도받고, 같은 해 9월 30일 대구공소원에서 항고가 기각되어 순국했다.

일진회와 친일파를 척결한 정기찬

정기찬(1880~1910) 의병장은 전남 보성 사람이다. 1908년 2월경 안규홍 의병장이 보성에서 거의하자 참여하여 포군 십장·기군장이 되었다. 보성·순천·동복·장흥 등지를 전전하며 일군과 항전했다. 5월에는 의병을 밀고 하던 보성군 봉덕면 법화촌 거주 일진회원 염영화를 총살했다.

1909년 4월에도 전남 순천군 낙서면 상고리의 일진회원 이용서를 잡아 참살하는 등, 친일 주구 무리를 처단했다. 1909년 9월 19일 광주경찰서에 붙잡혀 1910년 3월 29일 광주재판소에서 교수형을 언도했고, 6월 2일 대구공소원에서 항고가 기각되어 순국했다.

'보성 가서 주먹 자랑하지 마라'

'보성 가서 주먹 자랑하지 마라.'는 말이 회자되었다. 사실 이 말은 일제강점기 일본에 치열하고 끈질기게 저항한 보성 사람들의 용기와 패기에 붙여진 말이다. 이미 소개한 담살이 안규홍 의병장이 주먹으로 일본군을 때려눕힌 사건에서 연유했다는 것이 정설이다. 벌교에 가면 안규홍 의병장을 기리는 기념물이 조성되어 있다.

의병은 나라가 어려울 때마다 외세의 침략을 막아내고자 자발적으로 일으킨 저항조직이다. 보성군은 '독립의병기념관'을 건립하여 보성 출신 의병들을 기리고 있다.

보성의병 기념관(전남 보성군 노동면)

'항일 독립 로드'길 테마로 보성 출신 의병장과 항일 독립 애국지사들의 흔적과 유적지를 답사하며 의로움과 당당함을 느낄 수 있게 한다. 타지자체의 모범 사례로 추천하며 박수를 보낸다. 이들 지역에서 민족정기를 바로 세우고자 기념 시설을 갖추고 청소년들에게 감정이입적 역사교육을 하는 것은 매우 가치 있는 일이다. 꾸준히 관리하고 지속적으로 진행할 수 있도록 인적·재정적 지원이 필요하다.

거지 행세로 항일의식을 지킨
기산도 의병장

기후위기의 시대. 생태와 환경의 중요성을 말한다. 그런데 기후위기만큼이나 한반도를 둘러싼 정세는 불안하다. 정신 바짝 차리고 냉정하게 국제정세를 살필 일이다.

이번에는 을사오적을 처단하기 위한 자객으로 활동하다 체포되어 고초를 겪고, 이후 국내는 물론 만주, 미국까지 항일독립운동을 했던 기산도 의병장을 만나보자.

'유리개걸지사'. 스스로 거지 선비라 하며 죽을 때까지 신념을 지킨 기산도 의병장의 삶을 따라가 본다.

을사오적 이근택 처단을 시도하다

기산도 의병장

1906년 2월 16일, 군부대신 이근택이 퇴궐하여 6인의 방문객들과 담화하다 11시경 잠자리에 들었다. 이때 자객 세 사람이 뛰어 들어와 이근택을 붙잡고 마구 찔렀다. 이근택은 10여 군데 중상을 입었다. 소란한 소리에 이근택의 집을 지키던 병사 6인과 경위원 순검 4인이 달려왔다. 이근택의 방에 장치해 둔 설렁줄

소리를 듣고 일제 헌병과 경찰도 뛰어왔다. 자객들은 담장에 줄사다리를 놓고 도망한 뒤였다. 하지만 이근택의 집에 떨어뜨린 가발이 단서가 되어 그와 이상철이 체포되었다. 그가 심문받을 때 동지가 800여 명이 된다고 하자 매국노들은 일본헌병까지 끌어들여 집과 신변을 경계했다고 한다. 기산도는 2년 6개월 형을 받았다. 재판관이 이완용의 형 이윤용이다.

"개 같은 너희에게 어찌 자백하랴"

기산도는 전남 장성군 황룡면에서 태어났다. 호남창의회맹소 대장 기삼연이 그의 종조부이며 의병장 고광순이 그의 장인이다. 아버지 기재 또한 기삼연과 함께 기우만이 의병을 일으킬 때 참여했다. 순종의 특사로 1907년 말 석방된 그는 의병에 투신한다. 자신에게 영향을 많이 끼친 종조부 기삼연이 1908년 2월 2일 설날 체포되어 순국했기 때문이다.

일본이 만든 『폭도편책』에는 이렇게 기록되어 있다. "본월(2월) 17일자로 장성 주재 순사로부터 다음과 같은 보고가 있었다. 즉, 당군(장성군) 서삼면 송계리에 거주하는 기모는 그의 아들 기산도와 같이 기삼연의 사체를 장사지내고, 또 기삼연의 뒤를 계승하여 거사하려고 계획하고 있다. 시기상조라 지금은 삼가고 있으나 기산도는 목하 준비 중이라 한다. 그래서 당소는 곧 밀정을 파견하여 그의 거처와 사실의 진상을 정탐 중이다."

기산도는 의병을 일으켜 일진회원 및 함평 군수에게 격문을 보내는 등, 함평 읍내를 습격할 계획이었던 것으로 보인다. 그는 독립운동을 위해 연해주로 건너갔다.

미국 샌프란시스코에서 조직된 대한인국민회 기관지 《신한민보》(1909.2.17)에 보면, 국민회 해삼위(연해주) 지부 회원으로 기산도가 등장한다. 안중근도 이 단체의 회원이다. 기산도는 안중근 의거 전에 블라디보스토크로 망명하여 안중근과 왕래했다. 일본 측의 보고서는 기산도가 1908~1909년 연해주 일대에서 활동하고 있었음을 보여준다.

기산도 의사 추모비(고흥군 도화면 당오리)

그는 일제의 감시를 피해 1916년 고흥군 도화면 당오리 친척 집에서 은거했다. 낮에는 머슴살이를 하면서 밤에는 사랑에 서재를 차리고 젊은이들에게 글을 가르치며 항일의식을 고취했다.

기산도는 1919년 고종 황제가 승하하자 서울로 올라가 3·1운동에 적극 참여했다. 대한민국 임시정부 수립 후에는 광양의 황병학과 함께 비밀자금을 모집하여 송금하는 일을 했다. 기산도는 전라남북도 일대에서 적극적인 모금 활동을 벌였으나, 8월 초 일제에 발각되면서 활동을 중단했다. 곧 경찰에 체포되고 광주로 이송되어 혹독한 고문을 당했다. 고문으로 짓무른 정강이에 구더기가 우글거릴 정도였다고 한다.

그러나 기산도는 "개 같은 너희에게 어찌 자백하랴"면서 혀를 깨물어 버렸다. 형을 마치고 출옥했으나 말도 제대로 할 수 없었고 한쪽 다리를 못 쓰는 반신불수가 되었다. 그는 고향으로 돌아가지 않고 이리저리 방랑하다 1928년 12월 장흥에서 숨을 거두었다.

그는 '유리개걸지사 기산도지묘(流離丐乞之士 奇山度之墓)'란 묘비를 세워 달라는 유언을 남긴다. '유리개걸지사'는 '정처 없이 떠돌아다니는 거지 선비'라는 뜻이다.

정부는 1963년 건국훈장 독립장을 추서했다. 고흥 도화면에는 '기산도

유리개걸지사 비(고흥군 도화면 당오리)

의사 추모비'와 '유리개걸지사' 표석이 세워져 있다.

정처 없이 거지처럼 떠돌아다니다

정처 없이 떠돌아다닌 거지 선비 기산도.

기산도 의병장의 삶은 아프고 아리다. 말을 못 하고 반신불수가 되어 거지로 정처 없이 떠돌아다니다 멀리 남쪽 끝 고흥반도에서 죽음을 맞이했다. 고흥을 찾아가는 길은 유난히 더웠다. 숨이 턱턱 막히고 갈증이 심했다.

동행하던 지인들에게 갑자기 욱하며 말했다. "도대체 어떻게 이럴 수가 있는가?"라고. 그저 미안하고 죄송하다.

그가 지키려 했던 조국은 그를 기억하고 있는가? 역사를 가르쳐온 역사교사인 나는 역사교사로서 제대로 말하고 있는가? 고개가 숙여진다.

토착왜구들이 다시 득세하고 있다. 미해결의 한일관계를 돈으로 해결하려는 위정자들이 있다. 용서할 수 없다.

다시 옷깃을 여민다. 정처 없이 떠돌아다닐 의병과 항일애국지사들의 넋들을 위로하고, 제대로 된 역사를 정립하고 민족정기를 바로 세울 때다.

서울진공작전에 빛나는
고흥 이병채 의병장

임진전쟁에서 많은 의병이 조선을 지키기 위해 나선 남도는 어느 지역에나 의병들이 있다. 임진전쟁 당시 오관오포(五官五浦)의 1관 4포가 자리 잡고 있는 고흥반도는 가장 많은 의병을 배출한 고을이다.

흥양이라 불렀고, 지금은 '홍이 높은' 지역 고흥(高興)의 한말의병장이자 애국지사인 백남 이병채 선생을 만나러 간다. 그를 아는 사람은 거의 없다. 최근에야 고흥군에서 의병들을 발굴 정리하며 주목받기 시작했다.

허위와 함께 서울진공작전에 참가하다

"선생은 1905년 을사보호조약이 체결되자 의병을 일으켜 철원 연천 포천 등지에서 일본군과 격전을 거듭하여 위명을 떨치셨으며, 1919년 3·1운동 참가 후 만주로 망명하시어 대한 혁명 사관학교 설치에 가담하셨으며, 고려광복회 참모관을 역임하시는 등 항일독립운동을 계속하시다가 1940년 미상 일에 만주에서 영면하시다."

고흥군 과역면에 있는 이병채(1875~1840) 의병장의 묘비 뒷면에 새긴 글이다.

백남 이병채는 1875년 고흥군 과역면 백일리 산342번지에서 태어났

다. 1895년 명성황후시해사건이 벌어지고 단
발령이 내려지자 허위 의진에 참여했다. 1896
년 허위가 서울로 올라가자 경기도에서 의병을
일으킨 민용호 의병부대에 가담, 관동지방으로
진출하여 의병활동을 전개했다.

이병채 의병장 기적비
(전남 고흥군 과역면)

그는 왕산 허위의 의병부대에 가담하여 서
울 진공작전에 참여했다. 하지만 1910년에 나
라가 망하자 귀향하여 낙안 유생들과 배일상소
운동을 전개했다.

1913년에는 임병찬이 조직한 독립의군부의
'전북 순무중군'이라는 칙명을 받았다.

3·1운동이 일어나자 현재의 순천 낙안면에 내려와 도란사라는 비밀결
사를 조직하여 벌교 장날 만세시위를 배후 지도한 핵심인물이었다.

그 후 사정이 여의치 않아 만주로 망명하여 1923년 4월 연해주에서 조
선독립단 군정서 회의가 개최되었을 때 이병채는 김좌진·홍범도 등과 함
께 장차 국내로 진입하여 독립전쟁을 전개할 작전계획을 추진하기로 결의
했다. 이 결의는 1931년 만주사변이 일어날 때까지 만주에서의 독립운동
노선에 크게 영향을 끼쳤다.

이후 간도를 중심으로 한 항일무장투쟁에 참여하고 1929년 돌아가셨다.

정부는 1977년 건국훈장 독립장을 추서했다.

이병채 의병장과 관련된 다른 이야기

이병채 의병은 제대로 연구되어 있지 않다. 강원도 지역에서 활동한 이
병채 의병장도 있어 동일 인물인지 여부가 분명하지 않다. 국가보훈처는
강원도에서 고흥 출신 이병채와 강원도에서 활동한 이병채를 같은 인물로
보고 공훈록을 작성했다. 공훈록을 토대로 한 의병 활동은 다음과 같다.

처음에 고흥에서 의병운동을 했으나 허위가 일을 위하여 서울로 올라가자, 이병채는 경기도 지방에서 일어난 민용호 부대를 따라 관동지방으로 진출하여 강릉을 중심으로 관동의병의 중추적 역할을 했다.

민용호의 창의에 자극을 받은 이병채는 관동 9군도창의소에서 활동했다. 이들은 서로의 병력과 지혜를 모아 일본인이 많이 살았던 원산항 진격 작전을 전개했다. 의병들에게는 꼭 공격해야 할 대상이었다. 그러나 오히려 경군(京軍)의 집요한 공격을 받게 되었다.

권인규가 이병채에게 보낸 글을 통해 당시 의병의 어려움을 짐작할 수 있다.

> "…북진(北陣)의 첩보를 밤낮으로 바라고 있었는데 마침내 실패했다는 기별을 들으니 하늘이 의사를 돕지 아니하여 그런 것인가 … 민 장군과 더불어 입에 피를 바르고 맹세하며 눈물을 삼키고 죽음을 무릅쓰고 의병을 일으켜, 진을 관동에 머물고 총·포를 모집하여 인재를 맞이하여 격문을 남으로 띄우자 영남이 그 약속을 받았고, 의기가 북으로 향하자 관북이 따라 호응하니 장차 강산을 깨끗이 맑히고 왕실을 부흥할 기본이 이미 확립된 것입니다. … 불가불 넉넉한 집에서 거두어들여야 하겠는데, 재물을 절약하는 방법은 우선 새어나가는 폐단을 막는 것이니, 공 없는 자에게 함부로 베푸는 것은 1푼 1호라도 허락해서는 안 됩니다."

이처럼 관동지방 의진의 가장 고통스러운 일은 군량·군자금 및 무기 공급 문제였다. 동시에 민심을 잃지 않아야 했다.

을사늑약이 체결되자 이병채는 서울 남산골에서 왜군과 싸우고자 의병 1천여 명을 모집하여 전투태세를 갖추었으나 당국의 권유로 자진 해산하고 말았다. 독립의군부에서 활동하다 만주로 망명했고, 만주에서 활동하다 순국했다.

백남 이병채 의병장 묘(전남 고흥군 과역면)

남도민주평화길의 자료개발과 체험학습으로 부활하다

도교육청 지역사 자료집 발간을 위해 남도민주평화길을 진행해왔다. 그 활동에 기획과 안내 및 설명을 맡아 남도 전 지역을 답사하고 체험할 수 있었다.

고흥의 한말의병을 찾아가는 길에 자료개발을 같이 하는 후배 교사와 동행했다. 미처 알려지지 않은 많고 많은 의병을 발굴하고 정리하고 세상에 알리는 일은 힘들고 어렵지만 보람차다.

나라를 지키기 위해 목숨 바친 의병장들의 영혼은 얼마나 비통했을까. 그런 소감을 말한다.

그래서 더욱 사명감이 느껴지고 어깨가 무거워진다. 그들의 자료가 쉽게 읽힐 수 있도록 재구성하여 알리는 일을 게을리해서는 안 될 것이다. 스스로 다짐하여 한명 한명 찾아 세상 앞에 소개하고 있다.

김좌진과 홍범도는 잘 안다. 교과서에 나오는 인물들이기에, 또 영화로 제작되어 대다수 국민은 알고 있다. 응당 그래야 한다. 그런데 그들과 같이 한 이병채 의병장을 아는 사람은 없다. 교과서에서도, 영화에서도 제대로 언급되지 않기 때문이다. 최근 〈북계잡록〉이라는 이병채 의병장의 기록이 발굴되었다고 한다.

"불굴의 항일운동을 상징하는 항일구국운동 자료를 보존하고, 항일운동 관련자와 학술연구자들에게 항일운동 규명을 위해 학술자료를 제공하겠다." 지역에서 관련 자료를 수집하고 정리하는 일을 추진하는 노력을 높게 칭찬해 주고 싶다.

백남 이병채 의병장이자 애국지사. 김좌진과 홍범도와 같이 활동했던 남도인의 의로움과 당당함을 실천했던 인물을 세상에 알린다.

8부

광주

이름으로 살아난
양진여·양상기 부자 의병장

　남도 의병장을 알리려고 노력해 왔지만 아직도 알려지지 않은 의병들이 많거니와, '남도' 지역으로 제한하다 보니 현재 광주지역 의병장들이 누락되었다. 그러나 행정구역이 광주와 전남으로 분리되어 두 곳이 다른 지역으로 받아들여지는 실정이다. 뿌리와 정체성이 같은 광주와 전남은 역사와 문화를 공유하고 있음에도 함께하지 못하는 상황이 전개되고 있다.

　가능한 구분하지 않고 전라도 또는 남도라는 역사개념으로 같이 이해하려 해야 한다는 점을 강조한다.

　광주에서 남악으로 매일 출퇴근하는 나는 우리 지역의 도로명을 알고 설명하려고 한다. 혹시 '서암대로'와 '설죽로'를 아는가? 오늘은 그 도로의 주인공인 의병장을 만나 보자.

양진여 의병장(왼쪽)과 양상기 의병장(오른쪽 사진의 가운데)

삼각산에서 의병을 일으키다

"내 한 목숨 아깝지 않으나 뜻을 이루지 못하고 죽는 것이 유감이다."

"귀순할 뜻은 추호도 없으며 다만 죽음이 있을 뿐이다. 내가 살아날 수 있다면 다시 의병을 일으켜 일제 침략자와 싸울 것이다."

서암 양진여(1860~1910) 의병장과 아들 설죽 양상기(1883~1910) 의병장이 순국하며 남긴 말이다. 양진여는 광주 중흥동에서 태어났다. 유생이지만 주막을 경영하며 의병을 일으킬 준비를 했다.

그는 1908년 7월 광주광역시 북구 삼각산 죽청봉에서 30명을 모아 의병을 일으켜 광주, 담양, 창평 일대에서 활동했다. 대장으로 추대되어 "일본인 관리를 살육하고 각지에 침입하고 있는 일인들을 물리쳐 독립국으로 복귀하자"고 선언했다. 거병 초기 일본인 우편집배원을 살해한 후, 일본군 토벌대의 토벌목표가 되어 일본군과 치열한 전투를 벌였다. 단독 또는 전해산 부대와 연합작전을 통해 일본군과 싸웠다. 광주 송정리·담양 대치 전투에서 큰 승리를 거두었다. 추월산 전투에서는 일본군의 기습으로 의병 15명이 전사했다.

1909년 8월 양진여는 장성으로 피신했지만 친일파의 밀고로 체포되었다. 광주지방재판소에서 교수형을 선고받고 대구공소원에 항소했지만 기각되었다. 1910년 5월 30일 아들 양상기보다 두 달 앞서 대구감옥에서 순국했다.

광주경찰서 순사가 의병장이 되다

설죽 양상기는 양진여 의병장의 아들이다. 1907년 광주경찰서 순사가 되었지만, 의병들과 연결되어 있음이 알려져 곧 파면되었다. 1908년 5월 광주에서 국권 회복을 목표로 80명을 모아 의병을 일으킨 후, 군자금 모

양진여 의병장(위)과 양상기 의병장 묘(광주시 서구 매월동)

금·밀고자와 일진회원 처단·헌병분견소 방화 등의 활동을 했다. 1908년 11월에는 아버지 양진여와 연합작전을 벌여 광주수비대를 격파했다. 1909년 4월과 5월 화순 동복 서촌과 담양 덕곡리 전투에서 큰 피해를 입었다. 덕곡리에서는 23명이 전사했다. 양상기 부대가 크게 패한 것은 무기의 열세와 친일파의 밀고에 의한 기습 때문이다.

양상기는 덕곡리 전투 이후 부대를 해산하고 남원으로 피신했다. 이때 양상기는 남한폭도대토벌작전의 포위망을 뚫고 미국으로 망명할 계획을 세웠으나 망명 전에 체포되었다. 그는 취조 과정에서 "일제는 한국을 탈취하려 하고 있다. 따라서 일본인을 한 사람도 남김없이 한국에서 추방하는 것이 나의 목적이다."라고 했다.

광주지방재판소에서 교수형을 선고받고 대구공소원에 항소했지만 받아들여지지 않고 아버지 양진여보다 두 달 후인 1910년 8월 1일 대구 감옥에서 교수형이 집행되었다.

정부는 1977년 양진여에게 건국훈장 독립장을, 1990년 양상기에게 건국훈장 애국장을 추서했다.

양진여와 양상기는 순국한 지 약 80여 년 후 광주 북구 '신안다리'에서 다시 만났다. 양진여 의병장을 기리는 '서암대로'는 동운고가 교차로에서 신안교, 전남대학교 사거리를 지나 서방사거리를 잇는 도로다. 양상기 의병장을 기리는 도로 '설죽로'는 신안교에서 용봉지구를 지나 일곡동까지 이어진다.

양상기 의병장의 무덤은 가묘

1910년 5월 30일 양진여 의병장이 대구감옥에서 순국하자 사위 정병모가 시신을 수습했다. 정병모는 대구에서 부산까지는 기차로, 부산에서 목포까지는 배로, 다시 광주까지는 영산강 수로를 통해 시신을 옮겨와 광주 서구 매월동 백마산 기슭에 안장했다.

아들 양상기의 무덤은 가묘다. 1910년 8월 1일 양상기가 교수형에 처해지자 그의 매부 정병모가 다시 대구까지 갔지만 여름철이라 부패하여 시신을 수습할 수 없었다. 그래서 대신 주변의 흙 한 줌을 가져왔다. 그의 무덤이 시신 없는 가묘인 까닭이다. 그의 묘는 양진여 의병장 묘 바로 아래 있다.

가족들이 당한 고초 또한 가슴을 무겁게 한다. 양진여의 부인과 둘째 아들은 일본 헌병대에 끌려가 갖은 고초를 겪었다. 둘째 아들은 고문 후유증으로 26세에 숨졌다. 부인은 고문 후유증으로 반신불수가 되어 광복을 6개월 앞둔 1945년 2월에 세상을 떠났다. 동생 양동골(양서영)도 의병 활동을 하다가 3년형을 선고받았다. 양동골은 1990년 건국훈장 애족장을 추서받았다. 양진여·양상기 의병장 묘소 입구에는 '부자 의병장 묘'라는 표지석이 세워져 있다.

부자 의병장 묘 앞에서 다시 옷깃을 여미다

매월동 백마산은 몸살을 앓고 있다. 광주에서 나주 남평으로 이어지는 회재로는 가장 통행량이 많은 도로가 되었다. 양진여·양상기 의병장 묘 앞 도로가 바로 그 도로다. 도로가에 세워진 비석은 눈에 띄지 않아 지나치게 되고, 또 그렇게 잊히고 있다. 주변에 주차장 시설이 없으니 정

순국 부자 의병장 양진여·상기 묘소 입구(광주 서구 매월동)

차해서 비석과 묘를 제대로 살피기도 힘들다.

같이 답사한 지인에게 주차장 건설을 요구하는 민원을 제기하라고 했다. 얼마 전부터 공사를 시작하기에 그 민원이 해결되었나 싶었다. 그런데 웬일인가. 주차장이 아니라 주유소가 들어섰다. 끊임없는 인간들의 욕심에 부자 의병장의 묘가 다시 가려지지 않을까 싶어 심란하다.

다시 부자 의병장의 묘를 찾는다. 다행히 묘는 벌초가 잘 되어 있고, 제대로 관리되어 있다. 몇 년 전 묘 옆에 천막을 치고 묘를 관리하는 후손이 계셨다. 앞으로 제대로 관리를 못 하니 국립 현충원으로 이장하면 좋겠다고 했다. 그런데 양상기의 무덤은 가묘여서 현충원 이장은 어렵다고 했다. 아들 무덤이 이장하기 힘들어 아버지 양진여의 무덤도 같이 있다고 한다. 그런데 지금은 그 후손이 보이지 않는다.

이 시대를 살아가는 우리는 무엇을 해야 할까? 항일 의병운동을 하다 부자가 순국하고 가족들까지 고조를 겪어야 했던 가슴 아픈 이야기는 얼마나 안타까운가. 그런데 날마다 수많은 차량들이 지나다니는 길목임에도 부자 의병장을 기억하는 사람은 없다. 참배하기 위해 차량을 주차할 공간도 없다.

그사이 개발과 돈벌이에 급급한 후세 사람들은 역사 지우기에 합류하고 있다. 몰라서 그랬고, 알려주지 않아 그랬고, 또 민족정기가 무너지니 무엇이 중요한지 몰라서 오히려 항변한다. 언제까지 아픈 과거에서 벗어나지 못하고 징징거릴 거냐고 말이다.

다시 옷깃을 여민다. 민족정기를 바로 세우는 일에 의병처럼 일어서야 한다. 의병들을 기억하고 알리고 그 정신을 계승하며 불꽃처럼 살아가야겠다.

호남을 호령한 무등산
김원국·김원범 형제 의병장

남도의 상징 무등산에서 일본군의 살상에 온몸으로 저항한 후기의병들을 만나러 간다. 무등산 자락에 자리잡은 무동촌. 밀정에 의해 발각되어 설날 아침에 전투가 벌어진다. 인원과 무기가 열악한 상황에서도 큰 전과를 올린다. 이미 소개했던 김태원 의병장을 도와 함께했던 김원국과 원범 형제 의병장이다.

무등산에서 형제가 함께 의병을 일으키다

"우리는 오로지 창궐하는 왜놈들을 토벌하려는 것입니다. 우리는 왜놈이 들어와서 우리 백성을 괴롭히고 도성을 점거하는 것을 직접 눈으로 보고 있습니다. 바라건대 뜻 있는 선비들께서는 한마음이 되어 외치고 일어납시다. 그러시면 기어이 전쟁에 이기고 성공할 것으로 믿어 의심하지 않습니다. 그리하여 나라의 원한을 풀어 봅시다. 그리고 국도를 회복합시다. 살아서는 이 나라의 신하요 죽어서는 이 나라의 귀신이 되는 것이 아닙니까. 어찌 태연히 앉아서 저들에게 곤욕을 당하고만 있을 것입니까."

1909년 2월 김원국(1873~1910) 의병장이 나주 향교 유림들에게 보낸 격문이다. 왜 의병을 일으켜야 하는지를 명확하게 보여주는 내용이다.

김원국·김원범 형제 의병장

김원국은 본명이 김창섭으로, 광주에서 태어났다. 1905년 9월 광주 송정리에서 일본군을 죽이고 피신했다. 을사늑약이 체결되자 울분을 참지 못한 그는 1906년 3월 무등산에서 300명 의병을 규합하여 의병대장으로 추대되었다. 동생 김원범(1886~1909)은 선봉장을 맡았다.

1907년 기삼연을 중심으로 호남창의회맹소가 조직되자 합류하여 김태원 의병장 휘하에서 일본군을 여러 차례 격파하는 전과를 올렸다. 1908년 2월 2일의 창평 무동촌 전투를 비롯하여 영광·어등산·장성 낭월산에서 승리를 거두었다. 김태원 의병장 순국 이후에는 조경환 의병장 휘하에서 활동했다. 조경환 의병장 순국 이후에는 잔여 의병을 수습하여 함평군 적량면·여황면·오산면을 근거지로 활동했다. 나주 향교 유림들에게 격문을 보내어 의병을 일으킨 뜻을 알렸다.

1909년 3월 김원국은 부하 80명과 함께 나주시장에서, 4월에는 함평군 오산면에서 일본군 헌병부대와 교전했다. 불갑산 전투에서 부상을 입고 요양하다 1909년 6월 10일 밤 체포되었다. 이듬해 대구감옥에서 순국했다.

김원범, 형의 길을 따라가다

동생 김원범 의병장은 1906년 3월, 형과 함께 광주 무등산에서 300여명을 규합하여 의병을 일으켜 선봉장이 되었다. 김태원 의병부대에 가담하여 담양 무동촌 전투를 비롯하여 장성 토천 전투에서 일본군 30명을 사살하는 전과를 올렸다.

김태원 의병장 순국 후 오성술, 전해산, 조경환 등 부장들이 각자 독립 의병을 구축하자 전해산 휘하에서 중군장이 되었다. 또한 조경환 의병장 휘하에서 형 김원국과 함께 전남 나주, 함평, 광주 어등산 일대에서 일본

김원국·김원범 형제의 무동촌 전적비(전남 담양군 가사문학면)

군과 교전했다.

1908년 9월에는 영광군 황량면에 살던 악명 높은 밀정 변영서를 처단했다. 이는 전해산 의병장의 명에 따른 것으로 각 의병 부대 간의 유기적 연대가 있었기에 가능한 일이었다.

1909년 1월 어등산에서 조경환 의병장이 순국하자, 다시 전해산 의병장 휘하로 들어와 대동창의단을 조직했다. 전해산을 대장으로 추대하고, 김원범은 중군장을 맡았다. 선봉장 정원집이 전사한 뒤에는 선봉장으로 활동했다. 1909년 2월 무등산에서 일본군과 전투 중 체포되었다. 광주수비대에서 취조를 받다가 1909년 9월 2일 혀를 깨물어 순국했다. 그의 나이 23세였다.

정부는 1963년 김원국, 1968년 김원범에게 각각 건국훈장 독립장을 추서했다.

호남을 호령한 형제 의병장은 빛나는 별이 되다

늘 이야기해 왔지만, 교과서에 나오지 않으니 가르치지 않고 가르치지 않으니 모른다. 현재의 역사 교과서는 중앙과 명망가들의 이야기로 채워지고, 지역의 역사는 없다. 심지어 역사교사들조차 제대로 지역사 교육을 받은 적이 없다 보니, 지역에서 의병운동과 항일운동 활동을 했던 의병장을 알지 못한다. 안타까운 일이다.

늦게나마 김원국·김원범 형제 의병장은 2021년 6월의 독립운동가로 선정되어 세상으로 나오게 되었다. 국가보훈처, 광복회, 독립기념관이 주관하는 프로그램이다. 환영할 일이다.

무등산에 일어나 호남을 호령했던 독립운동가 김원국과 김원범 형제 의병장. 이 시대를 살아가는 사람들은 꼭 기억해야 한다.

국가보훈부 '이달의 독립운동가'(2021.6)

분진과 합진으로 호남을 지킨
오성술 의병장

"내 평생 시름없는 사람이라 자위했건만

나라의 운명이 어려워져 그 걱정뿐이네

술 속의 취기는 밤낮이 없건만

글 속의 대의는 춘추를 지녔구나.

집안이 기울어도 천금 부자를 돌아보지 않았지만

붓을 내던지니 오직 백성 시중들 생각만 하네.

세상살이에 마음속 일을 알기 어렵지만

분노 그 밖에 다시 무엇을 구하겠는가!"

_죽파 오성술의 시

오성술 의병장이 의병 활동 중에 읊은 시가 심금을 울린다.

남도는 유유히 흐르는 영산강이 있다. 그리고 오곡백과가 익어가는 황금벌판이 펼쳐져 그야말로 남도의 풍경은 풍성함과 넉넉함이다. 그 영산강의 주변에 높지 않지만 노령산맥의 산자락이 끝없이 이어진다. 그 많은 산이 나라를 지키고자 했던 한말의병들의 삶과 정신을 고스란히 안고 있다.

용진산 그리고 오성술 의병장.

남도에 사는 사람들도 생소한 산이고, 더구나 오성술 의병장을 아는 사람은 거의 없다. 모른다고 탓하기는 이미 늦었다. 이제라도 용진산을

오르면서 구국의 별 의병들을 기억하자. 이번
에는 광주에서 나주를 아우르는 영산강과 용
진정사에서 호남벌판을 지킨 오성술 의병장
을 만나보자.

죽파 오성술 의병장

백면서생, 무기를 들다

"국가흥망이 경각에 달려 있습니다. 소자 비록 백면서생이오나 혈기방장하
온데 썩은 선비들처럼 글만 읽고 앉아 있겠습니까. 면암 선생의 뒤를 따라
국적(國賊)을 몰아내고자 하오니 거의에 필요한 자금을 승낙해 주십시오."

1906년 6월 죽파 오성술(1884~1910) 의병장이 의병을 일으키고자 아버
지께 한 말이다. 아버지 오영선은 아들의 뜻을 높이 헤아리고 50마지기의
전답을 팔아 군자금을 마련해 주었다. 최익현이 태인 무성서원에서 의병
을 일으켰다는 소식에 오성술도 의병을 일으키고자 한 것이다.

오성술은 면암 최익현을 존경했다. 최익현이 을사늑약 체결을 반대하
고 1906년 1월 충남 노성에서 유림들을 모아 놓고 국권회복에 동참할 것
을 촉구했다. 여기 참석한 오성술에게 최익현은 "나는 이미 늙은 몸, 그대
와 같은 열혈 청년들이 나서겠다니 마음 든든하네. 천하대세와 나라의 형
편이 이 지경에 이르렀으니 마땅히 일사보국할 기회가 온 것 아니겠는가.
한시도 지체하지 말기 바란다."라고 당부했다.

오성술은 아버지가 마련해준 자금을 바탕으로 1907년 2월 의병항쟁의
기치를 높이 들었다. 자신이 공부하던 용진산에서 200명 규모의 의병부
대를 편성했다. 7월경에는 각지에서 몰려든 의병들로 인해 500여 명에 이
르렀다.

용진정사(광주 광산구 왕동)

일본인 지주들을 응징하다

오성술은 용진정사에서 숙부 오준선에게 공부했다. 오준선은 기우만
과 쌍벽을 이룬 호남의 거유(巨儒)였다. 용진산은 오성술의 의병 활동 근거
지였다.

오성술은 김태원의 권유로 의병에 합류했다. 의기투합한 두 사람은 열
네 살의 나이 차이에도 불구하고 결의형제했다. 호남창의회맹소 선봉장
김태원 의병 막료가 되었다. 그해 9월 고창 문수사 전투, 고창읍성 전투,
영광 법성포 전투에도 참여하여 큰 전과를 올렸다.

호남창의회맹소는 법성포 공격 직후 의병부대를 분리했다. 오성술도
이때 독립 의병부대를 이끌면서 경제침탈에 앞장선 일본인 농장을 공격했
다. 1908년 1월 10일 의병 20명과 광주군 마지면 반촌(현재 운남동 일대)에
있는 일본인 지주 농장을 습격하여 농장 지배인의 처와 아들 그리고 딸을
처단했다. 이듬해 1월 31일에도 25명의 의병을 이끌고 광주군 대지면 전
촌(현재 대촌동 일대)에 있는 일본인 지주 농장을 재차 습격하여 일본인 지
주를 응징했다.

안규홍·전해산·심남일 부대와 연합하다

1908년 초 기삼연, 김태원과 김율이 잇달아 순국하자 의병들의 사기가

크게 떨어졌다. 오성술은 분진과 합진을 거듭하며 일본군을 공격했다. 오성술은 전해산·심남일·안규홍 의병부대와 연합작전을 전개했다. 1908년 7월 전해산 의병부대와 연합하여 광산군 석문산(본량)에서 일본군을 격파했다. 10월 16일 함평 대명 전투에서 일본군 7명을 사살했다.

또한 친일 모리배 처단에 나섰다. 밀정들이 의병부대의 동정을 일본군에 알려줌으로써 피해가 컸기 때문이다. 1908년 12월 29일 나주 밀정 황도현을, 이듬해 2월 4일에 밀정 나귀종을 처단했다. 1909년 1월 1일에는 전해산 의병부대와 함평 고막원 헌병분견대를 공격했다. 2명의 헌병보조원을 사살하고 다수의 무기류를 노획했다. 일제의 허를 찌른 통쾌한 기습작전이었다.

'폭도토벌대'에 체포되다

오성술은 광주 용진산으로 근거지를 이동했다. 3월 8일에는 심남일 의병부대와 합동작전을 벌여 나주 남평 거성동에서 다수의 일본군을 사살했다. 1909년 7월 20일 함평 대명동에서 다시 일본군에게 승리를 거두었다. 일제가 본토에서 차출한 병력으로 임시한국파견대를 편성하여 호남 의병을 대대적으로 탄압하던 시기였다. 특히 이른바 '남한대토벌작전' 계획을 세워놓고 "사방에 그물을 치듯이 해놓고 촌락을 샅샅이 뒤지던" 시점이다.

결국 1909년 8월 오성술의 의병부대가 나주 용문산에 주둔하고 있다는 정보를 입수한 '폭도토벌대'가 추격해왔다. 의병 30명은 "최후의 하나까지 싸우다 죽자"며 결사 항전했다. 하지만 화력의 열세를 극복하지 못했다. 오성술은 체포되어 광주지방재판소에서 교수형을 선고받고 대구공소원에 공소했으나 기각되었다. 1910년 9월 15일 대구감옥에서 순국했다. 그의 나이 26세였다.

오성술 의병장 가묘(광주 광산구 송산동)

오성술 의병장이 체포되어 대구로 이송될 때 아들은 태어난 지 석 달
된 갓난아이였다. 영산강에서 배로 목포로, 목포에서 배로 부산으로, 부
산에서 육로로 대구로 가는 길이었다. 영산강 포구를 떠날 때 부인은 포
대기에 싸인 아들을 안고 달려왔다. 아버지와 아들이 영산강 포구에서 그
렇게 마지막 작별을 했다고 한다.

정부는 1977년 건국훈장 독립장을 추서했다.

이 나라를 누가 지켰는가, 왜 알려고 하지 않나

고대사부터 연대기 순으로 우리 역사를 가르치다 보면 한말과 일제강
점기에 와서 일 년 교육과정이 마무리되어 버린다. 근현대사 교육은 주마
간산식으로 대충 넘어간다.

그러다 보니 제대로 된 의병운동을 가르치거나 배운 적이 없다. 사회
에 나가면 더 이상 역사교육은 없다. 모르고 외면하고, 기억하지 않으니
계승하기 힘들다.

오성술 의병장은 요즘 말로 청춘의 나이에 기꺼이 목숨을 조국에 바쳤
다. 그러나 후세들은 그를 기억하지 못하고 있으니 이 얼마나 안타까운
일인가.

용진산은 등산로가 잘 갖춰져 있다. 둘레길 코스로 단장되어 등산객을

맞이한다. 영산강변에 위치하여 높지 않지만 호남 벌판을 조망할 수 있는 산으로 알려져 있다. 용진산을 오르며 오성술 의병장을 기억하라. 용진정사에 들러 그를 추모하라. 내려오는 송산마을의 오성술 생가터에 들러 마음을 전하라.

그래야 이름 없이 죽어간 의병장들의 넋에 위로가 되고, 민족정기가 바로 세워지고, 남도의 당당한 의병정신이 이어질 것이다.

어등산에서 순국한 호남창의대장
조경환 의병장

만추지절, 남도는 형형색색 단풍으로 온 산하가 붉다. 가을 소풍객이 자주 오르는 어등산(魚登山, 해발 339미터)은 김태원 김율 형제를 비롯하여 김원국 김원범 형제, 오성술 양동환, 전해산, 조경환 등 의병장들이 근거지로 활용했던 곳이다. 황룡강이 둘러싸고 있으며 인근 지역을 조망하기 쉽고 골짜기가 깊은 천혜의 지형으로 의병항쟁에 유리했기 때문이다.

일제는 특별 편성한 제2순사대와 군대, 경찰까지 동원하여 진압에 나섰다. 그 결과 1908년 4월 김태원·김율 의병장 등 23명, 1909년 1월 조경환, 김원범 의병장 등 20명, 9월 양동환 의병 부대원 10명 등 수많은 의병이 격전 끝에 순국했다.

이처럼 어등산은 한말 호남의병의 대표적인 전적지이므로 골짜기와 산등성이 곳곳에 나라를 위해 순국한 호남의병의 넋이 잠들어 있음을 잊지

한말 호남의병 어등산 전적지

말아야 할 것이다.

이번에는 오색 단풍 찬연한 어등산에서 장렬하게 순국한 호남창의대장 조경환 의병장을 만나러 가자.

김태원 부대에 합류하다

"하늘이 거듭 푸르고, 달빛 밝으니, 못된 귀신 되어서라도 일본군을 섬멸하리. 섬나라 오랑캐를 멸하지 않으면 죽어 혼백일지라도 돌아오지 않으리라."

어등산에서 순국한 조경환(1876~1909) 의병장이 남긴 시의 한 구절이다. 그의 호는 대천(大川)인데 어수선한 시국에 전국을 방랑하며 지은 것이라 한다. 을사늑약 체결 후 충격을 받아 귀향한 후 서당 훈장을 하며 시국을 관망했다.

1907년 고광순 의병장이 지리산 연곡사에서 순국하자 그를 추모하는 글을 지었다.

"백발이 되어서도 충성스런 마음으로 의로운 깃발 세웠건만
홀연 불어오는 북풍에 무궁화꽃 떨어지네
광산모임 약속 있으나 어디로 다 갔는지
등불 앞에 잠들지 못한 나 홀로 슬퍼한다네
당나라 장수 허원이 우리나라에 다시 태어나
의로운 북소리 연곡사 골짜기 드높였건만
국운이 비색하여 능히 승전하지 못했으니
서쪽 바람에 만장을 쓸 제 눈물만 가득하네"

조경환은 의병 투쟁에 나서기로 결심했다. 1907년 12월 10일 김태원

어등산(김태원 의병장과 조경환 의병장이 순국)

의병부대에 합류하면서 좌익장을 맡아 본격적인 의병 활동을 시작한 그
는 선봉장을 맡아 함평읍, 담양 남면 무동촌, 장성 낭월산, 영광 월암산,
광주 어등산 등 수많은 전투에서 김태원과 함께 승전보를 올렸다.

호남창의대장이 되다

1908년 4월 25일 어등산에서 김태원 의병장이 순국하자 흩어진 의진
을 재정비한 조경환은 이석용부대에서 활동했던 전해산과 용진산에서 새
롭게 부대를 정비했다. 200명 규모였다.

전열을 정비한 조경환과 전해산은 유격 전술에 유리하도록 두 개 부대
로 편성했다. 1908년 8월 조경환 의병장이 이끄는 독자 의병부대가 등장
했다. 호남창의대장 조경환·도통장 박용식·선봉장 김원국·도포장 김원범·
모사 권택 등이다.

조경환 의병부대는 200명 정도로, 광주·함평·영광·장성·담양을 무대로
활동했다. 일본 군경의 동향을 파악하려고 정보원 30명을 운용하기도 했
다. 일본제 30년식 보병총과 기병총 4정, 화승총 약 60정, 쌍안경 등을
보유하고 일본 군경과 맞서 싸웠다. 전해산 의병부대와는 연합작전을 벌
였다.

부하들의 명단을 불사르고 순국하다

1909년 1월 설을 쇠기 위하여 대부분의 의병을 고향으로 돌려보낸 조경환은 의병 50명을 이끌고 어등산에 주둔했다. 이를 눈치챈 야마다 소위가 지휘하는 일본군은 1908년 12월 19일(음) 조경환 부대를 포위하고 맹렬한 공격을 했다.

조경환 부대는 전사 20명, 체포 10명 등 심각한 피해를 입었다. 조경환 의병장도 순국했다. 그의 나이 33세였다.

일제 경찰은 이때 순국한 조경환에 대해 다음과 같이 기록했다.

"거괴 김태원의 부장으로 태원의 사후 독립해서 광주군에 근거하여 각지를 횡행했고, 그 세력이 한창일 때는 부하가 1백여 명이나 되었다. 심남일, 전해산 등의 거괴와 서로 도우면서 가끔 관헌과 싸웠으나 여기서 전몰했다."

조경환 의병장의 순국 모습은 장렬했다. 자신의 사후 부하들의 명단이 일본군의 수중에 들어가 그들이 희생당할까 염려하여 가슴에 흐르는 피를 움켜잡은 채 명단을 불사르고 운명했다고 한다.

조경환 의병장이 순국하자 그 뒤를 이어 선봉장 김원국과 도통장 박용식 등이 흩어진 의병을 수습하여 항일투쟁을 이어갔다. 조경환 의병장이 김태원 의병장의 뒤를 이었듯이 김원국·박용식 의병장들이 또 그를 이어 전라도 의병항쟁을 주도해 갔다.

정부는 1963년 건국훈장 독립장을 추서했다. 광주광역시 북구 오치동(989-18)에서 문흥동(972-1) 거리명이 '대천로'로 명명되어 그의 공적을 기리고 있다.

호남의병의 독립정신을 국민정신으로 승화시키자

광주 광산구 어등산에 자리한 보문고등학교 강당에서 제3회 '한말 호남의병추모제 및 어등산의병의날' 기념식이 열렸다. ㈜한말호남의병기념사업회와 보문고가 주최·주관하고 광산구·진정한광복을바라는시민의모임·안중근의사기념사업회광주·전남지부가 후원하는 이날 기념식은 3년만의 대면 행사였다. 코로나 팬데믹으로 한말의병 추모제와 어등산의병의 날이 열리지 못하다가 다시 열렸다.

민족정기가 사라지고 나라사랑의 민족의식이 희미해지고 있다고 걱정과 우려를 한다. 민족과 민주, 그리고 공동체 정신이 흔들리고 각자도생의 상황으로 전개된다.

한말 호남의병의 정신을 국민정신으로 승화시켜야 할 절체절명의 과제를 안고 있다. '이게 나라냐'. '살릴 수 있었다'고 외치는 국민의 함성이 어등산을 타고 오른다.

조경환 의병장(2018년 11월 독립운동가)

의로운 순국 '광주회맹'에 앞장선
박원영 의병장

"과거의 군국주의 침략자가 아니라 우리와 보편적 가치를 공유하고 협력하는 파트너"

일본을 이렇게 칭하는 소리가 들린다. 하지만 '협력적 파트너'가 되려면 진심 어린 반성과 사과가 선행해야 하는 법이다.

그러나 아베 정부 이후 지금까지 일본 정부는 과거사를 공식적으로 부정하는 태도만 보이지 않았던가? 일본 정부의 태도를 문제 삼지 않으며 한일관계 경색 해소를 목표로 삼는 자들의 상식이 의심스럽다. 그들만의 '해법'은 식민지배의 불법성을 규탄했던 3·1운동과, 3·1운동을 헌법 정신으로 삼는 대한민국의 정체성마저 부정한다.

광주향교(광주 남구 구동)

뜻있는 시민들과 시민단체들이 거세게 항의하기 시작했다. 일본의 양심적인 지식인들도 동조하고 있다. 상식 있는 사람이라면 역사부정과 왜곡에 과감히 맞서 정의롭고 인권친화적인 관계를 지지하고 성원할 것이다.

일제 침략의 검은 그림자를 직시하며, 항일 의병운동에 나선 박원영 의병장을 만나러 가자.

호남학의 핵심 노사학파들이 의병에 나서다

한 번 죽으매 나라에 사람 있음을 드날리고
역사의 빛나는 산은 오직 정신이라네 (중략)
지금 사람들 어떻게 천하의 선비를 알까
눈부신 사적으로 인을 이루어 전하네.
- 기우만의 추모시

남도 한말의병에서 기우만 의병장의 역할은 매우 크다. 그는 노사 기정진의 후손으로, 노사학파의 중심적인 인물이다. 노사의 정신을 이어받은 기우만은 장성에서 항일의병의 기치를 높이 들었다. 그리고 나주의병들과 함께했다. 장성의병은 호남대의소, 나주의병은 나주의소로 명칭했다. 복수토적과 단발령을 반대하는 목적으로 일으킨 의병이다.

송사 기우만 의병장과 함께했던 의병장은 앞서 소개한 김익중 의병장과 박원영 의병장이 있다. 장성 출신으로 광주회맹에 앞장선 박원영은 광주향교의 임원 역할을 했다.

박원영(1848~1896)은 전남 광주에서 광휴의 아들로 태어났다. 자는 주옥, 호는 포류재·아산이며 본관은 충주다. 어머니 성씨와 그가 태어나 살았던 곳의 구체적인 지명은 알려져 있지 않다.

그가 노사 기정진의 제자이고 기우만과 비슷한 연배라는 점이 확인될

뿐이다. 그의 행적과 사상을 알려주는 자료는 거의 찾을 수 없다. 기우만이 찬술한 장문의 제문이 거의 유일한 기록인데, 이로써 기우만과 매우 각별한 사이였음을 짐작할 수 있다.

강직한 성품과 기개를 타고난 박원영은 기정진 문하에서 수학하며 이름이 알려졌고, 1896년 전후 광주향교의 재임을 맡고 있었다.

1894년에 동학농민군이 전라도를 휩쓸자 그는 밤중에 기우만을 찾아가 "저들이 국가를 어지럽히고 선비를 적으로 생각하니 의병을 일으켜 토멸하는 것이 시급합니다. 공이 격문을 사방으로 보내주시면 저는 당연히 밑에서 돕겠습니다."라고 했다. 이때 기우만은 가슴에 품은 그의 올곧은 마음을 알게 되었다.

박원영은 일본의 사주를 받은 개화파 관료들이 제도를 변경하고 단발을 강요하며 임금까지 위협하는 상황에 대해 '나라는 나라가 아니고 사람은 사람이 아니'라고 인식했다.

이 무렵 기우만이 의병을 일으키자는 격문을 보내오자 박원영은 곧바로 달려와 함께 죽기를 맹세했다. 어떤 이들은 지금은 때가 아니라며 의병의 군량조차 협조하지 않고 변명으로 일관했다.

하지만 박원영은 기우만을 도와 계책을 제시하며 적극 도왔다. 그는 기우만이 지은 격문을 함께 읽으면서 '물고기를 먹고 싶은 마음이 어찌 맛있는 곰 발바닥같이 좋을 수 있으며, 기왓장이 온전하더라도 부서진 옥만 못하'라는 구절이 자신의 마음을 잘 표현한 것이라 했다. 『맹자』「고자편(告子篇)」의 사생취의를 자신이 지향하는 의병정신으로 인식한 것이다.

1896년 음력 2월 22일, 그는 나주에서 광주로 이동한 장성의병을 맞이하는 실무를 주관했다. 의병의 깃발을 광주향교의 문 앞에 높이 걸었으며, 의병의 규칙을 정하고 전략의 기획에 앞장섰다. 당황해하는 기우만의 손을 맞잡고 "공은 몸을 아끼시오. 하늘은 화를 후회하여 보답할 날이 있을 것"이라며 격려했다. 이때 의병을 해산하라는 선유사의 명령이 전달되고, 친위대와 진위대가 군대로 압박했다. 결국 기우만은 의병을 해산한 후 잠시 입산하기로 했다. 그리하여 음력 2월 그믐날 기우만의 주도로 '광산회맹'을 추진하던 일은 수포로 돌아가고 말았다.

사생취의 정신으로 순절하다

기우만이 떠나면서 박원영에게 자중할 것을 거듭 부탁하자 박원영은 "공이 살면 나도 살고 공이 죽으면 나도 죽겠습니다"라며 안심시켰다. 광주향교 임원이었던 그는 '광산회맹'의 일을 마무리하기 위해 향교에 남았다. 이 과정에서 전주진위대에 체포되었지만, 박원영의 기색은 평소와 다름없이 늠름했다.

그들이 "우리의 마부가 되면 살려주겠다"라며 협박하자 박원영은 큰소리로 "너희를 따라 공경(公卿)이 된다 해도 나는 더럽게 생각할 것인데, 너희의 마부가 되란 말이냐"라고 꾸짖었다. 그들이 다시 "그렇게 하면 묶은 손을 풀어주겠다"고 하자 그는 "머리를 자른 장부는 있어도 손을 묶인 유생은 없다"고 했다.

마침내 그는 이겸제가 파견한 전주진위대 중대장 김병욱에 의해 처형되었으니, 1896년 음력 3월 3일이다. 그들은 박원영이 기우만의 측근이었기에 체포 즉시 효수한 것이다. 선유사 신기선은 박원영이 기우만과 더불어 사면 대상이었으나 갑자기 효수되어 한스러운 일이라 했다.

박원영의 순절 소식을 들은 기우만은 자신을 책망했다. 그는 제문 말미에서 "박원영의 기상이 눈 쌓인 깊은 산에 외로운 소나무와 삿나무가 묵묵히 서 있는 모습과 같다"고 추모했다. 박원영의 아들 경주는 부친의 원수를 갚지 못했다며 평생 하얀 갓을 쓰고 다녔다고 한다.

정부에서는 고인의 공훈을 기리어 1995년에 건국훈장 애국장을 추서했다.

『호남의병열전』의 기록으로 박원영이 기억되다

얼마 전 호남 최초의 의병들을 재조명한 『호남의병열전』이 출간되었다. (사)노사학연구원이 편역한 이 책에는 외부에 알려지지 않은 호남 의병 22명의 언행이 생생히 기록돼 있다. 노사학파가 저술한 『송사선생문집습유』(기우만·1980), 『후석유고』(오준선·1934), 『염재야록』(조희제·1934)에서 호남 의병 인물 관련 기록만 발췌해 엮었다. 기존 번역문을 저본 삼아 문구를 수정하고, 잘못된 번역을 바로잡는 등 재편집 과정을 거쳤다.

고광순, 기삼연, 기우만, 김준, 박영건, 김익중 등은 노사학파로, 한말 호남을 중심으로 활동한 의병들이다. 이번에 소개한 박원영 의병장도 여기에 포함된다.

미처 몰랐던 의병장들을 다시 불러내는 것은 한말 시대상황과 비슷하게 전개되고 있는 현실에서 바람직한 해법을 모색하는 데 도움이 될 것이기 때문이다.

항일독립운동의 도화선이 된 이들의 희생이 있었기에 오늘의 호남, 오늘의 우리나라가 있다. 3·1운동, 광주학생독립운동 그리고 현대사의 민주화운동까지 그 맥락이 이어지고 있다.

『호남의병열전』(홍영기 책임 편역)

무등산 정기 받아 결의 실천한
광주 의병들

평생을 역사교사로 살아오며, 자라나는 학생들에게 자주독립 정신과 민족정기를 갖춘 민주시민으로 성장할 수 있도록 지도해왔다. 오천 년 대한민국 역사는 많은 외침에도 굴하지 않고 민초들이 나라를 구하고 목숨 바쳐 지켜온 자랑스런 나라임을 강조해왔다. 애국 애족은 민족정기의 핵심이다.

무등산 정기를 받아 의연하게 일어선 광주의 한말의병장들. 이들의 삶과 행적에는 절실함과 비장함이 가득하다. 제대로 무기를 갖추지 못하고, 제대로 훈련받지 못한 민초들이 의병의 길에 나섰다. 결국 그들의 최후 저항 수단은 죽음이었다. 그들의 치열한 항일항쟁 정신을 만나러 간다.

의병 독립부대 편성, 친일파 응징 김동수 의병장

광주와 담양 등지에서 일제 군경과 친일파를 응징한 김동수(1879~1910)는 본판이 김해이며 광주목 경양면 병문리(현 북구 우산동 283번지)에서 태어났다. 처가는 중흥동 84-3번지다.

그는 포목상과 농업에 종사했다. 나라가 망해가는 과정을 지켜보며 의분을 품고 살다가 전남의병이 도처에서 봉기하자 1907년 이원오·조경환·양상기·김현길 등과 광주에서 의병부대를 조직하여 활동했다. 1908년 2월, 광주 출신으로 의병을 일으킨 양진여 의병대에 합진하여 활약했다.

김동수 의병장의 기병 삼각산(광주 북구 장등동)

2월 양진여 의병장의 지휘 아래 동료 의병 5~6명과 함께 전남 광주군 갑마보면의 친일 면장 집에 들어가 군수품을 징발했다.

김동수 의병장은 뒤에 독립부대를 편성하여 광주·담양·장성 등지에서 일제 군경과 친일파를 응징했다. 그의 의병대는 65명으로 편성되었다. 부관은 이기섭(서방면 모른거리 출신), 선전병은 선덕현(서방면 신나굴 출신), 도포사는 임윤팔·임윤오(오치면 외촌 출신) 형제, 도십장 김재민(천곡면 봉산리 출신)이고, 의원은 양동골(서방면 솔대거리 출신), 백학선(모른거리 출신), 그리고 박포대(신나굴 출신)였다.

일제 측 기록인 『전남폭도사』와 의병항쟁 재판기록에 있는 장군의 활약상은 의병을 폭도라 하고 군자금 징수를 강도나 갈취로, 친일분자를 양민으로, 침략자인 군경을 치안담당자로 표현하고 있어 내용을 잘 살펴야 한다.

의병장 김동수와 그 예하부대들이 한 활동을 일제 측 기록에서 발췌하여 날짜별로 정리하면 다음과 같다.

김동수 의병장은 양진여의 부하로, 1908년 12월 25일 5~6명의 부하를 인솔하고 면장 집에 60원을 요구했으나 돈이 없다고 거절당하자 그를 구타하고 그로부터 짚신 50켤레를 징수했다.

1909년 1월 12일 광주군 갑마보면 복용리 이장 집에 들어가 총기로 위협하며 20원을 강요했으나 돈이 없어 백목 2필을 군수품으로 수합했다.

1909년 2월 하순 광주 오치동 동장 집에 들어가 현금 20원과 백목 10 필을 강요했으나 거절당하고 백목 3필만 군수품을 수합했다. 1909년 2월 30일부터 15명과 함께 총기를 들고 5월까지 광주·화순·담양·창평·장성 등지를 돌아다녔다.

1909년 3월 15일 삼취지 동에서 동장 집에 들어가 백목 4필을 군수품으로 수합했다. 20일에는 장성군에 사는 최봉근 집에 2명과 함께 들어가 군도 1자루를 탈취했다. 1909년 3월 23일에는 광주군 동장 집에 들어가 현금 5원을 갈취했으며 29일까지 광주를 무대로 계속 활동했다.

또한 1909년 4월 1일~29일까지 7차례에 걸쳐 현금과 백목을 수합했고, 교전으로 3명이 전사하고 총 9정을 빼앗기는 등의 피해를 입었다.

특히 1909년 5월 19일, 50여 명의 의병을 지휘하여 광주군 덕산면 덕산에서 일본군 헌병대 광주분견소의 적군들과 접전을 벌여 화승총 10정을 빼앗고, 31일에 광주시 갑마보면 본촌동 김영조 집에서 광주경찰서 순사부장 외 11명과 교전했다.

의병장 김동수는 이 전투에서 부상을 당했음에도 이후 광주뿐만 아니라 담양·장성 등지에서 활약했다. 그러다 같은 해 9월 사창 전투에서 오른쪽 다리에 총상을 입고 체포되었다.

1910년 2월 22일 경성공소원에서 징역 15년을 언도받고 옥고를 치르다 옥중에서 순국했다.

1995년 정부로부터 건국훈장 독립장을 받았다.

무장 항일투쟁 전개한 도포사 임윤팔 의병장

임윤팔(?~1909)은 전라남도 광주 출신으로, 생년월일과 성장배경 등은 자세히 알 수 없다. 일제의 강제로 1905년 을사늑약과 1907년 한일신협약이 체결되어 국운이 기울자 국권회복의 뜻을 품고 항일운동에 투신할 것을 결심했다.

1909년 광주에서 의병을 일으킨 김동수 휘하에 들어가 도포사의 직분을 맡아 일본군과 교전, 친일세력 응징, 군자금 모집 등의 무장항일활동을 벌였다.

같은 해 5월 광주군 갑마보면 본촌에서 광주경찰서 소속 일본경찰대와 교전하다 김동수가 부상당하자 부대의 주력을 주도하며 포군을 지휘하여 전라남도 지역에서 큰 전과를 올렸다.

그 뒤 작전 수행 중 체포되어 1909년 11월 30일 광주지방재판소에서 내란 및 모살로 사형이 선고되어 형이 집행되었다.

1999년 건국훈장 애국장이 추서되었다.

김동수 부대와 함께한 광주 송학묵 의병장

"비록 너희 칼 앞에 쓰러지나 조금도 유감이 없다. 죽은 뒤 내 넋이 너희 나라에 들어가 너희 국민을 도륙할 것이니 너희 나라가 망하는 날 나의 혼이 길이 살아있음을 알리라."(송학묵 유언)

송학묵(1871~1910)은 전라남도 광주에서 태어났다. 1907년 한일신협약 후 이원오·조경환·양상기 등과 김동수 의병대에서 활동했다.

1908년 김동수 의병대가 양진여 의병대와 합치자 같은 해 2월 양진여의 지휘 아래 갑마보면(현재 광주광역시 북구 일대)의 친일 면장 집을 습격하여 군수품을 빼앗았다. 1908년 5월 19일 50여 명의 의병과 덕산면에서 헌병대 광주분견소 일본군과 접전을 벌였고, 같은 달 31일에는 광주경찰서의 경찰과 갑마보면 본촌에서 교전했다.

1909년 1월에는 갑마보면 복룡리, 2월 하순에는 오치면, 3~4월에는 순

송학묵 의병장의 회문산 역사관(전북 순창군)

창 등지에서 군자금과 군수품을 징수했으며, 음력 4월에는 덕산면의 친일 면장 백계수와 이장 정현구를 처단하는 등 광주를 비롯한 인근 5개 군에서 항일무장투쟁을 전개했다.

그 후 일본경찰에 체포되어 광주교도소에 수감되었으나 동료들과 함께 탈옥을 시도하다 다시 체포되었다. 1909년 11월 광주지방재판소에서 교수형을 선고받고 1910년 5월 순국했다.

2000년 건국훈장 애국장이 추서되었다.

광주 의병부대 결성한 총대장 강사문 의병장

강사문(1876~1909)은 일명 판열. 전라남도 광주에서 출생했다. 1908년 함평 의병장 김태원 휘하로 항일의병에 가담했다. 그러다 광주에서 단독 부대를 결성했으며, 장성군 고산리의 의병부대와 합하여 그 총대장에 추대되었다.

강사문 의병장

그 후 광주·창평·동복·화순 일대를 누비며 일본군 수비대를 공격했다. 그러나 추월산에서 패하여 도피 중 1909년 영산포에서 일본군에게 체포, 광주감옥에서 사형되었다.

1998년 건국훈장 애국장이 추서되었다.

집안 재산을 팔아 항일운동 전개한 신덕균 의병장

신덕균(1878~1908)은 자가 정효이고, 호는 몽암이다. 초명은 덕순이다. 전남 광주에서 출생했다. 을사늑약이 체결되고 나라의 운명이 기울자 1907년 의병을 일으켜 일제에 대항할 것을 결심하고 가산을 팔아 무기를 구입했다.

수백 명 의병을 모아, 의병장 고광순의 휘하로 들어가 일본군과 여러 차례 접전했다. 고광순이 전사한 뒤 정읍 내장사에서 동지들과 재기를 꾀하다 체포되어 사형당했다.

1968년 대통령 표창, 1977년 건국포장이 추서되었다.

어디에도 없는 나라, 왜 이제야 아는가

최근 일제강제동원 시민모임 총회에 참석했다가 이금주 할머니 평전 『어디에도 없는 나라』를 선물 받았다. 이 책에 실린 글의 일부를 소개한다.

"요즘처럼 손쉽게 사용할 수 있는 PC도 없는 시대일 때부터 이금주 회장은 자필로 작성한 조사표 용지를 복사하여 버스나 택시를 타고 다니며 피해자를 방문해 피해 사실을 일일이 기입했다. 그런 식으로 작성한 방대한 양의 조사표가 일본에 전달됐고, 그 후 광주천인소송, 우키시마호소송, 관부재판, BC급 전범소송, 나고야 여자근로정신대 소송, 1988년 태평양전쟁 희생자광주유족회 결성의 기초가 되었다. 야속하게 사람들로부터 비방, 중상을 받는 일도 있었지만 이 회장은 돈이나 명예를 위해서가 아니라 오로지 남편을 빼앗긴 원한을 풀기 위해 계속 싸운 것이다.

그렇게 한없이 무모해 보이는 그 싸움은 마침내 꿈쩍도 하지 않을 것 같은 거대한 벽에 하나씩 구멍을 내기 시작했다. 40여 년 동안 감춰져 있던 한일협정 문서가 공개되고, 강제동원특별법이 제정된 데 이어 한국 정부 차원의 진상규명위원회가 발족한 것이다. 그리고 피해자들의 끈질긴 투쟁은 마침내 2018년 역사적인 한국 대법원 배상 판결로 귀결되었다. 열일곱 번의 좌절을 감수하면서도 다시 부딪친 그 집념과 도전이 가능케 한 것이다. 최근 한일 갈등을 완화하기 위해 이러한 문제를 정치적으로 해결하려는 움직임이 있다. 그러나 피해자의 피해 체험이나 심정에서 벗어난 해결은 있을 수 없다. 피해자는 단지 돈을 원하는 것이 아니다. 이 책을 읽고 이금주 회장의 인생을 알고 그 심정을 이해하면, 가해자도 아닌 자가 대신 돈을 내는 식의 '해결방안'이 결코 성공하지 못한다는 것을 잘 이해할 수 있을 것이다."

이래저래 부끄럽고 미안하고 죄송하다. 왜 이제야 아는가?

남도 한말의병을 소개하고, 일제강점기에 강제동원된 이금주·양금덕 할머니를 기억하는 일은 이 시대의 의병활동이다. 역사를 기억하지 않고 과거의 아픔에서 교훈을 얻지 못하면 불행한 역사는 반복된다는 진리를 각인한다. 그리고 실천하고 실행해야 한다.

두려움을 죽음으로 이겨낸
광주 의병들

"그렇다고 돌아서겠느냐?
화려한 날들만 역사가 되는 것이 아니다
질 것도 알고 이런 무기로 오래 못 버틸 것도 알지만
우린 싸워야지.
싸워서 알려줘야지
우리가 여기 있었고, 두려웠으나 끝까지 싸웠다고"
_〈미스터 선샤인〉에서

역사가 아프다. 진실과 정의의 기준으로 설명하고 해석되어야 한다. 자주와 독립, 그리고 평화와 공생을 지향해야 한다. 상식적인 역사는 그래야 한다.

항일운동을 주제로 담담하게 그린 〈미스터 선샤인〉의 대사가 귀에 맴돈다. 화려한 날들만 역사가 되는 것이 아니라 지고 깨지고 패배한 것처럼 보였던 항일독립운동과 운동가들의 삶과 죽음을 기억하는 것. 싸우고 또 싸우면서 알려야 하는 절실함과 절박함으로 두려움을 이겨낸 항일의 병장들의 정신이 촛불 되어 타오른다.

금재로에 기억되는 이기손 의병장

이기손(1877~1957)은 광주 출신으로, 1907년 고종이 강제 퇴위당하고 군대가 해산되자 800명의 의병을 규합했다. 그들을 이끌고 진도·완도 연안에서 일본군들과 싸웠다. 김태원 의병장 휘하에서 활동했다. 김태원 의병장 순국 후에는 용진산을 근거로 의병활동을 하여 다수의 적을 사살하고 총 백여 정을 노획했다. 지형이 유리하고 군량미 조달이 용이한 함평 석문산으로 본진을 옮겨 활동했다. 무안 지도·영광 대마·고창 등에서 많은 전과를 올렸다. 중과부적으로 부득이 의병을 해산시켰다.

1909년에 다시 거의하여 전해산 의병부대와 연합하여 활약하다 체포되었다. 압송 도중 탈출하여 충청도 금산에 은신하다 함경도를 거쳐 만주 그리고 연해주로 망명했다. 그동안 가족은 모진 탄압과 고문을 감내해야 했다. 가족 중 2남은 옥고로 사망했고 부인은 두 번이나 옥고를 치렀다.

1915년 연해주에서 귀국한 후 금산에서 젊은이들에게 애국정신을 교육했고, 고종과 순종을 모신 숭봉전과 어필각을 건립하여 민족정신을 고취했다.

정부는 1977년 건국훈장 독립장을 추서했다. 광주 송정공원에 그의 기적비가 있다. 광주광역시는 북성중학교에서 수창초등학교 후문을 지나 광주은행 본점 앞까지의 도로를 '금재로'로 이름하여 그를 기리고 있다.

안규홍 의진의 선봉장 임창모·임학규 부자

임창모(?~1909)와 임학규(?~1909) 부자 의병장은 광주 출신으로 보성에서 주로 활동했다. 을사늑약이 체결되자 임창모는 능주 출신 양회일과 의병을 일으켰다. 1907년 능주를 공격하고 다시 광주를 치려다 날이 저물어 화순과 동복의 경계인 흑토치에서 일본군에게 포위당했다. 포위망을 탈출할 수 없게 되자 양회일이 "의병 대장 양회일이 여기 있으니 맞서서 싸우자."고 외치며 나아가 싸우다 적에게 잡혔다. 임창모도 힘껏 싸웠으나

이기손 의병장 의적비
(광주광역시 송정공원)

역부족이어서 결국 체포되었다. 임창모는 지도로 유배되었다가 1908년 풀려났다.

임창모는 풀려나자마자 안규홍 의병부대의 선봉장으로 활동했다. 당시 안규홍의 의병부대는 보성 파청 전투, 진산 전투, 원봉산 전투 등에서 승리를 거두었다. 6월 이후 독립부대를 편성하여 보성을 거점으로 활동했으며, 전성기에는 부하가 2~3백 명에 이르기도 했다.

1909년 안규홍이 의병을 해산하자 이에 반대하여 끝까지 싸울 것을 천명했다. 1909년 10월 12일 일본의 '남한폭도대토벌작전'으로 복내면 흑석산에서 일본군과 접전하던 중 전사, 순국했다.

임학규는 보성 출신으로 임창모의 큰아들이다. 1908년 아버지가 유배에서 풀려 돌아오자 고향 보성 출신인 안규홍 의병부대에 참여했다. 아버지 임창모는 선봉장이 되었으며, 임학규는 아버지를 도와 참전했다.

그 후 아버지가 1908년 6월부터 독립부대를 편성하여 대장이 되자 그는 부장이 되어 함께 활약했다. 1909년 10월 12일 '남한폭도대토벌작전'으로 가지무라 중위가 인솔하는 일본군 보병 제2연대와 보성군 복내면 흑석산에서 전투를 벌였다. 40명의 동지와 함께 일본군과 접전을 벌이다가 아버지와 현장에서 순국했다.

정부는 임창모에게 1963년 건국훈장 독립장을, 아들 임학규에게 1991년 건국훈장 애국장을 추서했다.

군자금 모집과 전투에 참가한 김재민 의병장

김재민 의병장(1886~1910)은 전남 광주 사람이다. 1909년 4월 20일~5월 18일 광주군 오치면과 갑마보면에서 군자금 모집활동을 했다. 1909년 5

쌍산의소(전남 화순군 이양면)

월 19일에는 일본 헌병대와 관련된 전남 광주군 덕산면 이장에게 총격을
가하여 부상을 입히고, 백계수를 총살하고 붙잡혔다.

1909년 11월 30일 광주지방재판소에서 교수형을 언도받고 공소한 후
1910년 대구공소원에서 기각되어 상고했으나 동년 4월 19일 고등법원에
서 기각, 형이 확정되어 순국했다.

남한폭도대토벌작전으로 체포되어 순국한 박봉석 의병장

박봉석(1885~1910) 의병장은 전남 광주 사람이다. 1908년 11월 안규홍
의병부대에 들어가 포군 직책으로 보성·장흥·순천 등지에서 일관헌을 습
격하는 등 활동을 벌였다.

1909년 5월 18일에는 일본군 2명과 한인 통역 1명을 만나 교전하여 일
본군 1명에게 중상을 입혔다. 일제의 남한토벌대작전 기간인 1909년 9월
24일 체포되어 1910년 2월 7일 광주지방재판소에서 교수형을 언도받고 항
소했으나 3월 22일 대구공소원과 5월 2일 고등법원에서 각각 기각, 형이
확정되어 순국했다.

대한민국 정부는 1990년 박봉석에게 건국훈장 독립장을 추서했다. 국
립서울현충원 무후선열에 그를 기리는 위패를 세웠다.

서울현충원 무후선열제단(서울시 동작구)

무후선열, 이제부터라도 알고 기억해야 한다

우리에게 기록이 없다. 많은 의병이 잊혀진 이유다. 그러나 역설적이게도 일본 측 기록이 있다. 일본은 기록에 철저하다. 항일독립운동가들의 활동과 행적을 자세하게 기록 관리하고 있다. 놀라울 정도로 자세하게 기록했는데, 도적이나 괴수로 묘사하고 있다. 적괴(敵魁). 독립운동가들을 도적으로 매도하고, 죽여도 되는 반인권적인 묘사를 서슴없이 하고 있다.

한말부터 일제 강점기까지 일본 측 기록을 전면 검토하여 왜곡과 폄하를 바로잡는 과제가 있다. 정신 바짝 차려야 한다.

'무후선열'이란 말을 아는가.

"묘소도 없고 자손도 없이 외로운 혼으로 도는 이들 돌보아 드린 이 하나 없고 기억마저 사라져 가므로 존함이나마 정성껏 새겨 따로 이곳에 모시옵나니 선열들이여 국민 모두가 후손이외다 우리들 제사 받으옵소서"
_국립서울현충원 무후선열제단에 새겨진 헌시비

무후(無後)는 후손이 없다는 뜻이다. 구한말과 일제강점기에 조국의 독립을 위해 활동하다 순국한 분들 가운데 유해를 찾지 못하고 후손마저 없는 애국선열들의 위패를 봉안한 곳을 무후선열제단이라고 한다.

후손이 없는 의병이 많다. 다행히 자료가 있어 행적을 정리하여 현충원에 모신 의병장들이 많다. 참으로 다행스런 일이다. 앞으로도 계속 자료를 추적하고 증언을 모아 이름 없는 의병들의 억울함을 달래주어야 한다. 국가에서 주도적으로 자료를 발굴 정리하고, 서훈하고, 현충원에 모셔야 한다. 그래야 민족정기가 바로 선다.

전북

위정척사의 정신을 이은
면암 최익현 의병장

풍전등화의 난세 앞에 우국애민 정신을 생각한다.

우국애민! 이 얼마나 소중한 정신이자 가치인가. 시대의 고금을 떠나 여전히 국민이라면 갖추어야 할 정신이다. 바로 그런 정신을 온몸으로 지켜냈던 위정척사의 전통이 있다.

모름지기 위정척사 운동은 정학(正學)인 성리학과 정도(正道)인 성리학적 질서를 수호하고, 성리학 외의 모든 종교와 사상을 사학(邪學)으로 배격하는 운동이다. 당연히 위정척사운동은 보수 유생을 중심으로 처음에는 개항, 곧 외국과의 통상을 반대했다. 뒤에는 외세의 침략을 막으려는 반외세 자주 운동, 곧 항일의병운동으로 바뀌었다.

이번에는 위정척사의 정신을 이은 면암 최익현 의병장의 삶과 활동을 따라가 보자. 현대 나이로도 노구였던 면암의 우국애민, 진충보국의 정신은 여전히 유효하다. 진정한 어른이 없는 시대에 단식으로 순국한 면암을 만나는 것은 시대정신을 부활시키는 것이기 때문이다.

위정척사의 전통을 잇다

"일본군이 국권을 빼앗고 적신(賊臣)이 죄악을 빚어냈다. 구신(舊臣)인 나는 이를 차마 그대로 둘 수 없어 역량을 헤아리지 않고 이제 대의를 만천하에

펴고자 한다. 승패는 예측할 수 없으나 우리 모두 한 마음으로 나라를 위해 죽음을 무릅쓴다면 반드시 하늘이 도울 것이다."

_최익현의 거병 유세

면암 최익현(1833~1906)이 의병을 일으키며 한 유세다. 을사늑약 체결에 반발한 민영환, 조병세 등이 자결하자 최익현은 을사오적을 토벌할 것을 주장하는 '청토오적소'를 올렸다. 태인 무성서원에서 거병할 때 올린 글이 '창의토적소'다. 그의 나이 74세였다.

강화도 조약 때 '5불가소'를 올린 최익현은 위정척사파 거두 화서 이항로의 제자다. 화서의 사상을 계승한 그는 개항 이후부터 1906년까지 30여 편의 상소를 올렸다.

의병의 기치를 세우다

을사늑약이 체결되자 1906년 2월 호남을 거점으로 의병을 일으킬 계획을 세웠다. 전 낙안군수 임병찬의 도움으로 태인에서 의병을 일으켰다. 1906년 3월 이정규·조재학·이양호 등과 태인에서 구체적인 거의 계획을

면암 최익현 의병장

수립하고, 기우만과도 거사를 상의했다. 각지에 격문을 보내고 113명에 이르는 동맹록을 작성했다.

1906년 4월 태인 무성서원에서 궐기하여 군사를 모으고 무기를 준비했다. 황제에게 의병을 일으킨다는 상소를 올려 목적을 분명히 했다. 13일(양력 1906.6.4.) 태인을 접수하고 의병을 일으켰다. 일본영사관에는 일본의 배신 16조목을 따지는 '의거소략(義擧疏略)'을 보냈다. 14일 정읍으로

무성서원(전북 정읍시)

진군하여 1백 명의 의병을 증원하고 내장사에서 포수들이 호응하니 의진은 3백 명으로 늘어났다.

1906년 4월 16일(양력 1906.6.7.) 순창읍과 17일 곡성읍을 거쳐 남원으로 진군하려 했으나 여의치 않자 순창으로 회군했다.

의병봉기의 본보기가 되다

1906년 4월 20일(양력 1906.6.11.) 관찰사 이도재가 의병을 해산하라는 황제의 칙지(勅旨)와 고시문을 보내왔다. 옥과와 금산에서 온 관군과 일본군이 사방을 포위하고 압박해왔다. 면암은 전주, 남원의 진위대로 형성된 관군과 차마 싸울 수 없다고 판단하여 의진을 해산했다. 의병의 앞길을 막는 자는 모두 일본의 앞잡이였음에도 면암은 관군은 동족이므로 차마 싸울 수 없다고 생각했다.

의병부대는 해산되고 22명만 남아 싸웠다. 21일 새벽 면암과 그를 호위하던 12인 유생만 남았다. 관군이 포위했을 때 그들은 돌아가며 경전을 외우고 있다가 체포되었다. 면암과 임병찬은 가마에 타고 나머지 11인은 줄지어 묶여 서울로 압송되었다.

최익현 의병장 순국비(쓰시마섬)

1906년 6월 25일(양력 1906.8.14) 면암은 감금 3년, 임병찬은 감금 2년 형을 받고 쓰시마섬으로 유배되었다.

쓰시마섬에 도착하니 홍주 의진에서 체포된 인사 80명 가운데 9명이 유배와 있었다. 면암을 비롯한 11명은 나라를 걱정하는 많은 글을 남겼다.

최익현은 "내 늙은 몸으로 어이 원수의 밥을 먹고 살겠느냐. 너희나 살아 돌아가 나라를 구하라."라며 단식을 했다. 유배된 의사들이 울면서 식사를 권하자 어쩔 수 없이 단식은 중단했으나, 후유증으로 그해 11월 17일(양력 1907.1.1.) 순국했다.

면암의 유해가 부산에 도착하자 상인들이 철시했고 남녀노소가 유해 앞에서 통곡했다. 상여가 정산 본가로 운구되는 길목마다 노제로 전송하고 울부짖는 민중 때문에 하루 10리밖에 운구하지 못했다. 결국 김천에서 열차로 운구했다.

정부는 1962년 건국훈장 대한민국장을 추서했다. 최익현의 대의비인 춘추대의비가 충청남도 예산군 광시면 관음리에 있다. 모덕사(충청남도 청양군 목면 농암리 소재)와 포천·해주·고창·곡성·순화·무안·함평·광산·구례 등에서 봉향되고 있다.

'너희가 나라를 아느냐'─춘추대의를 기리다

"신의 나이 75살이오니 죽어도 무엇이 애석하겠습니까. 역적을 토벌하지 못하고 원수를 갚지 못하며, 국권을 회복하지 못하고 강토를 다시 찾지 못하여 4천 년 화하정도(華夏正道)가 더럽혀져도 부지하지 못하고, 삼천리 강토 선왕의 적자가 어육이 되어도 구원하지 못했으니, 이것이 신이 죽더라고 눈을 감지 못하는 이유인 것입니다."

최익현 의병장이 죽음에 임박하여 임병찬에게 남긴 말이다. 일본인들은 강제로 그의 입에 음식을 넣었으나 모두 뱉거나 입을 열지 않고 저항했다. 결국 풍토병에 걸려 순국한다. 이에 수많은 인파가 영구 앞에서 추앙했다.

최근까지 면암의 죽음의 원인에 대해 논란이 계속되었다. 단식이냐 풍토병이냐는 것이다. 참으로 안타까운 일이다. 분명한 것은 면암은 일본의 침략에 저항하여 의병활동을 하다 대마도로 압송된 것이다. 또한 일본이 제공하는 음식물을 거절하며 저항했다. 이로 인해 풍토병에 걸린 것은 당연한 것인지 모른다.

춘추대의를 지키고자 노령의 나이에도 굴하지 않고 끝까지 저항했던 진충보국의 삶은 응당 제대로 평가해야 한다.

그는 '너희가 나라를 아느냐?'라고 묻는다. 우리는 이에 어떻게 답할 것인가.

'의로운 사람' 포대장
박도경 의병장

　힘들고 어려운 것이 인생이라지만, 길이 보이지 않으니 난파선이다. 상식적이고 공정해야 한다는 바람은 여전히 질풍에 꺼지고 만다. 그래, 무엇이 문제일까. 백면서생으로 사는 필부는 혼미와 혼란 속에 길을 걷는다.

　저 간악한 제국주의 일본이 야금야금 조선을 탐내며 유린할 때 의연하게 일어서던 남도의 한말의병들. 그리고 그와 같이 했던 가족과 동료들. 그들에게서 진정 배워야 할 것이 무엇인지를 찾아 나서는 길이 당대의 의병처럼 느껴지니, 부끄럽고 민망하다.

　의병을 모으고 항일운동을 전개하다 옥중에서 자결한 의병장.

　'되나 못되나' 포대장 박도경 의병장을 만나러 간다.

호남창의회맹소의 전투 현장 고창읍성(전북 고창군 고창읍)

"내가 이제 죽을 자리를 얻었도다"

"장하도다 기삼연 제비같다 전해산 잘 싸운다 김죽봉
잘 죽인다 안담살이 되나 못 되나 박포대"

일본의 간담을 서늘케 했던 신출귀몰한 전라도 의병을 기리는 동요다. 당시 우리 지역에서 많이 불렀다고 한다. 기삼연은 호남창의회맹소 대장, 전해산은 대동창의단 대장, 김태원(김준)은 선봉장이다. 안규홍은 담살이 (머슴) 의병장으로 유명하다. 박도경은 호남창의회맹소 종사였다가 포대장 으로 활동한다.

박도경(박경래, 1874-1910) 의병장은 전라북도 고창의 가난한 중인 집안에 서 태어났다. 어려서부터 언변과 기개가 뛰어나, 늘 "장부가 세상에 태어 났다가 방안에서 죽는다면 그 위인을 알 수 있는 것이다."라고 했다.

1907년 기삼연이 의병을 일으키자 "이제는 내가 죽을 자리를 얻었도 다" 하며 동지를 모으고 고창 문수사에 주둔하던 기삼연 의병대의 종사 관으로 참여했다. 당시 모양현(고창) 무기고에 좋은 포(砲)가 많이 보관되어 있었다. 기삼연 부대가 모양현을 습격하자 박도경과 동지들이 호응하여 창고의 무기를 탈취했다. 이때 접전에서 일본군 수명을 살상했지만 의병 의 희생도 34명이나 되었다. 훈련되지 않은 의병들이 무기를 버리고 도망 하자 박도경은 그 뒤를 따라 무기를 거두어 숨겨두었다.

이후 김익중·전해산 등과 전라남도 각지에서 일본군과 교전하여 많 은 성과를 올렸다. 특히 무장·법성포·고창·장성 등지에서 위세를 떨쳤다. 1907년 9월 영광에서는 포대장으로 활약했다. 그 후 천자포를 휴대하고 대원들을 지휘하며 광주·담양·순창 등지에서 활동했다.

박도경 의병장 추모비(전북 고창군 고창읍)

"왜놈 손에 죽는 것보다 자결하는 것이 옳다"

1908년 1월 의병장 기삼연이 광주에서 순국하자 박도경은 격문을 돌리고 김공삼과 함께 흩어진 군사를 모아 의병을 지휘했다. 하지만 기삼연이 죽은 후 의병부대가 나뉘면서 의병들의 사기가 떨어지자 박도경은 여러 의병부대를 합하여 강대한 세력을 갖출 계획을 세웠다.

먼저 김영엽의 부대와 합친 뒤 광주를 습격하여 기삼연의 원수를 갚고자 했다. 그런데 갑자기 김영엽이 유종여에 의해 피살되는 사건이 벌어졌다. 박도경은 즉시 군사를 거느리고 쫓아갔으나 유종여는 놓치고 하수인 2명만 처단했다.

이후 박도경은 군사를 이끌고 다시 장성으로 돌아와 군사를 훈련하면서 일대에서 군자금을 모금했다. 호남창의회맹소 선봉장이자 호남의소 대장 김태원이 광주 어등산에서 순국하는 등, 의병 활동이 점차 어려워졌으나 1909년경 박도경의 부대는 규모가 다소 확대되었다. 이는 1909년 2월 1일 부하 박이일이 일본 경찰에 체포되어 "부하는 110명이고 선봉장 이도운, 중군장 손도연, 도십장 구연역과 좌우익장 및 참모를 거느렸다."라고 한 것에서 알 수 있다.

박도경은 대체로 남포와 부안 등 해안가에서 활약했다. 1909년 4월 20일 부하 100여 명을 거느리고 부안 상서면에서 일본군 기병대와 교전하다 전세가 불리해지자 의병대를 해산시켰다. 이어 방장산으로 거처를 옮겼으나 은신처가 노출되자 "내가 여기 있으니 마음대로 잡아가라."고 했다. 옥중에서 수많은 고초를 겪었지만 그는 기개를 굽히지 않고 오히려 일본군을 꾸짖었다고 한다. 이로 인해 많은 사람으로부터 '의로운 사람'이라고 칭송받았다.

1909년 12월 광주재판소 전주지부에서 교수형을 선고받고 대구감옥으로 이송되었다. 그는 일본군의 손에 죽는 것보다 자결하는 것이 옳다고 결심하고 1910년 2월 8일 옥중에서 자결했다.

그가 순국하자 의로운 죽음을 기리려고 많은 사람이 모였다. 특히 대구 아전들이 돈을 모아 장례를 치렀다. 마침 대구에서 약령시가 열리고 있어 많은 상인이 모였는데, 이들이 수백 냥을 모아 고향으로 시신을 운반할 수 있도록 도왔다. 그뿐만 아니라 영남 선비들이 제사를 올렸다. 그의 어머니는 미천한 신분으로 사대부의 예절을 감당할 수 없다며 사양하여 많은 사람의 칭송을 받았다.

정부는 1968년 건국훈장 독립장을 추서했다.

목숨을 버리고 의로움을 따른다

사생취의.

남도의 한말의병장을 만날 때마다 각인되는 말이다. 목숨을 버리고 의로움을 따른다. 얼마나 당당하고 멋진 말인가. 기울어져 가는 조국 앞에서 초개같이 목숨을 던진 의병장들이 진정한 애국지사요 민족의 큰 인물이다.

'내가 여기 있으니 나를 잡아가라'던 포대장 박도경 의병장의 당찬 목소리가 들린다. 그러나 모르고 있었고, 또 알리려 하지 않았다. 당시 민초들에게 '의로운 사람'으로 칭송받았다는 기록을 만나니, 미안하고 죄송함이 앞선다. 자결하자 아전까지 나서서 장례를 치른 것은 민족정기가 살아 있음을 말해준다.

산세가 험악하고 교통이 좋지 않은 고창에 외롭게 서 있는 박도경 추모비를 찾아가자. 일본군에 맞서 전투를 했던 현장 고창읍성에 올라 민족정신과 민족정기를 새겨보자.

충의를 다해 의병활동 전개한
전북 동부권 의병장들

한말의병은 임진왜란 의병, 병자호란 의병보다 외로운 전쟁을 할 수밖에 없었다. 일제가 침략의 야욕을 드러낸 19세기 말부터 1910년 8월 경술국치에 이르기까지, 현대식 무기를 동원한 일본군의 대규모 공격과 조정의 외면 또는 비협조 속에 재래식 무기와 소수 병력으로 맞서 오로지 조국을 위해 목숨을 바쳤다.

의병들은 방방곡곡에서 일어났지만 '남한대토벌작전'에서 보는 것처럼 일제는 호남의병을 진압하기 위해 악랄하고 폭력적인 활동을 전개했다. 그래서 일본의 진압에 맞선 의병들의 투쟁을 항일항쟁을 뛰어넘어 항일전쟁으로 불러야 한다고 주장하는 학자들도 있다. 한말 남도의병은 가장 치열하게, 죽음까지 불사하며 끝까지 싸웠다. 남도의병에서 현재 행정구역인 전북의병들도 참으로 많다.

일찍이 임진의병에 적극 참여했고, 그 정신이 면면히 내려와서 한말에도 가장 적극적으로 참여했던 전북 동부지역 의병들을 만나보자. 순창, 남원, 임실, 무주 지역은 산세가 험악하고 교통이 불편했지만 의병항쟁이 치열하게 전개된 곳이다.

양인숙 의진에서 의병활동 전개한 김기중

김기중(1870~1910) 의병장은 전북 남원 사람이다. 1907년 전북 등지에서

소충사[28의사와 이석용] (전북 임실군 성수면)

활동한 의병장 양인숙의 부하가 되어 남원군 견소곡면 선암 이장 김영보의 집에서 군자금을 모집했다. 1908년 9월 8일 임실군 덕치면 암리에서 한국인 순사 박경홍을 처단했다.

1909년 11월에 붙잡혀 11월 22일 광주지방재판소에서 교수형을 언도받고 공소했으나 1910년 1월 18일 대구공소원에서 기각되었고, 교수형이 집행돼 순국했다.

1991년 애국장이 추서되었다.

신보현 의진에서 의병활동 전개한 김선여

김선여(1875~1910) 의병장은 전북 순창 사람이다. 1908년 4월 20일부터 1909년 3월 3일까지 의병활동을 했다. 신보현 의병장의 지휘 아래 의병부대를 이끌고 순창·정읍·태인, 전남 장성 등지에서 항일 무장투쟁을 했다. 1909년 3월경 신보현 의진에서 독립한 뒤 전북 순창군 백방산에서 40여 명의 의병을 모아 의진을 편성하고 의병장이 됐다.

1910년 3월 17일 광주지방재판소의 교수형에 공소했으나 그해 4월 21일 대구공소원에서 기각되어 형 집행으로 순국했다.

1995년 독립장이 추서되었다.

이석용 의진에서 의병활동 전개한 김필수

김필수(1875~1913) 의병장은 1908년 음력 9월부터 1912년 12월까지 전북 진안·장수·임실 등지에서 이석용 의진에 참여했다. 1908년 음력 9월 6일 여운서와 함께 일본 헌병의 밀정 김관일을 처단했고, 1911년 4월 14일 이석용 외 4명과 함께 김제군 일서면의 공전영수원이 거둔 세금 64원을 모금했다.

김필수는 1912년 11월 22일 밤 장수군 진전면사무소를 기습하여 공전영수원·면서기·전 면장 등으로부터 세금 등을 모집했다. 또한 이석용 등과 함께 1912년 12월 17일 임실군 남면 야당리의 공전영수원 강정수로부터 군수품을 모집하다 체포되었다. 1913년 3월 29일 대구복심법원에서 사형을 선고받고 5월 26일 대구감옥에서 순국했다.

동지 탈옥시키고 자진 순사한 박춘실

박춘실(1875~1914) 의병장은 전북 장수 출신이다. 을사늑약 이후 을사의병으로 궐기했다. 의병 52명을 이끌고 용담 구봉산에서 일본군과 접전했다. 1906년 가을 문태서 의진과 연합해 일본군을 습격해 전과를 올렸다. 1907년 무주 상창곡에서 교전했다. 1908년에는 무주 구천동에서 일본군 헌병대와 교전하는 등, 1909년 3월까지 5년 동안 60여 차례나 체포되었다. 1909년 5월 8일 박춘실은 적군과 교전하다 체포되었다.

1909년 7월 17일 교수형을 선고받고 복역 중 1914년 전주형무소를 탈옥하려다 실패하고 대구감옥으로 이감되자 벽을 부수고 동지 100여 명을 탈옥시키고 본인은 자진 순사했다.

1977년 독립장이 추서되었다.

순창의병항일의적비
(전북 순창군 순창읍)

최산홍 의병부대에서 활동한 양경학

양경학(1883~1910) 의병장은 전북 순창 사람이다. 1909년 음력 2월 15일 최산홍 의병부대에서 항전했다. 순창군 무림면 문치리와 무림면 장암리에서 군자금을 모금하고 9월 30일 순창군 인화면 중산리에서 밀정 이용안을 단죄하다 붙잡혔다.

이듬해 1월 24일 광주지방재판소 전주지부에서 사형을 선고받고 항고했으나 3월 12일 대구공소원과 4월 18일 고등법원에서 기각되어 교수형에 순국했다.

1990년 독립장이 추서되었다.

대구감옥에서 교관을 살해하고 순국한 여규목

여규목(1888~1918) 의병장은 전북 임실 출신의 의사다. 그는 1907년 8월 전북 진안 마이산에서 이석용을 의병장으로 추대하고 동지를 모아 동맹단을 결성했다. 자신은 중군장으로 교전하며 임실읍과 장수읍을 공격했다. 1908년 5월부터 12월까지 8차례 부호들의 금품을 모집하여 군자금에 충당했다.

1908년 말 체포되어 1909년 3월 5일 광주지방재판소 전주지부에서 교수형이 선고되자 대구공소원에 공소했으나 4월 27일 기각되어 형이 확정되었다. 대구감옥 수감 중 법정 공판 출두할 때 교관의 칼을 빼앗아 간수 3명을 살해하고 대구감옥에서 순국했다.

1990년 애국장이 추서되었다.

진안에서 기병한 의병대장 이석용

이석용(1877~1914) 의병장은 전북 임실 출신이다. 이학자, 이학사로 불리기도 했다. 1907년 8월 26일 진안에서 거의하여 의병대장으로 추대되었다. 의진 명의로 전국에 격문을 돌려 항일 정신을 고취했다. 남원·전주 등

칠연의총(전북 무주군 안성면)

지를 중심으로 일본군과 수차례 접전하며 전과를 올렸으나 아군 피해도 적지 않았다.

1908년 9월 임실 전투에서 크게 패한 후 의진을 해산하고 잠행 유랑하다 1913년 겨울 임실에서 체포되어 혹독한 고문을 당했다. 1914년 1월 12일 전주지방법원에서 사형이 선고되었다. 이에 공소했으나 기각되어 1914년 4월 4일 대구감옥에서 교수형으로 순국했다.

1962년 독립장이 추서되고, 2012년 11월의 독립운동가로 선정되었다.

군자금 모금과 일본인 처단한 임익상

임익상(1887~1910) 의병장은 전북 무주 사람이다. 1909년 음력 7월 19일 박화윤 외 5명과 진북 장수 등지에서 군자금 모집 활동을 했다. 그해 10월 10일에는 박화윤·이사필·이달서·이문재·서학삼 등과 경남 안의군 일대에서 일본인 벌목공 궁곡진오랑 외 수명이 거주하는 판자촌을 습격하여 1명을 처단하고 군자금을 모집하는 등의 활동을 하다가 체포되었다.

1910년 3월 11일 광주지방재판소 전주지부에서 교수형을 언도받아 공소했으나 1910년 5월 18일 고등법원에서 기각, 형이 확정되어 순국했다.

1991년 애국장이 추서되었다.

이석용 의진에서 참모 활동 정세창

정세창(?~1912) 의병장은 1908년 8월 전북 진안에서 거의하여 의병대장
에 추대된 임실 출신 유생 이석용 의진에서 참모로 활동했다. 1908년 9월
임실전투에서 패한 이석용이 의병진을 해산한 뒤 독자적으로 의병활동을
전개했다.

1909년 9월 일본군의 남한대토벌 작전을 피해 충청북도로 이동했다.
1911년 10월 청주에서 김수옥과 김학준을 동지로 영입하여 태인 등지에
서 군자금 모집 등의 활동을 했다. 1912년 2월 12일 태인분견소 헌병에게
체포되어 1912년 5월 28일 대구복심법원에서 사형 선고를 받고, 7월 17일
대구감옥에서 순국했다.

2009년 애국장이 추서되었다.

지리산 일대에서 의병항쟁 전개한 정일국

정일국(1882~1909) 의병장은 전북 남원 사람이다. 1906년 7월 남원에서
거의하여 1908년 음력 2월까지 40~500여 명의 의병을 인솔해 구례·담양,
경남 거창·하동 등지에서 활약했다. 1908년 4월경에는 순창·태인에서, 음
력 7월에는 고부 및 순창에서 활약하면서 28일에는 90여 명을 인솔하고
순창 읍내 우편취급소를 공격하여 일본인 2명을 처단했다. 그해 음력 8월
에는 구례 순사주재소를, 음력 9월에도 경남 안의군청을 공격했다.

1909년 3월 순창·태인 등에서 활약하다 체포되었고, 10월 8일 광주지
방재판소 전주지부에서 교수형을 언도받아 순국했다.

1991년 애국장이 추서되었다.

내가 아니면 누가 나라를 구하겠는가

민족정기!

그 어느 때보다 중요한 화두다. 모름지기 민족정기란 '한민족의 공동의지로서의 바르고 큰 기풍'이며 '민족의 얼이 깃든 바르고 큰 기운'이다. 그러면 우리 민족의 공동의지는 무엇이며, 민족의 얼은 무엇인가?

그것은 자존과 자주, 그리고 평화와 공동체가 보장받는 나라의 정신적 가치다. 그것을 지키기 위해 수많은 의병장과 애국지사들이 목숨을 초개같이 바쳤다. '내가 아니면 누가 나라를 구하겠는가?'

견위수명 의병활동 전개한
전북 서부권 의병장들

오월 정신을 다시 생각한다.

민주, 인권, 평화, 정의, 저항. 그렇다! 5·18민중항쟁은 이 시대의 소중한 정신과 가치를 남겨두었다. 항쟁 기간에 시민들이 보여준 절대공동체는 살맛 나는 세상을 상징적으로 보여주었다. 주먹밥과 헌혈이 그것을 대변한다. 나눔과 연대의 정신이다. 각자도생으로 차별과 이기적 삶에 지친 당대인들에게 절실한 화두다. 바로 그것을 기억하고 되살리는 것은 시대적 과제다.

작금의 한미일 외교 관계는 냉정한 국제 질서에서 한쪽으로 치우치는 결과를 초래한다는 걱정과 우려가 끊임없이 제기되고 있다. 기울어가는

고창의병의 본거지 고창읍성(전북 고창군 고창읍)

국운 앞에 의연하게 나선 남도의 한말의병들은 어떻게 대처했을까. 그런 고민을 안고 전북 서부 지역 의병장들을 만나러 간다.

기삼연 의진에서 중군장으로 활동한 김공삼

김공삼(1865~1910) 의병장은 전북 고창 사람이다. 1907년 10월 말 또는 음력 9월 말 의병장 기삼연 휘하에서 중군장으로 고창·무장·부안과 전남의 담양 등지에서 활동했다. 1908년 2월 2일 기삼연이 붙잡힌 뒤 의병장으로 추대되었다. 일본군 4명, 일본인 순사 3명과 한인 순사 3명, 일본군 기병 7명을 사살하는 성과를 올렸다.

김공삼 의병장(오른쪽)

1909년 6월 20일 고창군에서 의병을 해산하고 재기를 도모하다 그해 9월 20일 붙잡혔다. 12월 8일 광주지방법원의 교수형 언도에 공소했으나 1910년 1월 27일 대구공소원에서 기각, 형 확정으로 교수·순국했다.

정부는 1991년에 애국장을 추서했다.

김공삼 의적비(전북 고창군 아산면)

전해산 의진에서 활동한 노한문

노한문(1869~1909) 의병장은 전북 태인 사람이다. 1908년 6월경부터 전해산 의진에서 활동하다 의진을 벗어나 부하를 인솔하고 전북 태인군에서 군자금을 모집하고 의병활동을 밀고하는 김종집을 살해하게 한 후 붙잡혔다.

1909년 4월 7일 광주지방재판소 전주지부의 교수형 선고에 공소했다. 그해 5월 13일 대구공소원에서 기각되고 같은 달 28일 고등법원 상고에서 형이 확정되어 순국했다.

정부는 1991년에 애국장을 추서했다.

의병 선봉장으로 활동하다 옥사한 서종채

서종채(1881~1916) 의병장은 전북 고창 출신이다. 1908년 이대극(이영화) 의병장의 선봉장으로 활약했다. 의병장 전사 후 부대를 재편성하여 함평·영광·무장·부안·고창 등지에서 전과를 올렸다. 1909년 이후에도 의병운동을 전개하고 군자금 조달에 주력했으나 일본군에게 체포되었다.

1913년 7월 10일 광주재판소 전주지부에서 징역 15년형을 언도받고 9월 27일 대구복심법원에서 무기징역이 확정되었다. 1914년에 20년, 1915년에 15년으로 감형되었으나 1916년 4월 22일 대구감옥에서 고문 여독으로 옥사했다.

서종채 의병장 후손이 제작한 자료(서수민 학생)

정부는 1980년 독립장을 추서했다.

호남 제5의진 의병장 신화산

신화산(미상~1909) 의병장은 전북 고창 사람이다. 전북 무송에서 의병장으로 활약했다. 1907년 무송에서 의병을 일으켜 200여 병사들을 이끌고 전해산 의진과 동맹했다. 전해산 의병장은 1908년 8월 21일 선봉장 정원집과 다시 거병하여 전라도 나주·영광 일대를 중심으로 1909년 3월까지 일제에 대항하여 무장투쟁을 전개한 의병장이다.

신화산은 이 같은 연합의진의 하나인 호남 제5진 의병장으로 항일 무장투쟁을 전개하다 일본 경찰에 붙잡혀 대구에서 순국했다.

정부는 1995년에 애국장을 추서했다.

삼남의병대장 유지명

유지명(1881~1909) 의병장은 전북 고산 출신이다. 1907년 9월 초순경부터 스스로 창의대장 또는 삼남의병대장이라 칭하고 삼남의병대장의 인장이 찍힌 의병 모집 격문 1통과 의병 모집 및 부하를 타이르고 경계하려는 취지를 기재한 문서 2통을 만들어 이를 게시하고 의병 수백 명을 모집했다. 총 수백 정을 정비하고 각 부서를 정했다. 군자금 조달을 위해 호남 대부호 김진사의 사음 이성순 외 수십 명에 대해 도조 수백 석을 보관해 둘 내용의 문서 4통을 만들어서 군량 징발 준비를 하고 때로는 수십 명 또는 수백 명의 부하를 인솔하고 전라북도 용담군, 고산군 및 충청남도 은진군 등지에서 활약했다.

1908년 7월 13일 일본 헌병에게 체포되었으나 탈주했다. 1909년 1월 23일 다시 체포되어 3월 22일 광주지방재판소에서 교수형을 선고받고 공소했으나 형이 확정되어 대구감옥에서 사형 순국했다.

정부는 1977년에 독립장을 추서했다.

군자금 모금 활동한 정원국

정원국(1876~1909)은 1909년 1월 1~2일 전북 전주군 구이동면 및 임실군 상신면 관내에서 부하 4명과 함께 총기를 갖고 김선문 외 6명으로부터 군자금을 모집한 후 일본 경찰에 붙잡혔다. 그해 2월 25일 광주지방재판소 전주지부에서 소위 강도죄로 교수형을 언도받아 공소하여 그해 4월 24일 대구공소원에서 기각되자 다시 상고했으나 5월 14일 대심원에서 기각, 형이 확정되어 순국했다.

정부는 1991년에 애국장을 추서했다.

■ 참고문헌

고려대학교 한국사 연구소, 『임진의병의 역사적 의의와 현재적 가치』, 선인문
　　화사, 2009

나주시지편찬위원회, 『나주시지』, 2006

김남철 외, 『청소년을 위한 나주 역사』, 나주학생독립운동기념관, 2019

김남철, 『남도 임진의병의 기억을 걷다』, 살림터, 2022

노성태 외, 『경상도 땅에서 싸운 남도인들』, 광주광역시교육청, 2021

박종석, 『사생취의, 의병지사 김도숙의 삶과 예술』, 예술인마을, 2022

박해현, 『김범수 연구』, 선인, 2020

박해현 외, 『전남의 한말의병운동』, 전남도교육청, 2019

박찬승 외, 『일제강점기 영광의 민족운동』, 영광문화원, 2021

이일용, 『한말전남의병전투사』, 전남일보인쇄관, 1977

이태룡, 『한국의병사』, 푸른솔나무, 2014

이태룡, 『어등산 의병대장 조경환과 전남지역 의병장』, 푸른솔나무, 2014

윤선자 외, 『나주 독립운동사』, 나주시, 2015

정인열, 『묻힌 순국의 터, 대구형무소』, 독립운동정신계승사업회, 2021

황광우, 『이름없는 별들』, 심미안, 2021

홍영기, 『義重泰山』, 죽봉김태원의병상기념사업회

홍순권, 『한말 호남지역 의병운동사 연구』, 서울대학교 출판부, 1994

홍영기, 『대한제국기 호남의병 연구』, 일조각, 2004

홍영기, 『한말 의병에서 독립군으로』, 선인, 2017

홍영기 외, 『호남의병열전』, 상상창작소 봄, 2018

나주시, 『나주의병사』, 2022

민족문제연구소 대전지부, 『대전지역 항일·독립운동자료집』, 2021

빛고을역사교사모임, 『한말 호남의병 진실 찾기』, 동고송, 2019

영암문화원, 『영암의병사』, 2020

장흥문화원, 『다시 쓰는 장흥항일독립운동사』, 2020

전남나주교육지원청, 『나주의병』 초등·중등용, 2020

전라남도교육청, 『독립운동가 교사가 되다』, 2021

전남신안교육지원청, 『신안 섬 사람들의 항일운동』, 2020

국가보훈처 공훈전자사료관, https://e-gonghun.mpva.go.kr

국사편찬위원회 한국사데이터베이스, http://db.history.go.kr

한국민족문화대백과사전, http://encykorea.aks.ac.kr/

한국역대인물종합정보시스템, http://people.aks.ac.kr/index.aks

한국역사정보통합시스템, http://www.koreanhistory.or.kr/

한국학자료포털, http://kostma.aks.ac.kr/

한국학중앙연구원 디지털 장서각, http://jsg.aks.ac.kr

■ 남도 한말의병장 명단

연번	성명	훈 격 (서훈년도)	출생지	출생 년도	서거일자 (서거원인)	주요 활동지역
1	강무경	독립장 (1962)	무주	1878	1910.10.04. 교수형	강진, 나주, 장흥, 해남
2	강사문	애국장 (1998)	장성	1876	1909.12.17. 교수형	나조, 보성, 장성, 함평
3	고광순	독립장 (1962)	담양	1848	1907.10.17. 전사	구례, 나주, 담양, 장성
4	기삼연	독립장 (1962)	장성	1851	1908.02.03. 총살	고창, 영광, 장성
5	기우만	독립장 (1980)	장성	1846	1916.10.28.	광주, 나주, 남원
6	김동수	독립장 (1995)	광주	1879	1910. 옥사	광주, 담양, 장성
7	김영백	애족장 (1990)	장성	1880	1910.05.03. 교수형	고창, 광주, 부안, 장성, 정읍, 태인
8	김영엽	독립장 (1968)	장흥	1869	1909.02.12. 피살	강진, 순창, 장흥
9	김용구	독립장 (1963)	영광	1861	1918.12.21.	고창, 영광, 장성
10	김원국	독립장 (1968)	광주	1873	1910. 교수형	광주, 나주, 담양, 영광
11	김원범	독립장 (1968)	광주	1886	1909.09.02. 자결	광주, 영광, 함평
12	김준	독립장 (1962)	나주	1870	1908.04.25. 전사	광주, 나주, 무안, 장성, 함평
13	김율	독립장 (1995)	나주	1882	1908.04.25. 총살	고창, 나수, 영광, 장성
14	김치홍	독립장 (1980)	영암	1880	1910.10.01. 교수형	나주, 영광, 영암
15	노인선	독립장 (1977)	곡성	1876	1909.04.21. 교수형	곡성, 구례
16	박민홍	애국장 (1991)	나주	1869	1909.02.27. 전사	나주, 무안, 영암, 장흥

17	박여홍	애국장 (1991)	나주	1879	1909.02.26. 전사	나주, 무안, 영암, 장흥
18	박사화	독립장 (1998)	나주	1880	1910. 교수형	나주, 남평, 영암
19	박영근	애국장 (1990)	함평	1885	1910.08.17. 교수형	나주, 영광, 함평
20	백낙구	애국장 (1991)	전주		1907.04. 전사	광양, 구례, 순천, 태인
21	심남일	독립장 (1962)	함평	1871	1910.10.04. 교수형	나주, 남평, 영암, 장흥, 함평
22	안계홍	독립장 (1962)	보성	1879	1911.05.05. 교수형	광양, 곡성, 구례, 보성, 순천
23	양진여	독립장 (1977)	광주	1862	1910.05.30. 교수형	광주, 담양, 장성
24	양상기	애국장 (1977)	광주	1883	1910.08.01. 교수형	나주, 담양
25	양회일	애국장 (1977)	화순	1855	1908.07.22. 자결	강진, 화순
26	염인서	독립장 (1990)	보성	1868	1910.07.18. 교수형	보성, 순천, 장흥
27	오성술	독립장 (1977)	광주	1884	1910.09.15. 교수형	고창, 나주, 영광
28	유병기	독립장 (1977)	구례	1885	1910.05.03. 교수형	담양, 순창, 장성
29	이강산	독립장 (1977)	함평	1874	1910.06.02. 교수형	나주, 함평
30	이기손	독립장 (1977)	광주	1877	1937.11.27.	담양, 무안, 영광
31	이대극	독립장 (1990)	영광	1875	1909.05.21. 암살	고창, 영광
32	이범진	애국장 (2000)	영광	1879	1910. 교수형	나주, 영광, 함평
33	이원오	애국장 (1995)	공주	1877	1910.05.16. 교수형	광주, 함평
34	이필상	독립장 (2003)	-	1877	1909.01.17. 총살	진도, 해남
35	이화상	애국장 (1986)	장성	1866	1910.01.28. 전사	고창, 영광, 장성

36	임창호	독립장 (1963)	보성	1868	1909.10.13. 전사	보성, 순천, 화순
37	임학규	애국장 (1991)	보성	1886	1909.10.13. 전사	보성, 화순
38	장인초	독립장 (1990)	환순	1877	1910.09.30. 교수형	강진, 나주, 보성, 장흥
39	전해산	대통령장 (1962)	임실	1879	1910.08.23. 교수형	고창, 나주, 담양, 부안, 영광, 순창, 장흥, 화순
40	정태화	애족장 (2012)	보성	1870	1955.06.30.	보성
41	조경환	독립장 (1963)	광주	1876	1909.01.10. 전사	광주, 나주, 영광, 영암, 장성, 함평
42	조정인	독립장 (1977)	나주	1872	1909.01.18. 교수형	광주, 나주, 장성, 함평
43	황준성	독립장 (1963)	진안	1884	1910. 교수형	고금도, 완도, 청산도, 해남

삶의 행복을 꿈꾸는 교육은
어디에서 오는가?

● **교육혁명을 앞당기는 배움책 이야기** 혁신교육의 철학과 잉걸진 미래를 만나다!

● 비고츠키 선집 시리즈 발달과 협력의 교육학 어떻게 읽을 것인가?

참된 삶과 교육에 관한
생각 줍기